L'Autre Réalité
L'Au-Delà

Daniel Maurer

L'Autre Réalité
L'Au-Delà

Philippe Lebaud
KIRON

10, rue La Vacquerie, 75011 Paris
ISBN : 2-86645-455-3

Remerciements

À

Évelyne-Sarah Mercier, Jean-Pierre Jourdan, Jean-Patrick Costa, pour leurs conseils et leurs encouragements.

Marie, Valérie, Jean-Michel, Manu, Jean-François et tant d'autres... pour leurs témoignages.

Gilles Bernier, pour le rayonnement de son œuvre et l'intérêt qu'il a porté à la gestation de celle-ci.

Monsieur le professeur Jacques Steyaert, pour son ouverture d'esprit et l'éclairage de sa contribution.

À mon épouse,
À mes enfants.

Parce que les forces en mouvement qui nous animent et nous entourent échappent à nos sens et à notre raison, nous sommes tentés de les ignorer ou de les refouler. Pour les Indiens, l'inexplicable n'est pas source d'inquiétude, mais au contraire l'expression rassurante de ces forces magiques qu'il devient nécessaire de sentir pour provoquer le bien et orienter le modeste destin de chacun.

Jean-Patrick COSTA [1]

Avant-propos

En matière de certitudes l'être humain est plutôt prévoyant, il accumule. Et, dans le stock de ses convictions, la notion de réalité demeure de loin la plus ferme. Sa perception du réel n'en est pas moins subordonnée à la manière dont il traite l'information recueillie par les cinq sens et à la signification qu'il lui donnera. Il voit, entend, touche, sent, goûte… et interprète aussitôt ses sensations en fonction du registre auquel il a coutume de se référer depuis sa plus tendre enfance. Cette approche, validée au fil des générations, conforte son sentiment de l'existence d'une réalité unique, la *réalité ordinaire*.

Mais imaginons un instant que cette réalité ordinaire ne soit qu'une sorte de trompe-l'œil, un artefact, dont nos sens seraient les complices involontaires. En effet, de nombreux états modifiés de conscience, tels le rêve ou l'hypnose, mettent en cause l'uni-

1. *Indiens Jivaros – Histoire d'une mort programmée*, Le Rocher, 1997, p. 239.

cité de cette réalité-là, pourtant admise comme une référence universelle. Dans cette perspective, selon certains expérimentateurs, elle ne serait que l'aspect le plus manifeste d'une réalité infiniment plus vaste. Une assertion soutenue par le fait que, sans même compter le temps de sommeil, l'homme passe une grande partie de son existence en état modifié de conscience, déconnecté de cette réalité ordinaire supposée lui servir de repère.

En effet, dans le quotidien, un état modifié de conscience (EMC) peut survenir lorsque le sujet s'investit profondément dans une activité, physique ou intellectuelle, qui le contraint à une attention soutenue. Il expérimente ainsi des états modifiés de conscience plus ou moins importants, parfois de l'ordre de quelques secondes, quand il effectue des travaux manuels répétitifs, joue d'un instrument de musique avec passion, se plonge dans un roman captivant ou une lecture qui requiert une grande concentration, compose sa grille de Loto ou son ticket de tiercé avec ferveur, regarde un programme télévisuel ou un film, écoute un orateur charismatique ou une symphonie sublime, est obnubilé par une relation amoureuse, suit un exposé passionnant, assiste à une rencontre sportive palpitante, consomme un mets qui ravive des souvenirs affectifs ou une boisson qui produit une forme d'ébriété, s'investit dans la prière avec dévotion, est submergé de travail à son bureau ou, au contraire, s'y ennuie, etc. À la réflexion, on en viendrait à croire que l'homme s'évertue à s'abstraire de son état de conscience ordinaire, en accord avec la réalité ordinaire, afin de vivre le plus souvent possible en état modifié de conscience, sur le versant de la réalité *extra*-ordinaire. C'est même à se demander lequel de ces deux pôles de la conscience lui est le plus familier.

Quelle est donc la nature de cette autre réalité que nous expérimentons si souvent ? En somme, quelle est la réalité de cette réalité ?

Cette dernière question n'est pas aussi saugrenue qu'il y paraît. Car des sujets ayant vécu des EMC de grande ampleur prétendent avoir accédé à des *univers* offrant un réalisme comparable, voire supérieur, à celui de la réalité ordinaire. Ils affirment que notre conscience est en mesure d'appréhender différents types et niveaux de réalité, sans liens tangibles avec la réalité consensuelle reconnue du plus grand nombre.

Et notre rationalisme vacille dès lors que ces EMC semblent offrir à la conscience un statut d'autonomie que peu d'entre nous acceptent de lui concéder. Surtout lorsque l'une de ces catégories d'EMC, l'Expérience de mort imminente (EMI), laisse à penser que cette autonomie aboutirait à une complète indépendance à l'instant de la mort. Dans un précédent livre, *La Vie à corps perdu*, consacré aux EMI[1], j'ai montré que cette hypothèse était soutenue par des indices sérieux, pour ne pas dire *objectifs*. D'ailleurs, l'Expérience de mort imminente est d'un tel intérêt que nous y reviendrons plus d'une fois dans le cours de l'ouvrage.

Cela étant, en dépit de sa légitimité, l'étude des EMC les plus extrêmes ne fait pas l'unanimité dans le grand public, et encore moins parmi les scientifiques. Pour nombre d'entre eux, ces phénomènes sont dans l'air du temps, tout bonnement. En ce sens ils relèvent d'une vogue puérile qui accorde une place excessive aux thèmes spirituels et survivalistes.

Jugée naïve à notre époque, la question d'une forme de survie de la conscience vient pourtant au premier rang de celles que l'homme se pose depuis l'aube des temps. La diversité des réponses produites au fil de sa propre évolution en atteste. Toutefois, d'hier à aujourd'hui, quels que soient les modes de penser, ces réponses ne l'ont jamais pleinement satisfait. De sorte qu'il a toujours abdiqué devant cette interrogation existentielle majeure en revenant, bon gré mal gré, à la « vérité » des dogmes ; qu'ils soient religieux, philosophiques, scientifiques ou, désormais, économiques. Mais, face à une interrogation aussi fondamentale et en dépit de l'indigence des réponses, les témoignages en faveur de la survie ne cessent de s'accumuler.

Par l'examen des phénomènes favorables à l'hypothèse d'une forme d'autonomie de la conscience, l'objectif de ce livre est d'apporter de nouveaux éléments de réflexion au vaste débat sur

1. Ces phénomènes sont également appelés *NDE*, de l'anglais *Near Death Experiences* (Expériences proches de la mort).

l'*après-vie*. Si des indices font apparaître que la conscience s'avère capable de se séparer du support physique censé la contenir durant la vie, il sera permis d'en déduire qu'elle pourrait en faire tout autant à l'instant de la destruction de ce support.

> Ainsi, l'évolution biologique s'est transcendée elle-même en fournissant la base matérielle — le cerveau humain — à des êtres conscients d'eux-mêmes dont la vraie nature est de chercher espoir et sens dans leur quête d'amour, de vérité et de beauté.
>
> Sir John ECCLES[1]

CHAPITRE PREMIER

Questions de conscience

L'étymologie du mot *conscience* — du latin *conscientia* ou *cum scientia*, c'est-à-dire *avec connaissance* — nous indique clairement que la conscience est la voie d'accès vers la connaissance. Mais vers quelle connaissance la conscience nous ouvre-t-elle le chemin ?

Pour répondre à cette question, au lieu de reprendre diverses considérations puisées dans les œuvres d'illustres philosophes, retenons dans un premier temps la définition pratique et concise qui fut proposée par le célèbre psychiatre Henri Ey : « La conscience est l'organisation dynamique et personnelle de la vie psychique ; elle est cette modalité de l'être psychique par quoi il s'institue comme sujet de sa connaissance et auteur de son propre monde[2]. » Pour Henri Ey, donc, la conscience nous permet d'ac-

1. *Évolution du cerveau et création de la conscience*, Fayard, 1992, p. 324.
2. *Encyclopædia Universalis*, édition 1996, Corpus 6, p. 406, b.

céder à notre propre connaissance, engendrant du même coup la réalité dans laquelle cette connaissance devient *effective*. Personnellement, j'aurais souhaité que cette connaissance devienne également *affective*. C'est pourquoi, à mon sens, cette définition ne saurait suffire, seule, à appréhender la conception de la conscience qui nous servira ici de repère.

Ainsi, la perspective survivaliste dans laquelle s'inscrit l'ouvrage pose le principe d'une nature humaine fondée sur trois composantes en synergie permanente : le corps, le psychisme et la conscience. Concernant le corps, sans posséder nécessairement des connaissances anatomo-physiologiques très précises, chacun a *conscience* de sa propre matérialité. En revanche, la notion de psychisme est un peu plus abstraite. La définition habituelle le conçoit comme l'ensemble des caractères propres à la vie mentale. Ajoutons cependant qu'en interaction complexe avec l'environnement, le psychisme participe à l'élaboration de la personnalité de l'individu et à l'adaptation optimale de celui-ci à ce même environnement ; qui n'est autre que celui de la réalité ordinaire. Le psychisme dont l'assise organique, le cerveau, n'est pas discutée — dans sa fonction cybernétique de transmetteur et gestionnaire d'informations —, n'en est pas moins en relation étroite avec la conscience pour laquelle une telle base organique est beaucoup plus délicate à circonscrire. Encore faut-il s'entendre sur la nature de la conscience en question. Car le mot *conscience* recouvre de multiples acceptions et son évidence est pour le moins trompeuse. Il est donc temps d'y venir.

Le modèle en cause ne se limite pas à cette bonne ou mauvaise conscience qui renvoie à des valeurs morales partagées par une collectivité donnée. Dans la notion qui nous importe ici, la qualité première de la conscience est d'être l'*outil* de la perception et de l'interprétation des différents modes de la réalité. Le sentiment d'une identité propre est également l'une de ses propriétés majeures, ainsi que le soulignait la précédente définition de Henri Ey. Il convient d'ajouter aussitôt que l'affectivité, quoique soumise au filtre du psychisme, y participe grandement, ce qui vaut pour les aptitudes cognitives et plus largement pour l'intelligence.

« Supra-Conscience » et « Énergie fondamentale »

Mais, plus que tout, cette organisation de la conscience semble obéir à un processus dynamique subtil engendré par un facteur extérieur, universel, autorisant le dépassement des seules performances biologiques. Remarquable potentiel à la transcendance, capable de stimuler les précédents attributs de la conscience et d'éveiller la sensibilité spirituelle, cette mystérieuse source d'énergie *agirait* l'être humain. Les vécus d'expansion de la conscience, spécifiques de certains EMC, nous montrent que la conscience du sujet est en mesure d'accéder au domaine d'un *Absolu* immanent à toute la Création, que je désignerai ici sous le terme de *Supra-Conscience*. De celle-ci émergerait toute forme de vie, depuis les origines, par l'entremise de l'*Énergie fondamentale*, force immatérielle comparable au *Souffle vital* cher à Bergson. Outre son influence dans le domaine biologique, en modelant la matière vivante, cette énergie interviendrait dans la création, l'activation et la pérennisation de la conscience de l'individu.

Certains courants de pensée estiment d'ailleurs que les expériences d'expansion de la conscience ouvrent à la véritable réalité et démontrent que *l'essence précède l'existence*. C'est le cas de la mystique qui, selon Fritjof Capra, « regarde la conscience comme une réalité première, comme l'essence de l'Univers, le fondement de toute chose, et tout le reste — toute les formes de matière et tous les êtres vivants — comme des manifestations de cette conscience pure. Cette conception mystique de la conscience, poursuit-il, se fonde sur l'expérience de la réalité dans des modes de conscience non ordinaires, et une telle expérience mystique, disent ceux qui l'ont vécue, est indescriptible[1] ».

Il va de soi que les précédentes références à la Supra-Conscience et à l'Énergie fondamentale sont en complète rupture

1. F. Capra, *Sagesse des sages*, Belfond/L'Âge du Verseau, 1988, p. 135.

avec les modèles rationalistes habituels. Elles s'inscrivent dans une alternative aux limitations d'un cadre scientifique inapte à rendre compte de cet impalpable-là. Un cadre dont l'évocation justifie une courte digression afin de montrer que notre propension à rationaliser pourrait, malgré tout, se satisfaire de la notion d'Énergie fondamentale.

En effet, l'option vitaliste envisagée ici, quoi qu'on en pense, n'est pas en contradiction avec les présupposés de la recherche fondamentale dans le domaine des sciences physiques. Nul ne discute, par exemple, la légitimité de la force gravitationnelle. Sans pesanteur, si la vie était encore possible, nous flotterions dans un indescriptible chaos cosmique. Sa réalité est manifeste puisque les objets « plus lourds que l'air » sont irrésistiblement attirés vers le sol. Les propriétés de la gravitation, composante de la réalité ordinaire, sont un peu mieux connues depuis les travaux de Newton et d'Einstein. Pourtant, aucun scientifique à ce jour n'est parvenu à en découvrir le support physique. Grâce à des investissements colossaux on présume, depuis des années, que cette découverte ne saurait tarder… Les opinions sont néanmoins partagées entre les tenants d'une force dont le messager serait une particule, l'hypothétique *graviton*, et les partisans d'une théorie géométrique, plus conforme à la relativité einsteinienne, pour lesquels la gravitation serait une conséquence de la courbure de l'espace inhérente à tout objet massif de l'univers.

En tout cas, bien que l'on ne dispose à ce jour d'aucun modèle explicatif vérifié expérimentalement, la réalité de la gravitation est une évidence. De la même manière, l'existence d'une Énergie fondamentale, une force qui organise et donne forme à la matière, puis lui permet l'accès à la conscience, n'est pas moins légitime. Pour l'heure, le support physique de cette force-là est tout simplement aussi mystérieux que celui de la gravitation.

L'Énergie fondamentale est en quelque sorte le messager de la Supra-Conscience. Elle est ce prolongement du *principe initiateur* qui permet à la conscience de se manifester dans la matière, le corps humain pour ce qui nous concerne, dont elle stimule parallèlement l'organisation. Dès la fusion des deux gamètes à l'origine d'un être humain, les conditions d'un formidable potentiel évolutif se trouvent réunies. L'initialisation[1] de ce potentiel par l'Énergie fondamentale actualise aussitôt une aptitude au développement organique, parallèlement à celui de la conscience. Ainsi, aux premiers instants de la vie, une sorte de *programme commun* est délivré à tout embryon par l'entremise de l'Énergie fondamentale. Les variables environnementales et génétiques, dont la pression n'est pas à négliger, relèvent pour leur part d'un domaine strictement humain.

L'Énergie fondamentale intervient simultanément dans l'enclenchement des différents stades de l'embryogenèse, en accord avec le schéma génétique individuel, et dans l'adéquation d'un niveau de conscience conforme à chacun d'eux ; l'efficience de la conscience allant crescendo au fil de la complexification de la structure organique. Mais alors que le développement de la matière connaît rapidement son apogée, avant le lent déclin auquel elle est vouée, l'évolution de la conscience se poursuit incessamment[2] de façon plus ou moins achevée selon les individus ; le potentiel évolutif de la conscience n'étant accessible qu'à ceux qui en ont pleinement... conscience.

En résumé, la poussée évolutive de la conscience suit les étapes du développement embryonnaire, puis fœtal, et se poursuit jusqu'au terme de l'existence sans qu'elle soit jamais complètement achevée sauf, peut-être, pour des êtres d'exception. Rien d'étonnant que l'éveil de la conscience dans ses habits de chair suscite l'illusion de son enfermement dans cette enveloppe corporelle et son identification à celle-ci.

---

1. À entendre dans le sens de la terminologie informatique, c'est-à-dire que l'activation de ce potentiel évolutif résulte de l'insertion, dans un support vierge, d'informations spécifiques délivrées par la Supra-Conscience *via* l'Énergie fondamentale. L'objectif étant de créer les conditions du déclenchement puis de la gestion du processus évolutif.

2. Prenons garde à ne pas confondre les attributs de la conscience avec ceux du psychisme, bien qu'elle soit en grande partie tributaire de ce dernier.

Une caractéristique essentielle de l'Énergie fondamentale intéresse directement notre propos : sa capacité à transcender les aptitudes physiques, psychiques et surtout spirituelles de l'homme. Dans ce dernier registre elle serait à l'œuvre, imperceptible, lors de nombreux états modifiés de conscience. Elle connecterait alors directement le niveau personnel de la conscience au niveau transpersonnel de la Supra-Conscience, s'affranchissant du *filtre cérébral* grâce à un neuromédiateur opportun, voire un cocktail de neurohormones. Mais le phénomène est graduel et ce n'est qu'à l'occasion d'un EMC très profond, une expérience d'expansion de la conscience extrême, que l'homme fusionnerait avec la Supra-Conscience. Il aurait alors accès au fichier de la mémoire universelle, domaine de l'indicible et de l'incommensurable. Cette faculté à la transcendance serait significative de la parcelle de divinité consentie à l'être humain. Une divinité nommée ici *Supra-Conscience* mais que tout un chacun peut désigner par un autre terme à sa convenance[1].

De la Supra-Conscience nous avons dégagé une propriété essentielle : sa capacité d'animer (de *anima* : souffle vital, âme) la matière par l'entremise de l'Énergie fondamentale qui insuffle dans la *machinerie* biologique, puis y entretient, ce que l'on nomme la vie. Ce concept d'Énergie fondamentale remonte probablement à la nuit des temps et son universalité est d'ailleurs attestée par la tradition religieuse, de l'hindouisme *(Prāna)* au taoïsme *(Ch'i)* en passant par le christianisme *(Saint-Esprit).* Mais hors les religions, cette mystérieuse énergie a reçu bien d'autres noms : principe animateur, conscience-énergie, conscience cosmique, énergie spirituelle, souffle vital, fluide vital, élan vital, source-mère… Supputons que l'*énergie psychique* de ce réservoir

1. Le parallèle entre les concepts de Dieu et de Supra-Conscience est patent, de même qu'entre ceux de Saint-Esprit et d'Énergie fondamentale. En dépit de ces analogies, l'auteur ne souhaite pas voir associer la Supra-Conscience et l'Énergie fondamentale à une quelconque doctrine religieuse.

des pulsions qu'est le *Ça*[1] n'est autre que la vision psychanalytique de l'un des attributs de l'Énergie fondamentale.

Matière et conscience

La perception d'un Moi dissocié de son environnement est, indiquions-nous, la première caractéristique de l'état de conscience ordinaire. Le rôle du cerveau dans la fonction intellectuelle étant manifeste, l'unanimité s'est faite pour assigner cette perception de soi-même par soi-même, différencié de tout le reste, à un vulgaire mécanisme cérébral. Une opinion dont on a étendu la portée à toutes les propriétés de la conscience.

La traduction physico-chimique de la fonction intellectuelle, mise en relief par l'imagerie médicale, ne saurait pourtant être la démonstration d'un modèle identique, à savoir physico-chimique, du fonctionnement de la conscience. L'*homo* deux fois plus *sapiens* que son ancêtre, qui sait qu'il sait, qui pense et se pense[2], se laisse abuser un peu facilement par les apparences. Dans cette réflexion sur nous-mêmes, l'idée que la *mécanique* cérébrale permette seule d'atteindre à une représentation aussi complexe qu'évidente ne s'inspire pas de faits démontrés. Dans ce cas précis, il semble que l'on ait une fois encore donné la priorité à l'effet sur la cause.

---

1. « Le *ça* constitue le pôle pulsionnel de la personnalité ; ses contenus, expression psychique des pulsions, sont inconscients, pour une part héréditaires et innés, pour l'autre refoulés et acquis » (*Le Vocabulaire de la psychanalyse*, PUF, 10e éd., 1990, p. 56 et 224). Page 58 du même ouvrage, une réflexion de Georg Groddek, médecin allemand proche de Freud, parmi les pionniers de la psychanalyse, montre qu'un homme peut adhérer à un mouvement qui prétend rationaliser les phénomènes de la conscience tout en conservant une vision plus intuitive, vitaliste, de ceux-ci : « Je soutiens que l'homme est animé par l'Inconnu, une force merveilleuse qui dirige à la fois ce qu'il fait et ce qui lui advient... »
2. Soulignons que le seul fait de penser implique nécessairement l'aptitude à l'autoréflexivité. Si « je » est apte à penser, cela induit forcément que « je » est capable de penser à tout objet, y compris à lui-même !

Le cerveau est un excellent gestionnaire de la pensée, nul ne le conteste. Ce qui ne suffit pas à affirmer qu'il en soit l'unique promoteur, particulièrement en ce qui concerne la pensée analogique, d'ordre émotionnel et intuitif. Et puis, à ce jour, trop de zones d'ombre subsistent encore quant aux modes d'activité de la matière cérébrale. Aussi, c'est avec d'infinies précautions qu'il faut accueillir les habituelles assertions qui prétendent démontrer que le cerveau est le géniteur de la conscience, même s'il ne fait pas de doute qu'il participe à l'expression de celle-ci.

Par ailleurs, décréter que la conscience n'est qu'un épiphénomène apparenté à une sécrétion biologique peut aboutir, par extrapolation, à des conclusions cocasses. Il suffit de faire appel à ce principe fondamental, auquel ces auteurs ont d'ailleurs coutume de se référer, qui veut qu'une même cause produise un même effet. Ce qui signifie, de ce point de vue mécaniste, que des modèles biologiques équivalents seraient capables d'aptitudes équivalentes. Donc, à cerveau équivalent, intelligence et conscience équivalentes ! Et puisque le cerveau de certains anthropoïdes (chimpanzé, gorille, orang-outan) ne diffère pas beaucoup du nôtre, nous devrions pouvoir, d'après ce raisonnement, sinon jouer au bridge ou aux échecs, du moins avoir des échanges élémentaires avec eux.

Pourtant, selon l'approche *objective*, un chimpanzé normalement constitué, avec lequel nous partageons 98 % de notre génome, n'est même pas en mesure de nous faire part de ses sentiments. Particulièrement ceux que suscite chez lui l'évocation des expérimentations cruelles dont beaucoup de ses congénères ont fait les frais. À moins que, et malheureusement pour lui, nous ne soyons pas suffisamment performants nous-mêmes pour le comprendre. En effet, le langage de l'animal nous est peu accessible, alors que la réciproque ne se vérifie pas systématiquement. Bien des animaux domestiques vous le diraient ! Ainsi, en dépit de faibles différences anatomo-physiologiques, nos intelligences et nos consciences n'en restent pas moins en grande partie étrangères les unes aux autres, contrairement au principe de cause à effet. Cela posé, est-il justifié de dénier toute forme de conscience et d'intelligence à l'animal, alors que notre propre perception de la réalité n'est tout simplement pas la sienne ? Personnellement, n'ayant jamais pu interroger un spécimen d'une espèce « inférieure » pour lui demander son avis, je préfère réserver le mien.

La simple conscience de soi, modalité de l'individuation, repose sur des aptitudes cognitives et réflexives qui témoignent d'un acte d'intelligence dont il semblerait que seul l'homme, parmi toutes les espèces animales, soit capable. Ce genre d'exclusive humaine demande cependant à être nuancé. Non pas que l'on mette en doute les performances de cette intelligence, mais c'est à se demander de quel type d'intelligence relève la barbarie qui ensanglante la planète depuis que l'humanité y a élu domicile. Et sur ce point, c'est incontestable, nulle espèce animale n'est aussi intelligente que l'homme.

Supériorité de l'homme ou non, aucune étude scientifique n'a établi, là encore, que la conscience relevait d'un agencement particulier de la matière cérébrale. Que l'origine biologique de la conscience coule de source pour une majorité de nos contemporains provient simplement de ce qu'ils ont été conditionnés par ce type de croyance. Mais cette croyance d'un rôle décisif du cerveau dans l'émergence de la conscience, même majoritaire, n'a pas valeur de preuve.

La proposition suggérant que la Supra-Conscience utilise la matière, dans un dessein et avec des moyens encore mal définis, ne s'appuie pas, me fera-t-on remarquer, sur une argumentation mieux étayée que celle qui prône la suprématie du cerveau. C'est exact. Toutefois, dans la réflexion qui nous occupe, lorsque la science dévoile ses limites, il ne faut pas craindre de privilégier d'autres sources de connaissance, dont l'intuition et l'imagination. Bien sûr, pour le rationaliste ce sont là des références plutôt inhabituelles. Mais d'un autre côté, quel intérêt trouve-t-on à emboîter le pas à celui qui, usant de quelques analogies trompeuses, compare l'homme à une machine ? Cette façon de procéder n'est pas nouvelle, et dès les premières inventions de machines relativement élaborées l'homme s'est évertué à leur trouver des correspondances avec son propre cerveau. Ce dernier fut tour à tour mécanisme d'horlogerie, automate, circuit électrique, standard téléphonique… Chaque fois, ces comparaisons se sont révélées inadaptées, comme l'est aujourd'hui le parallèle entre le fonctionnement cérébral de l'homme et celui des connexions électroniques d'un ordinateur.

Il suffit de mettre à contribution notre propre *mécanisme* cérébral pour retourner cette dernière comparaison contre ceux qui la propagent. En effet, le programme qui permet à l'ordinateur de *réfléchir* est conçu par l'homme, lui-même créateur de l'appareil. Et, selon ce raisonnement, puisque l'existence de la machine revient à la conscience qui l'a créée, l'homme-machine à son tour, cerveau compris, n'existerait que par la volonté d'une conscience qui lui est extérieure et forcément supérieure : *Pas d'horloge sans horloger !* ajouterait Voltaire.

Quitte à enfourcher une croyance, je suis d'avis que toute matière, même d'apparence inerte, accède à une forme de conscience proportionnelle à son niveau d'organisation[1]. Pour le vivant, ce niveau d'organisation est à ce point élevé que la conscience dispose des moyens d'expression les plus performants. Le cerveau étant l'interface organique qui autorise l'expression de la conscience, l'homme se situerait évidemment au sommet de l'échelle, les autres animaux à un degré moindre et le végétal encore plus bas. Quant au minéral, si l'idée de lui concéder une forme de conscience ne semble pas très sérieuse, rien ne permet d'en rejeter l'occurrence : *Objets inanimés, avez-vous donc une âme qui s'attache à notre âme et la force d'aimer*[2] *?*

En somme, les modèles biologiques les plus élaborés — il s'agit généralement du seul modèle humain — seraient en mesure d'accéder à un niveau élevé de conscience. Si l'on considère la conscience individuelle avec ses attributs énumérés précédem-

1. Cette *croyance* semble conforme à la théorie de la relativité d'échelle de l'astrophysicien français Laurent Nottale, *La Relativité dans tous ses états*, Hachette-Littérature, coll. « Pluriel », 1998.

2. Alphonse de Lamartine, *Les Méditations*.

ment, qui mettent en jeu des fonctions cognitives extrêmement performantes, cette faculté-là demeure à la rigueur hors de portée d'espèces au matériel cérébral plus modeste, même s'il est capable de processus électrochimiques complexes. Néanmoins, dans l'ignorance des spécificités exactes de ce matériel cérébral permettant la réception optimale du *rayonnement* de la Supra-Conscience — qui suscitera l'essor de la conscience individuelle — on peut croire que certaines espèces « inférieures » possèdent une forme de conscience peut-être moins éloignée qu'on ne le pense de celle du genre humain.

Les limites du discours rationaliste

Le cadre scientifique actuel ne paraît guère adapté à l'étude de la conscience. Une conscience qui n'en demeure pas moins une composante fondamentale de l'homme de science. Et il ne s'agit pas seulement de la conscience morale, de l'éthique, mais de l'essence même de notre présence à la vie.

Alors, nous y revenons : qu'est-ce que la conscience ? Quelles sont les modalités de son émergence chez l'homme ? Quelle est la nature exacte de ses relations avec le cerveau ? Est-elle prisonnière de la matière ? Ou peut-elle s'en extraire le temps d'une EMI ou de tout autre état modifié de conscience ? Voici quelques-unes des questions que l'on aimerait poser à la science et auxquelles on apprécierait que certains de ses représentants répondent autrement que par une pirouette, loin de valoir une démonstration.

Si la matière biologique est assurément le lieu d'expression privilégié de la conscience, on ne peut en déduire que celle-ci est enfantée par le cerveau. Comme on l'a indiqué, la cause et l'effet sont encore trop souvent confondus. Prenons l'exemple trivial du fonctionnement d'un téléviseur, conforme à la métaphore scientifique en usage, afin d'illustrer cette confusion. Bien que cet appareil nous offre à voir un défilement continu d'images et de sons, on ne peut lui concéder pour autant la faculté de les avoir créés. Le téléviseur n'est qu'une interface, un instrument — bien souvent, hélas, un instrument d'abrutissement collectif ! De sorte qu'en accord avec cet exemple, la croyance en l'anéantissement de la conscience, à l'instant de la mort du sujet, signifierait qu'à la *mort* du téléviseur toutes les créations qu'il diffusait sont aussitôt annihilées ; et en conséquence ne peuvent plus être émises sur le réseau… Mais, dit-on, le doute doit profiter à l'accusé, le mort en l'occurrence. Saluons donc ce principe cartésien et accordons au défunt le bénéfice d'une rupture d'avec sa conscience, non pas de son annihilation. Et s'il faut douter de quelque chose, c'est bien de cette opinion loufoque qui voudrait qu'un amas de cellules, tel que le cerveau, fabrique de la conscience de sa propre initiative. Le fait n'a jamais été démontré et il est peu probable qu'il le soit un jour.

Entendons-nous. Il est clair que le *Je* qui pense procède d'une conscience elle-même opérationnelle par l'intermédiaire d'un support physique, le corps, auquel elle a tendance à s'identifier, et plus précisément encore par l'intermédiaire de cet organe noble qu'est le cerveau. Tout le monde s'accorde sur cette évidence. Mais aucun élément objectif ne permet à quiconque d'affirmer que la conscience, elle, n'est qu'une sécrétion de cet ensemble d'organes, ni de l'un d'entre eux en particulier, aussi noble soit-il.

Ce simple constat incite à se prononcer sur la question de l'annihilation de la conscience avec la plus extrême circonspection. Aussi, tout ce qu'il nous est permis de dire de la conscience d'une personne qui vient de décéder, c'est que nos sens ne la perçoivent plus. Ils ne perçoivent plus de manifestations de cette conscience car le cerveau par l'entremise duquel elle s'exprimait n'est plus fonctionnel. En vertu du principe cartésien évoqué plus haut, qui donne la priorité au doute, c'est la seule certitude qui nous soit autorisée. Car faute d'éléments tangibles, la sacro-sainte règle de l'observation est inopérante, sauf à constater notre impuissance à appréhender le sort de cette conscience.

À tout bien regarder, le discours rationaliste habituel se montre peu convaincant, même lorsqu'il s'inspire de l'imagerie médicale ou de faits expérimentaux dont il est difficile de démêler causes et effets. Et puisqu'on ne peut aboutir à une véritable certitude sur la localisation de la conscience en tripatouillant les circonvolutions cérébrales, celle-ci ne se dissimulant pas dans un repli du cortex[1], on peut se demander sur quelle base certains affirment qu'elle est un produit de la chimie cérébrale. De l'usage immodéré de la méthode scientifique visant à relier l'effet à la cause, selon une logique de causalité léguée par Aristote, il résulte parfois des erreurs d'interprétation tout aussi logiques.

Reconnaissons toutefois que nos lois scientifiques répondent avec un certain succès aux phénomènes physiques du mésocosme, le niveau des *dimensions moyennes* de la réalité ordinaire. Mais elles sont beaucoup moins performantes dans les dimensions subatomique et astronomique du microcosme et du macrocosme. Leur efficacité est également discutable dans l'étude du vivant, pour lequel les événements ne suivent pas nécessairement des règles strictes mais expriment plutôt des tendances. Et, en dépit de la poussée des partisans d'une science de l'homme calquée sur le modèle mécaniste, ces lois paraissent encore moins adaptées aux sciences humaines. Enfin, s'agissant de la conscience, le paradigme scientifique actuel ne peut se prévaloir, on l'aura noté, d'en être le cadre d'étude le plus pertinent.

Une « biologie » de l'intuition

Élargissant notre réflexion, nous ferons ici l'hypothèse que la Supra-Conscience, connectée à la conscience individuelle par les canaux subtils de l'Énergie fondamentale, stimule la perception intuitive. Relevons tout d'abord que la mise en évidence de cette dernière s'apparente à la question des modalités de l'observation dans le domaine de la physique quantique, où l'intervention de l'observateur interdit toute vérification objective (selon le principe d'indétermination — ou d'incertitude — de Heisenberg[2]).

1. C'est là une allusion implicite à la célèbre remarque de Claude Bernard qui affirmait, dans ses *Leçons d'anatomie*, n'avoir jamais trouvé trace de l'âme dans les nombreux cerveaux qu'il avait disséqués.
2. Quelques-unes des curiosités de la physique quantique seront discutées au dernier chapitre, dans la section consacrée à la théorie de David Bohm.

Une telle limitation, à laquelle se heurte d'ailleurs l'étude des phénomènes paranormaux, ne saurait cependant nous interdire d'en discuter.

Au préalable, il convient de distinguer l'intuition, en relation plus ou moins étroite avec l'affectivité, de l'instinct, cette part d'intuition au service de la survie de l'organisme. En ce sens, la fonction de l'instinct, visant d'abord à la préservation de l'individu, peut se comparer à une activité réflexe. Elle n'en dépend pas moins d'un certain niveau de conscience. D'ailleurs, en ce qu'ils participent de la conscience d'une façon ou d'une autre, intuition et instinct sont des émanations de l'Énergie fondamentale. Et, au plan purement *mécanique*, ils se manifestent sans doute au travers de circuits neuronaux analogues.

La sensibilité intuitive, l'*intuitivité*, n'apparaît pas comme un trait majeur du genre humain, en dépit d'un niveau d'évolution supposé lui conférer l'intelligence la plus performante. L'efficience réduite de son intuitivité résulte, de mon point de vue, de deux facteurs : un degré élevé de saturation des aires cérébrales chargées du traitement des données sensorielles, voire extrasensorielles, et un réseau neuronal progressivement détourné d'une bonne part de ses fonctions originelles, au profit de l'acheminement de ces données.

En d'autres termes, concernant le premier facteur, les incessants « parasitages » induits par nos modes de vie réduisent la fonctionnalité intuitive de notre *filtre cérébral*, souvent proche de la saturation. Celle-ci est amplifiée par la spécialisation extrême de nos sens qui, par ailleurs, se sont adaptés à des sollicitations infiniment plus fréquentes et complexes que celles dont nos lointains aïeux étaient l'objet. C'est sans doute le prix à payer de la complexification croissante du système nerveux tout au long de l'évolution du genre, comme l'indique à son tour l'analyse du second facteur.

En effet, la *désafférence* de certaines connexions neuronales est une autre donnée de l'évolution de l'espèce humaine qui, en quelques millénaires, a laissé loin derrière elle toutes les autres formes de vie animale. Dans cette optique, le chemin de l'évolution a emprunté la voie d'un développement cortical favorisant, en particulier, l'essor de l'intelligence abstraite et l'utilisation intensive des fonctions analytiques du cerveau. Cortex, néocortex puis néo-néocortex ont progressivement supplanté les formations archaïques, cerveaux reptilien et limbique, dévolues aux activités instinctives et affectives. Si l'on fait le postulat que ces formations archaïques sont utilisées par l'Énergie fondamentale, vecteur de la Supra-Conscience, afin de stimuler l'intuitivité, on comprendra aussitôt la raison de leur efficacité réduite, sur ce point précis, chez l'homme moderne : elles ont tout simplement été marginalisées, recouvertes par des structures *plus performantes*.

Beaucoup d'espèces inférieures, démunies d'une grande part des aires corticales susceptibles d'amplifier les « parasitages » nuisibles à la perception intuitive, sont davantage en phase avec la Supra-Conscience. Cependant, revers de la médaille, leur déficit de substance corticale constitue un handicap, du point de vue de l'homme, à une interprétation *rationnelle* de ses manifestations. De façon que l'animal, qui ne possède pas ce matériel cérébral lui permettant une interprétation *humaine*, semble vivre dans une sphère mentale essentiellement régie par l'instinct, mais de laquelle une forme d'*intuition émotionnelle*, d'intuitivité, n'est pas complètement absente. À cet égard, les récits mettant en scène des chiens qui hurlent à la mort au moment où leurs maîtres agonisent ou courent un grand danger, en des lieux parfois très distants, sont révélateurs de l'existence chez ces animaux d'une véritable conscience intuitive. Celle-ci est particulièrement efficace à l'occasion d'événements affectivement signifiants, comme c'est parfois le cas chez l'homme au cours d'un rêve prémonitoire ou d'un *flash* de voyance.

Il est paradoxal que la complexité du cerveau, fondée sur un nombre quasi infini de connexions neuronales, interdise à l'espèce humaine une utilisation optimale de la perception intuitive : plus l'homme a gagné d'un côté (niveau cortical avec le raisonnement abstrait), plus il a perdu de l'autre (formations archaïques avec la perception intuitive), se coupant de la quintessence. De sorte que chez l'être humain adulte, la faculté de percevoir le mouvement subtil de la Vie, de sublimer la réalité ordinaire, se situe en fin de compte à un niveau des plus modestes. Malgré ses prothèses technologiques sophistiquées, il demeure aveugle à bien des mystères de la Nature que seuls, maigre consolation, certains états modifiés de conscience lui permettent d'approcher.

Il semble toutefois que son intuitivité ait été plus performante lors d'une brève période de sa petite enfance. Période que l'on peut situer de la naissance à l'âge de quatre à six ans. Au cours de ces quelques années, l'enfant semble bénéficier d'une *sensitivité* accrue, que l'on pourrait attribuer à la fonctionnalité réduite de certaines aires corticales dont la maturation se poursuit longtemps après la naissance. Pas encore totalement opérationnelles, elles laisseraient ainsi plus de champ libre aux formations archaïques, donc à l'instinct et à l'intuition. Hypothèse difficilement vérifiable, mais notons tout de même que les étapes de maturation de ces aires corticales, avec la mise en place d'un gigantesque réseau de connexions neuronales, correspondent à celles de l'abandon progressif du monde idéalisé de l'enfance, celui du règne de la pensée magique et intuitive, en faveur de l'interprétation rationnelle conforme à l'univers des adultes.

Ainsi il n'existerait en fait aucune frontière dans l'espace, dans cette vacuité paradoxalement non vide qui tout compose, d'où tout provient et tout contient, à commencer par cette lumière *qui est en même temps* particulaire. Est-ce cette lumière qui est décrite dans l'expérience transpersonnelle ?

Pierre WEIL [1]

CHAPITRE II

Les états modifiés de conscience

Une définition claire et succincte de l'état modifié de conscience nous est proposée par Georges Lapassade : « Sous l'étiquette "états modifiés de conscience" (EMC), on rassemble un certain nombre d'expériences au cours desquelles le sujet a l'impression que le fonctionnement habituel de sa conscience se dérègle et qu'il vit un autre rapport au monde, à lui-même, à son corps, à son identité[2]. »

Pour désigner le dérèglement de ce rapport au monde, les anglo-américains utilisent l'expression *Altered State of Consciousness* (ASC), c'est-à-dire « état de conscience altéré ».

---

1. *L'Homme sans frontières, les états modifiés de conscience*, L'Espace bleu, 1988, p. 64.
2. G. Lapassade, *Les États modifiés de conscience*, PUF, coll. « Nodules », 1987. Georges Lapassade, est professeur d'anthropologie psychologique à l'université Paris VIII et à l'Institut d'ethnologie de Paris VII.

Mais craignant que cette notion d'*altération* de la conscience ne soit entendue comme un symptôme pathologique, la plupart des auteurs francophones lui ont préféré celle de *modification*.

L'expérience d'une « réalité autre »

Vivre un autre rapport au monde, comme l'indique Georges Lapassade, c'est expérimenter une réalité différente de la réalité ordinaire à laquelle on se réfère habituellement. Mais à propos, comment s'assurer de la qualité *ordinaire* de la réalité du moment ? Pour le vérifier, il faudrait pouvoir se poser la question en ces termes : qui, où et quand suis-je ?

Répondre à ces trois éléments d'interrogation permet de prendre conscience de son statut d'individu différencié du groupe, dans un registre spatio-temporel en accord avec les repères communs aux membres de celui-ci. Ce sont en effet ces repères communs, auxquels nous recourons sans cesse, qui fondent le concept de réalité ordinaire. Ils objectivent, et en quelque sorte authentifient, notre expérience subjective de cette réalité. En conséquence, une variation, même légère, dans l'une des réponses à la triple question précédente concernant l'identité, l'espace et le temps, par rapport à la réalité partagée par le groupe, suggérera la présence d'un état modifié de conscience.

Cela étant, dans le cours de nos activités journalières, nous ne pouvons nous livrer en permanence à un travail d'analyse visant à jauger la validité de notre rapport au monde, comparativement, par exemple, à celui de notre voisin. Dans la plupart des cas ce ne serait d'ailleurs pas très utile puisque nous sommes très tôt éduqués, *programmés*, pour évoluer dans un type de réalité défini par un cadre socioculturel commun. La réalité vécue par notre voisin a donc de très fortes chances, à de rares exceptions près, d'être identique à la nôtre. En somme, le maintien d'un niveau de conscience en conformité avec celui du groupe s'apparente à une sorte d'acte réflexe imposé par un conditionnement précoce. Voilà pour la réalité officielle, ordinaire, à laquelle nous nous conformons habituellement.

Un comportement hors normes, *a-normal*, par rapport à cette réalité, entraînera une réaction négative de la part du groupe en vertu du dépassement des tolérances qu'il a définies. Ce qui laisse entendre que des fluctuations restent permises dans les limites fixées par le système socioculturel dominant. Dans celui qui nous sert de référence, la société occidentale, certains états modifiés de conscience paroxystiques franchissent ces limites, celles de la normalité, au-delà desquelles il n'y a plus de réalité acceptable par la collectivité. Cette mise hors normes amène, selon les critères normatifs en vigueur, à considérer les EMC extrêmes (NDE, transe mystique, expérience psychédélique, ivresse des sommets ou des profondeurs) comme des états psychotiques transitoires. Mais ne nous laissons pas leurrer par ce parallèle avec la folie, car dans les EMC qui nous intéressent, même les plus profonds, le sujet revient à la réalité du groupe au terme de son expérience. En revanche, ce n'est plus le cas du psychotique qui évolue, lui, dans une sorte d'état modifié de conscience chronique et le plus souvent irréversible.

La réalité perçue lors d'un EMC n'a pas systématiquement moins de valeur, pour celui qui l'expérimente, que la réalité ordinaire. En fait, cela dépend du type d'EMC considéré. Ainsi, certaines formes paroxystiques sont vécues avec un sentiment de réalité intense. Henry Corbin, qui fut un grand spécialiste des états mystiques, utilisait le terme *imaginal* pour désigner le domaine de la réalité que l'on y rencontre, qu'il faut bien distinguer, précisait-il, de l'imaginaire[1]. D'autres auteurs ont utilisé des notions diverses : conscience supérieure, cosmique ou océanique, noosphère, monde transphénoménal ou transpersonnel, etc., qui recouvrent une conception voisine, pour ne pas dire identique, faisant une large place au réalisme du vécu.

Notons encore que si l'appartenance à un groupe implique de se plier aux normes qui y sont la règle, celles-ci diffèrent sensiblement d'un espace culturel à un autre. Ainsi la réalité à laquelle

1. Voir par exemple *L'Imagination créatrice dans le soufisme d'Ibn Arabi*, Flammarion, 1958.

se réfère l'Occidental ne peut guère se mesurer à celle des Shuars, peuple indien de la forêt amazonienne. Pour eux, la réalité ordinaire est mensongère, la *vraie réalité* se trouve ailleurs, là où évoluent les âmes *(arutam)* des ancêtres, là où réside *l'esprit du Grand Tout*, cet esprit qui s'adresse à eux dans leurs rêves et dans les états modifiés de conscience que leur procurent les plantes qu'il a mises à leur disposition[1]. Alors que, le plus souvent, dans notre société civilisée, on ne se préoccupe du rapport à la réalité, donc des états de conscience, que dans un seul but : en maintenir la neutralité afin d'en dissimuler le contenu affectif. C'est pourquoi beaucoup n'entendent plus l'appel de *l'esprit du Grand Tout*, ne distinguent plus cette *réalité autre* dont la connaissance éviterait de développer quelques-unes de ces pathologies désignées comme des *maladies de la civilisation*.

Un vaste éventail

Nous subissons quotidiennement un flot de stimuli affectant tous nos sens, ces avant-postes du recueil et du traitement de l'information. Et peut-être plus que tout autre, l'ouïe : sonnerie du réveil, du téléphone, tintamarre des moteurs et des engins de travaux publics, bruits de voisinage, émissions radiophoniques, appareils électroménagers, matériels électroniques, etc. La vue, très sollicitée, elle aussi, est alimentée par un kaléidoscope au fonctionnement quasi incessant dont les images, récoltées au fil de nos multiples déplacements et activités, sont excessivement variées et colorées : défilés de paysages, écrans de cinéma et de téléviseurs, moniteurs d'ordinateurs et de contrôle, panneaux de circulation, d'affichage, etc. Le goût, l'odorat et le toucher, à leur tour, ne sont pas épargnés par des modes de vie induisant un taux d'utilisation des sens à la limite du sur-régime.

1. Il ne faudrait pas imaginer que les peuples amazoniens vivent encore à l'âge de la colonisation, conformément à cette vision romantique occidentale du *bon sauvage* qui tend à perdurer. Voir sur ce thème *Le Mythe du sauvage*, de Olive P. Dickason, Philippe Lebaud, 1994.

Dans un tel contexte, il faut bien comprendre que, sans une adaptation progressive, qui débute dès le plus jeune âge, nous serions en état de transe permanent, d'EMC perpétuel. Malgré cette adaptation précoce, nous sommes parfois en état modifié de conscience sans vraiment nous en rendre compte, du moins dans l'instant. Cela se produit à chaque fois que les circuits neuronaux spécialisés, qui permettent à notre conscience de rester en phase avec la réalité consensuelle, sont saturés et se déconnectent, nous infligeant des périodes de repos de façon quasi automatique.

La chronobiologie rapporte que certains moments de la journée ne sont guère propices à l'activité cérébrale, ni même physique. Les spécialistes nous expliquent ainsi que l'on retrouve dans le cycle de veille des périodes d'affaiblissement de l'efficience intellectuelle et sensorielle plus ou moins marquées, particulièrement notables dans la capacité à l'attention et à l'analyse ; et par contrecoup dans l'élaboration d'une réponse adaptée à la réalité du moment. Lors de telles périodes de relâchement de notre vigilance, qui passent souvent inaperçues, nous expérimentons de légères modifications de notre état de conscience, de notre rapport au monde. L'Éducation nationale, sensibilisée aux inconvénients et aux dangers liés à ces petites *anesthésies*, comparables à la première phase de l'endormissement, a tenté d'y remédier en aménageant les rythmes scolaires. L'hypnose des autoroutes, phénomène apparenté, vécu journellement par de nombreux conducteurs, amène à recommander des pauses régulières, voire à réglementer les conditions de travail imposées aux routiers professionnels, aux pilotes de longs courriers, aux conducteurs de trains ou de machines nécessitant une surveillance soutenue.

Toutefois, en vertu de leur modicité, ces fluctuations quotidiennes de nos états de conscience ne se mesurent guère à l'ébranlement que suscite une EMI qui, outre sa composante spirituelle, s'exprime par un bouleversement extrême du rapport à la réalité consensuelle. Entre ces deux limites il y a place pour un vaste éventail d'états modifiés de conscience dont les contextes inducteurs sont tout aussi variés.

Les contextes inducteurs

Une revue méthodique des situations susceptibles d'engendrer les multiples EMC répertoriés à ce jour imposerait de tels développements qu'il n'est pas envisageable de les traiter ici par le menu. Un simple aperçu du classement des états modifiés de conscience, proposé en 1966 par le psychologue américain Arnold M. Ludwig, nous permettra de mesurer la dimension du sujet. Son aspect fourre-tout, mêlant EMC et situations génératrices d'EMC, a certes fait l'objet de critiques. À décharge, il faut avouer qu'il n'est pas toujours aisé de faire la différence entre la nature même de la modification de l'état de conscience et les facteurs qui la suscitent. Le sommeil, par exemple, est un EMC physiologique dont on peut se représenter l'endormissement comme le contexte inducteur initial. Une première remarque : de l'endormissement au sommeil, la frontière est plutôt floue. Mais surtout, dans ce cas précis, le sommeil est la circonstance indispensable à l'émergence du rêve, qui est lui aussi un état modifié de conscience à part entière. Cela précisé, il n'est pas utile de nous attarder à ces questions plutôt accessoires, d'autant que la présentation sommaire de ce catalogue[1] vise avant tout à rendre compte de l'extrême diversité du thème.

Arnold Ludwig a classé les contextes inducteurs d'EMC en cinq grandes catégories :

1) La réduction des stimulations externes et/ou de l'activité motrice : réclusion et solitude prolongées, hypnose des autoroutes, ennui extrême, première et dernière phase du sommeil (phases hypnagogiques et hypnopompiques), rêve, privation sensorielle, immobilisation du corps dans le plâtre, etc.

2) L'intensification des stimulations extéroceptives et/ou de l'activité motrice : torture, lavage de cerveau, état de panique,

1. On en consultera une liste plus complète dans *Les États modifiés de conscience*, de Georges Lapassade, p. 30-32. De même que dans *La Science et les États frontières*, de Christine Hardy, Éd. du Rocher, 1988, p. 230.

certaines transes rituelles et rites de passage, transes des chamans et des derviches tourneurs, réactions de rage, etc.

3) L'intensification de la vigilance ou de l'implication mentale : surveillance prolongée d'un écran-radar, prière fervente, lecture et écriture soutenues et attentives, écoute d'orateurs charismatiques, projection cinématographique captivante, etc.

4) La baisse de vigilance ou le relâchement des facultés critiques : somnolence, rêverie, transes visionnaires, médiumniques et autohypnotiques, extases mystiques, transes créatrices (poétiques, musicales), relaxation musculaire, etc.

5) Les facteurs psychosomatiques, chimiques ou neurologiques : hypoglycémie, hyperglycémie, déshydratation, manque de sommeil, hyperventilation, ingestion d'agents toxiques, d'alcool, de barbituriques, de stupéfiants, etc.

On aura relevé que les expériences de mort imminente n'ont pas été recensées dans cette liste. La raison en est simple, ce classement a été publié en 1966, antérieurement à la première parution sur le thème (1975).

Des phénomènes collectifs

Les EMC abordés par la suite se rapportent à l'expérience individuelle d'une perception modifiée de la réalité ordinaire. Mais des EMC peuvent être vécus simultanément par plusieurs individus, formant parfois des groupes importants. Il sera donc intéressant d'achever cette présentation en consacrant quelques lignes à ces phénomènes collectifs.

Dans nos sociétés modernes, un idéal puissant, ou dérisoire selon les goûts, à l'occasion augmenté d'un décorum élaboré, est un *coproducteur* d'EMC efficace sur un groupe savamment conditionné. L'ascendant d'un *orateur charismatique*, pour reprendre les termes de Ludwig, contribue au renforcement de l'induction. C'est l'exemple des meetings politiques et autres grand-messes idéologiques. Le subtil conditionnement du discours assené par un guide suprême aboutit à l'unanimité dans la soumission à ses idées ; des idées auxquelles le *fan*(atique) est généralement gagné d'avance.

Il en va de même pour nombre de rencontres sportives et de concerts de musique moderne. Le seuil de suggestibilité y est parfois fortement abaissé par un apport de toxiques (alcool ou stupéfiants). En fonction des quantités en cause et des sensibilités individuelles *(idiosyncrasies)*, ces substances seront des inducteurs directs ou, pour le moins, des catalyseurs efficaces. Peuvent également être considérés comme tels les slogans et les cris d'enthousiasme, d'allégresse, de colère, de haine, de vengeance... psalmodiés à tue-tête, en boucle infinie.

On assiste ainsi à des transes de foule impressionnantes que l'on apparente volontiers à des phénomènes d'hystérie collective. Il n'est qu'à visionner certaines obsèques de personnalités idolâtrées, particulièrement celles des « martyrs » d'une idéologie religieuse ou politique. Ces transes résultent d'un processus de remaniement des comportements individuels en faveur d'un modèle unique. L'individu abandonne temporairement son état de conscience ordinaire au profit de l'état de conscience du groupe ; sa personnalité se dissolvant dans une personnalité collective, uniforme, spécifique à l'entité *foule*.

Loin de tels excès, des groupes ethniques attachés à la préservation de leurs traditions exploitent encore certains EMC collectifs, dans des contextes et vers des objectifs bien définis : cérémonies initiatiques marquant les étapes de reconnaissance sociale (de l'enfance à l'âge adulte, par exemple), incantations propitiatoires (moisson, pluie, prospérité du village), rituels de guérison (transes des chamans), rites mixtes : curatifs, initiatiques et même revendicatifs (cultes *Vaudou, Vodun fon, Macumba, Umbanda, Candomblé, Santería, Bori*[1], etc.). Il ne fait pas de doute que ces pratiques renouent le lien entre

1. Le *Vaudou* est un culte pratiqué à Haïti, le *Vodun fon* au Bénin, le *Macumba*, l'*Umbanda* et le *Candomblé* au Brésil, le *Santería* à Cuba, le *Bori* au Niger et au Nigeria.

l'homme et la conscience suprême que ces peuples attribuent aux divinités du *monde transphénoménal.*

Ajoutons encore que toutes les civilisations ont concédé un rôle capital à la musique et à la danse. Mais seules quelques rares sociétés traditionnelles, isolées dans leur évolution de toutes les influences que connurent les sociétés occidentales, sont parvenues à en préserver au mieux les sonorités et les rythmes initiaux. Certaines de leurs pratiques comportent des vécus de transes, individuelles et collectives, soutenus par des rythmes musicaux transmis de génération en génération. La fonction sociale de ces rites et de ces rythmes y reste de la première importance.

Dans les pays qualifiés de *plus développés*, cette mémoire des rythmes originels, quoiqu'elle se soit estompée, n'a peut-être pas été complètement refoulée. Ces rythmes y vibrent encore discrètement mais, à l'occasion, reprennent possession de l'individu de façon paroxystique. En ce sens, les *fièvres du samedi soir* (ou d'autres soirs) ne répètent-elles pas, généralement pour la tranche d'âge la plus jeune, des comportements venus de la nuit des temps ? Ces soirées mêlant musique et danse s'expriment dans nos sociétés modernes sous la forme d'un violent bombardement sensoriel et constituent, à leur façon, des rituels de transes générateurs d'EMC. Mais ici, la connexion avec les forces invisibles de la nature n'a plus lieu d'être, l'homme civilisé est persuadé de les avoir domestiquées. Par-delà cette erreur d'appréciation, l'absorption de toxiques (alcool et/ou drogues), en plus de l'influence de la fatigue, amplifie le potentiel inducteur propre à ces contextes et conduit trop souvent à des EMC extrêmes aux conséquences souvent redoutables.

La dimension affective

La nature humaine s'édifie sur une dimension affective dont l'impact sur les états de conscience est fondamental. L'incidence de cette composante affective est non seulement manifeste dans les relations entre individus présumés en bonne santé mentale, mais elle intervient aussi dans les pathologies psychiatriques, les comportements asociaux ou la gamme infinie des réactions névrotiques.

L'aptitude à gérer les émotions influe fortement sur la qualité de la réalité perçue par l'individu, tant dans son analyse que dans l'adaptation de ses réponses comportementale et affective. Cette gestion n'est pas chose aisée pour les populations des pays industrialisés, spoliées en quelque sorte de l'héritage perceptif de leurs lointains aïeux. La précarité affective, aux répercussions aliénantes, est le lot quotidien de beaucoup. Et si nous sommes plus sollicités au plan du registre émotionnel que les membres des sociétés dites primitives, nous parvenons rarement, en revanche, à *rentabiliser* efficacement nos *investissements* affectifs. Des facteurs économiques extrêmement valorisés nuisent considérablement à notre capacité à gérer ces situations.

Mais ne confondons pas, comme on le fait souvent, la gestion d'une émotion avec sa dissimulation, voire sa répression. Car dans la relation interpersonnelle, même et surtout dans l'intimité de la cellule familiale, on s'évertue trop souvent à contrôler ses émotions dans le seul but de les dissimuler, de ne pas exposer ses états d'âme. Simple pudeur, affirme-t-on. Dommage, car cette façon de procéder qui jugule toute spontanéité, qui interdit la mise en acte des vrais sentiments, est en profonde contradiction avec les besoins fondamentaux de l'être humain ; accessoirement avec les vertus de la juste communication. Ce refus d'être tout simplement « ce que l'on est » et d'accepter l'autre tel qu'il est, ce rejet du naturel, est à l'origine de dysfonctionnements aux trois niveaux de la nature humaine : somatique, psychologique et spirituel.

Souvent galvaudée ou confondue avec un aspect réducteur de la religion, la composante spirituelle, sur laquelle cette domestication du *ressenti* pèse lourdement, n'est pas toujours évaluée à sa juste mesure. Pourtant, bien qu'il soit le plus souvent mis en veilleuse, le lien entre l'homme et cette mystérieuse source capable de transcender sa perception de la réalité, de le mettre au contact du *monde transphénoménal*, celui de la Supra-Conscience, n'est jamais rompu. Nombre d'EMC le vérifient, en dépit du fait que dans nos sociétés les expériences spirituelles prêtent plutôt à la dérision. Ici ou là, on a même évoqué à leur propos la signature caractéristique du délire mystique. Pourtant, à l'instar des EMI, les états modifiés de conscience à connotation spirituelle sont des phénomènes universels, expérimentés depuis toujours par des hommes réceptifs au langage de leurs émotions.

À l'instant où l'organisme et le cerveau sont sur le point de cesser de fonctionner, la conscience (c'est-à-dire, au minimum, ce qui perçoit le monde) semble avoir accès à une autre dimension, peut-être justement parce que les liens qui l'attachaient à la matière se desserrent.

Docteur Jean-Pierre JOURDAN[1]

CHAPITRE III

La mort interprétée

Évaluer l'hypothèse d'une forme de survie de la conscience, à laquelle les EMC apporteraient leur caution, ne pouvait faire l'économie d'une information sur le thème de la mort. Un thème qui affleure, de façon plus ou moins névrotique, dans nombre de comportements humains. Il n'est qu'à voir combien y demeurent sensibles en ces temps où la divinisation des corps est le révélateur d'une sécheresse spirituelle désespérante. Où la décrépitude de la chair, outrageuses prémices de l'inéluctable, devient plus que jamais insupportable aux adeptes d'une plastique glorifiée à l'extrême, puisqu'il n'est de vie, à leur sens, que dans son expression matérielle. L'impasse existentielle à laquelle aboutissent de telles conceptions n'en

1. *La Mort transfigurée*, sous la direction d'E.-S. Mercier, L'Âge du Verseau, 1992, p. 171.

est que plus angoissante. La mort, décidément, nous rend la vie impossible !

Il faut dire que l'opinion *raisonnée* conçoit la mort à la manière d'une extinction définitive et irréversible de la conscience. Mais l'attribution de ce statut hors conscience reste un jugement discutable, d'ailleurs un jugement par défaut. Il repose en effet sur le constat de l'absence de signes de conscience tangibles. Pourtant, notre mode de pensée devrait nous inciter au doute, en suggérant que notre appareil sensoriel n'est peut-être plus en mesure, tout simplement, de percevoir la nouvelle forme d'expression de cette conscience. La nuance est de taille. Que l'on me comprenne : le fait que la conscience d'un défunt ne nous soit plus perceptible, ne permet pas d'inférer qu'elle a été anéantie simultanément à la mort de son organisme. Rappelons-nous l'exemple du téléviseur, certes simpliste, dont la panne irréparable ne signifie nullement que les émissions qu'il retransmettait cessent aussitôt.

La mort du corps

La mort biologique est loin d'être un phénomène aussi foudroyant que le suggère notre brusque incapacité à percevoir le moindre signe de conscience chez sa victime. Hors les cas exceptionnels, elle n'atteint pas chaque organe dans le même instant, mais s'établit par addition des arrêts fonctionnels successifs. C'est l'exemple classique de l'infarctus du myocarde qui, à l'extrême, conduit à l'arrêt brutal du cœur, entraînant à son tour l'arrêt de l'irrigation de l'organisme : cerveau, poumons, foie, reins, etc.

Cette gradation du phénomène de la mort nous impose-t-elle de tenir compte de la survie de certains organes pour décréter ou non le décès d'un individu ? Et à partir de quel degré d'avancement du processus des arrêts fonctionnels doit-on considérer que celui-ci est biologiquement mort ?

Si d'un point de vue légal la mort du cerveau est la condition nécessaire et suffisante de la constatation du décès, la nature, elle, n'a que faire de nos lois[1]. Et il n'est d'autre certitude en ce domaine que la cessation complète et définitive du métabolisme cellulaire de l'organisme. Mais cet aspect n'intéresse pas les comateux profonds pour lesquels on a établi un diagnostic de mort cérébrale, dont une partie des organes demeure fonctionnelle. Pour eux, la question de savoir jusqu'à quel stade il est justifié de préserver à tout prix certaines activités organiques se pose avec une grande acuité. Avec d'autant plus d'acuité que le développement et l'efficacité des techniques de transplantation d'organes suscitent chez les receveurs en attente et leurs familles un espoir grandissant.

À propos de ce minimum vital à opposer à la mort, la réflexion d'un illustre médecin, Jean Hamburger, de son vivant président de l'Académie des sciences, met en exergue la difficulté d'une juste définition de la mort :

> Le but à atteindre, préserver la vie et s'opposer à la mort, ne laissait guère jusqu'à présent de place à l'équivoque, parce que la définition de la mort était simple. Et voici que la mort n'apparaît plus comme un événement unique, instantané, intéressant toutes les fonctions vitales à la fois. Ces mêmes moyens d'action qui sauvent chaque jour [...] des milliers de malades, ont pour conséquences inattendues de changer la forme de la mort : elle s'étale dans le temps, se démembre, frappe séparément et successivement les différentes parties du corps. Devons-nous attendre que l'ultime portion de tissu soit irrémédiablement atteinte pour dire que l'organisme a cessé de vivre ? Un homme décapité chez qui on maintiendrait artificiellement, comme on le peut, la survie du cœur, des poumons et des reins, est-il un homme mort ? Questions théoriques il y a vingt ans, mais devenues brusquement réelles puisque des centaines de malades sont aujourd'hui en survie artificielle, le

---

1. Sur les aspects biologiques et légaux de la mort, le lecteur pourra se reporter au chapitre II, « De l'âme hors... à la mort », de mon précédent ouvrage, *La Vie à corps perdu,* Les 3 Monts, 2001.

cerveau déjà détruit alors que le cœur continue de battre et que des milliards de cellules gardent une activité intacte. L'organisme humain, cette immense colonie de cellules spécialisées et non interchangeables, ne cesse-t-il d'être organisme humain qu'à l'heure où la totalité de ses cellules sont mortes ? Pourquoi nous battons-nous, pour la vie cellulaire ou pour une certaine agglomération minimale de cellules qui fait l'individu ? Et dans cette dernière hypothèse, comment définir ce minimum nécessaire pour qu'on ait encore le droit de dire que l'homme est vivant[1] ?

Pour l'heure, cette évaluation du minimum cellulaire à opposer à la mort reste en suspens. Les autorités médicales, particulièrement le comité d'éthique, ont matière à débattre, et pour longtemps, car il est peu probable que l'on parvienne à trouver une solution définitive à un problème que les progrès de la recherche médicale ne manqueront pas de faire rebondir. Quoiqu'il en soit, une définition de la mort adaptée aux avancées prévisibles de la médecine devra tracer les nouvelles limites à l'intérieur desquelles les praticiens seront autorisés à intervenir. Mais nul doute que le bornage de ces limites se heurtera également aux considérations affectives, éthiques, culturelles et religieuses que draine cette délicate question. Même peu réaliste dans son application, le constat de l'arrêt complet et définitif du métabolisme cellulaire reste la seule certitude de la mort qui nous soit permise.

Une telle certitude n'est pas systématiquement acquise en présence d'électro-encéphalogrammes nuls. Prenez l'exemple dramatique de ces comateux pour lesquels on a préféré interrompre ce qui semblait un acharnement thérapeutique inutile. Il en est parmi eux qui ont conservé, longtemps parfois, une activité organique suscitant quelque attente confiante, espoir vain le plus souvent, chez des proches désabusés.

---

1. Jean Hamburger, *Puissance et fragilité*, Flammarion, 1972, p. 119-120 ; voir aussi Louis-Vincent Thomas, *Anthropologie de la mort*, Payot, 1975, note p. 34.

Ce fut le cas de mon ami Jean, victime d'un traumatisme cérébral gravissime avec perte de substance. Plongé dans un coma profond, il présentait un EEG nul ainsi que de multiples atteintes fonctionnelles. Passés trois mois de mort clinique une décision médicale, prise en accord avec sa famille, conduisit à le *débrancher*. Le médecin responsable du service de soins intensifs estima qu'il n'y survivrait pas. Pourtant, il ne rendit son dernier souffle que dix mois plus tard !

Hélène Renard, de son côté, nous remet en mémoire l'histoire émouvante de Karen Quinlan. Une histoire qui, en raison de l'imbroglio juridique, des problèmes éthiques et de toutes les implications émotionnelles qu'elle suscita, fut à l'époque largement commentée par les médias. Le cas de cette jeune Américaine de dix-sept ans, plongée dans un coma dépassé, témoigne à son tour des ressources insoupçonnées dont dispose la vie, bien que, là aussi, l'issue en fût tragique :

> La jeune Karen Quinlan a pu survivre neuf ans dans un coma. Ses parents avaient obtenu de la Cour suprême des États-Unis, en 1976, que les médecins débranchent le respirateur artificiel qui la maintenait en vie. Mais quand la jeune fille fut délivrée du tube d'oxygène, et contrairement aux prédictions médicales, Karen a poursuivi une vie végétative, alimentée artificiellement. Elle a ainsi vécu neuf ans pour s'éteindre le jeudi 13 juin 1985[1].

Quand l'issue contredit les pronostics

Si les précédentes circonstances n'offrent quasiment aucun espoir de récupération, sur la seule considération de la profondeur et de la durée du coma, des exceptions à la règle ont malgré tout été signalées. Ainsi, j'ai relevé quelques témoignages venant

1. Hélène Renard, *L'Après-Vie*, Philippe Lebaud, 1987, p. 123 et 124. L'autopsie du cerveau de Karen Quinlan, effectuée bien des années après son décès, a permis de mettre en lumière le rôle insoupçonné et essentiel du thalamus.

nous mettre en garde contre certaines évidences trop criantes. Dans le courant du mois de mars 1993, j'apprenais par les informations télévisées qu'à la veille de son anniversaire un Autrichien de trente-sept ans, plongé dans un coma profond depuis près de quatre ans, venait de *ressusciter* contre toute attente. Comme on s'en doute, l'image du bonheur de son épouse et de ses enfants était particulièrement émouvante.

Quatre ans plus tard, en 1997, vers la fin du mois de mars également, le même canal délivrait une information similaire. Un jeune Anglais, Andrew Devine, victime en 1989 d'un affrontement entre supporters lors d'une rencontre de football sur le stade de Sheffield, au cours de laquelle il y eut plusieurs morts, venait d'émerger d'un coma profond ; *état végétatif sans activité cérébrale* était-il précisé. Un état dans lequel il se trouvait, lui, depuis plus de huit ans ! La joie de ses proches, que l'on imagine aisément, a néanmoins dû être tempérée par le souvenir de la mort récente d'un autre jeune supporter impliqué dans cette même empoignade tragique. En effet, quelques semaines auparavant, les parents de celui-ci, ayant perdu tout espoir, avaient déposé un recours afin d'obtenir que l'on euthanasie leur enfant plongé lui aussi dans le coma à la suite de cette rencontre *sportive*. Et, ainsi qu'elle l'avait déjà fait à sept reprises pour d'autres requérants, la justice anglaise avait accepté leurs doléances…

L'illustration qui suit nous montre également que le pronostic de certains comas impose la plus extrême prudence. Ce cas a été transmis à Raymond Moody, psychiatre américain, pionnier de l'étude de la NDE, par l'un de ses confrères, professeur à la Duke University, en Caroline du Nord. Une petite fille dans le coma était reliée à un EEG dont le tracé nul pouvait, à juste titre, être interprété comme une preuve de la cessation complète de l'activité cérébrale :

> Les médecins pensèrent donc qu'elle était morte et voulurent la « débrancher », mais sa famille refusa, disant qu'il y aurait un miracle. Et tous les membres de sa famille se réunirent autour de son lit pour une semaine de prière.

La petite fille reprit conscience. Son médecin ajouta qu'elle avait totalement « récupéré » et qu'elle venait de terminer avec succès le cycle d'enseignement primaire. Il insista sur le fait que, si les médecins s'étaient fiés à l'EEG, elle serait morte[1].

D'aucuns douteront que l'évocation de ce *folklore religieux*, un miracle diront certains croyants, soit une contribution sérieuse à l'explication d'un tel événement. Malgré tout, les faits sont là. Quoique, dans cette circonstance précise, il ne faille pas négliger l'influence de l'amour que ces parents portaient à leur enfant. Un amour soutenu par une ferveur religieuse qui force le respect, même si l'on ne souscrit pas à une interprétation du miracle dans le strict cadre de la religion. Qu'un tel sentiment ait un impact aussi puissant en faveur de la vie demeure difficilement compréhensible, c'est vrai. Au point que beaucoup, guidés par leur foi, ne trouvent d'autre explication à cette mystérieuse *énergie affective* que le mobile de la religion. L'amour, pourtant, hors de toute référence à une croyance de cet ordre, peut se montrer un puissant générateur de miracles, et pour le moins un catalyseur tout aussi efficace.

Toujours à propos de ces cas exceptionnels, qui justifient de faire preuve de circonspection dans le diagnostic d'un décès, voici une dernière anecdote rapportée par Ian Wilson[2]. Elle vérifie qu'un épisode de mort apparente est parfois réversible selon le contexte dans lequel il survient : une brutale et sévère hypothermie en l'occurrence. Le 4 septembre 1983, Aube Brumeuse Densmore, petite fille de trois ans, fut victime d'un naufrage dans une eau glacée au large de la côte de l'Alaska. Par bonheur, la fillette en réchappa sans séquelles, après quarante minutes de mort clinique, grâce à la réanimation pratiquée par Martin J. Nemiroff, médecin de l'équipage venu secourir la petite naufragée. Il faut dire que son immersion dans l'eau glacée, en produisant une chute brutale de sa température interne, s'était

1. Raymond Moody, *La Lumière de l'au-delà*, Robert Laffont, 1988, p. 87.
2. On en trouvera le récit complet dans *Expériences vécues de survie après la mort*, L'Âge du Verseau, 1988.

répercutée par un ralentissement extrême du métabolisme, en particulier du métabolisme cérébral. Cette mise en hibernation forcée des centres nerveux, plus précisément du tronc cérébral, entraîne une suspension des fonctions végétatives, quelquefois réversible, au premier rang desquelles les fonctions respiratoire et cardiaque. Le progrès des techniques de réanimation aidant, plusieurs cas similaires, dont l'issue n'a pas toujours été aussi heureuse, furent rapportés ces dernières années.

Lorsque la vie fait une pause

La dramatique aventure d'Aube Brumeuse fait référence au ralentissement du métabolisme et à l'hibernation. Nous allons voir que cette singularité physiologique est étroitement liée à notre thème. Si l'hibernation de l'ours et de la marmotte sont les modèles les plus évocateurs de cette suspension de la vie, du moins d'une vie très ralentie *(biocémèse)*, les capacités de l'homme en la matière n'en demeurent pas moins étonnantes. Sa faculté de survivre à une forte baisse de sa température centrale, comme on l'a noté avec l'exemple d'Aube Brumeuse, témoigne d'un formidable potentiel d'adaptation et de résistance. C'est par exemple le cas de ces *cobayes humains* qui acceptent de participer à des expérimentations, parfois très éprouvantes, dans le cadre de recherches sur les conditions de survie en milieu extrême.

Les techniques d'hibernation artificielle, de leur côté, visent à abaisser la température corporelle aux alentours de quinze degrés centigrades. Elles sont utilisées dans le traitement de quelques maladies infectieuses graves et dans certains protocoles chirurgicaux impliquant l'arrêt de la circulation sanguine : transplantation d'organes, chirurgies cardiaque et cérébrale. Dans le domaine de la chirurgie cérébrale cette technique frise parfois l'impensable. Le cas de Robert Spetzler, un jeune neurochirurgien qui exerce à l'hôpital Saint-Joseph de Phœnix, en Arizona, dont la pratique a connu quelque succès médiatique, est en cela assez exemplaire. Il faut dire que ce talentueux disciple d'Esculape *tue* préalablement ses patients afin de réduire l'anévrisme (tumeur produite par la dilatation des parois d'une artère) qui menace leur vie... L'intervention sur ce type d'anévrisme est assez délicate puisqu'il est situé sur un important tronc artériel, à la base du cerveau. En écrivant qu'il tue ses patients j'exagère à peine, je vous laisse juge.

Tout d'abord, par l'emploi de techniques de réfrigération très performantes, Spetzler fait rapidement baisser la température du sujet pour la stabiliser aux alentours de quinze degrés. Lorsque le refroidissement atteint une vingtaine de degrés, le cœur s'arrête de battre, le cerveau n'est plus irrigué et, dès lors, l'anévrisme n'est plus sous pression. Pour éviter que le manque d'oxygène n'endommage le cerveau, le chirurgien fait préalablement injecter au patient de puissants barbituriques qui, conjointement à la baisse de la température, amplifient le ralentissement du métabolisme cérébral. Évidemment, Spetzler ne travaille pas seul, car l'optimisation des multiples paramètres d'une intervention aussi délicate requiert la vigilance d'experts des différentes spécialités impliquées. Ainsi, assisté d'une équipe pluridisciplinaire, il dispose de près d'une heure pour traiter un anévrisme qui n'est plus sous pression et serait inopérable par une méthode chirurgicale classique. Au terme de l'intervention, le patient est ramené progressivement à la vie grâce aux techniques de réanimation spécifiques à ces cas d'hypothermie exceptionnelle.

Bien que presque banals aujourd'hui, ces actes chirurgicaux sont tout de même à la limite de l'imaginable. Car le chirurgien intervient sur un individu cliniquement[1] mort, presque légalement décédé dans l'esprit des textes officiels (abolition complète de la conscience, EEG plat, ECG plat, absence de respiration et

1. Ce qui touche à la *clinique* concerne les informations directement accessibles aux sens. Un diagnostic de mort clinique est donc établi à partir de ce qui est perçu sans l'aide d'aucun appareillage sophistiqué. Le tableau clinique ne permet donc pas toujours de se prononcer avec certitude entre une mort apparente, parfois réversible, et la mort biologique qui, elle, ne laisse aucun espoir de récupération.

d'activité motrice spontanées, aréflexie totale, etc.). Seule restriction par rapport aux indications du texte de référence[1] : le patient est en hypothermie et on lui a injecté des barbituriques. Ces deux exclusions imposent en effet de différer l'établissement du constat de décès.

Certains adeptes rompus à la méditation, en induisant une hypothermie contrôlée ou à l'inverse une hyperthermie, témoignent à leur manière de facultés d'adaptation et de résistance tout à fait exceptionnelles. Il en va de même pour l'autorégulation de la pression artérielle et celle du rythme cardiaque. Que ces phénomènes physiologiques soient facilités par une parfaite maîtrise du bio-feedback[2] n'enlève rien à leur côté extraordinaire. Cette maîtrise est parfois mise à profit dans le cadre des recherches, évoquées plus haut, sur les conditions de survie en milieu extrême.

Il résulte du refroidissement corporel auto-induit par ces techniques de méditation une diminution du métabolisme cérébral et, consécutivement, des besoins en oxygène cellulaire. Mais, de toute évidence, leurs effets sur l'organisme ne se limitent pas à induire une simple vaso-constriction périphérique (diminution du calibre des vaisseaux superficiels). L'observation expérimentale d'ascètes hindous ou de moines tibétains a montré que leur rythme cardiaque et respiratoire était si ralenti, et la tension artérielle abaissée à un point tel, que toute apparence de vie pouvait disparaître. Comme si l'on avait réellement affaire au tableau d'une mort clinique.

Malgré d'aussi extraordinaires facultés d'adaptation, nous sommes loin d'être, au sein du règne animal, les meilleurs modèles de résistance aux conditions extrêmes. D'autres espèces

1. À ce jour, en France, le texte le plus récent est le décret n° 96-1041 du 2 décembre 1996.

2. Le bio-feedback est un mécanisme psychophysique de *contrôle en retour* d'une fonction organique. C'est-à-dire que le sujet, à la suite de l'information qui lui est fournie sur divers paramètres caractéristiques d'un état donné de cette fonction (pouls, tension artérielle, température...), est en mesure de modifier cet état *à volonté* en ralentissant ou en accélérant ses battements cardiaques, en abaissant ou en augmentant sa tension artérielle, sa température, etc.

font preuve de talents beaucoup plus prodigieux que les nôtres, ne serait-ce que dans le domaine de la survie à très haute ou très basse température. À cet égard, la définition de la mort devient plus problématique encore pour certains animaux qu'elle ne l'est pour l'homme. Surtout pour ces organismes rudimentaires évoqués ci-après par le professeur Rémy Chauvin, qui peuvent renaître à la vie malgré la cessation complète de leur métabolisme. Dans le passage qui suit, le malicieux naturaliste nous conte l'un de ces merveilleux mystères du règne animal dont il a toujours un spécimen en réserve, prêt à l'emploi, pour servir de ponctuation à ses passionnants exposés.

> [...] depuis peu de temps, on sait qu'il existe de petits animaux qu'on peut lyophiliser, c'est-à-dire qu'on les dessèche complètement par moins 60 °C dans du vide. On ôte ainsi toutes les molécules d'eau d'un organisme, et le microscope ne peut même plus déceler de structures cellulaires. C'est le cas d'une petite araignée nommée *tardigrade* qu'on trouve sur les tuiles des toits provençaux quand la température monte en été jusqu'à plus de 50 °C. Quand on dépose le tardigrade sur un buvard pour le réhydrater avec une goutte d'eau, il commence à se regonfler, revit et, au bout d'une heure, il s'enfuit ! Ce qui veut dire que notre tardigrade n'était ni mort ni vivant, mais dans un état de suspension où les fonctions vitales de son organisme n'ont pas été abîmées, mais arrêtées. Je ne m'explique pas ce phénomène, mais je le constate[1].

Profitant d'une rencontre avec le professeur Chauvin, je l'ai interrogé sur cette énigme des tardigrades. Il me confia, avec cet œil pétillant et toute la verve qu'on lui connaît, que la même expérience avait été effectuée, et avec un succès identique, sur d'autres insectes. Justement, un chercheur nommé Rham est allé beaucoup plus loin. Il a mis ses tardigrades, une fois desséchés, dans des tubes hermétiquement clos, remplis de gaz inerte ou

1. Rémy Chauvin, cité par Jean-Yves Casgha dans *Les Mystères de la vie et de la mort*, Philippe Lebaud, 1990, p. 115-116.

dans lesquels il avait fait le vide, pour n'en réhydrater certains que plusieurs années après et sans aucun dommage pour eux ! Testant divers procédés, il en congela d'autres à – 180 °C pendant vingt mois, à – 190 °C dans de l'air liquide pendant vingt-cinq heures et jusqu'à – 272 °C, à la limite du zéro absolu, pendant trois heures. Et les tardigrades, remis progressivement en température et réhydratés, revenaient à la vie[1] !

Puisant à la même source, je relève qu'un autre scientifique, Becquerel, a tenté de recréer des conditions proches du vide intergalactique en alliant la forte baisse de la température à un vide extrêmement poussé. Immergés six années dans ce milieu hostile, divers insectes ont eux aussi retrouvé un fonctionnement normal ! Notons en passant que la théorie de la panspermie, qui postule que la vie sur terre se serait développée à partir de germes venus de l'espace, trouve un appui intéressant dans ces expérimentations.

Que de questions ces exemples laissent en suspens ! On supprime les conditions de la vie, puis on les instaure à nouveau... Et la vie, qui était on ne sait où, réintègre aussitôt le corps de l'homme ou de l'animalcule. Remarquons toutefois que dans ce dernier cas nous avons affaire à un organisme des plus rudimentaires, surtout au plan du système nerveux, en comparaison de la complexité de celui d'un être humain qui, outre de récupérer la vie, reprend conscience au plein sens du terme. Gageons que, malgré tout, ce dernier tentera de mettre un jour la lyophilisation au service de son rêve d'immortalité. Rêve que d'aucuns croient déjà pouvoir réaliser grâce à la cryogénisation.

Les prétentions « cryogénistes »

Il y a une différence fondamentale entre la suspension de l'œuvre de la mort, la putréfaction, et la suspension du cours de la vie caractérisée par le ralentissement extrême des fonctions

---

1. Louis-Vincent Thomas, *Anthropologie de la mort*, p. 72.

vitales et du métabolisme. C'est le cas de l'hibernation artificielle ou, à la rigueur, de certaines morts apparentes qui s'avèrent récupérables dès lors que les organes vitaux n'ont pas été endommagés de façon irréversible. En revanche, imaginer qu'un organisme impliqué dans un processus de putréfaction puisse revenir à un stade antérieur et récupérer sa fonctionnalité, équivaudrait à reconnaître que la thaumaturgie relève de la nature humaine. Disons-le tout de suite, il est inutile de s'illusionner.

Dans la perspective d'une récupération fonctionnelle, la cryogénisation[1] appliquée à un cadavre dont les neurones sont irrémédiablement détruits, pour ne citer que ces cellules-là, est une pure aberration. Le recours à cette technique, motivé par de vaines espérances de ressuscitation[2], elles-mêmes liées aux futurs progrès de la médecine, ne peut concerner l'homme, fût-il encore en vie au moment de la cryogénisation, ainsi qu'on va le comprendre. Que dire alors de son application à un monceau de chairs mortes au cerveau déliquescent !

Sur cette question, Rémy Chauvin a d'abord attiré mon attention sur le fait que, dans l'état actuel, notre technologie ne permet pas un refroidissement suffisamment rapide et homogène de tout l'organisme. Il s'agit là d'un préalable indispensable afin de parer, autant que faire se peut, à la dégradation rapide des tissus liée au processus de la putréfaction. Mais surtout, c'est là un point crucial, on ne sait absolument pas comment éviter la formation des cristaux de glace — le corps humain contient près de 75 % d'eau — tranchants comme autant de microscopiques lames de rasoir. Et de fait, en raison de l'effet mécanique de la dilatation, consécutif à l'abaissement de la température à – 195 °C, ces cristaux produiront des lésions qui aboutiront inévitablement, lors de

---

1. La cryogénisation envisagée ici se rapporte à la technique permettant, par immersion dans un bain d'azote liquide, d'abaisser la température corporelle à – 195°. Elle concerne, pour l'heure, quelques dizaines de cas aux États-Unis ; *morceaux* compris, puisque le plus souvent, pour des raisons financières, seule la tête est cryogénisée.
2. La *ressuscitation* figure l'action de ramener à la vie un sujet en état de mort apparente. Dictionnaire de la langue française Lexis, Larousse, 1989.

la remise en température, à d'innombrables micro-hémorragies… et à une nouvelle mort !

Pour tirer parti de la cryogénisation il faudrait donc, dans un premier temps, parvenir à un abaissement global et rapide de la température, avant que le processus de dégradation cellulaire n'ait atteint tel ou tel organe vital ; et au niveau du cerveau on sait que le délai est extrêmement bref (3 à 6 minutes). Il resterait ensuite à résoudre le problème de la formation des cristaux en utilisant un antigel biologique, non toxique, plus efficace que ceux dont on dispose actuellement[1]. Mais comment l'introduire et le faire diffuser dans tout l'organisme ? Voici qui est loin d'être évident, surtout lorsque la fonction cardio-vasculaire est abolie.

Quant à *dé-cryogéniser* notre homme… les difficultés semblent tout aussi insurmontables. Il suffit de se référer aux graves engelures des extrémités qui affectent parfois des alpinistes, dont le seul traitement reste l'amputation, pour comprendre l'ampleur du problème ; et à – 195 °C on est très loin de ces engelures-là ! Ce qui est applicable à de simples cellules (ovules, spermatozoïdes), à des organismes en développement (embryons) ou à des espèces rudimentaires (insectes), se heurte chez l'être humain à des obstacles infranchissables, pour le moment du moins, issus de la complexité et de la dimension des systèmes en cause.

Il est cependant permis de penser que si l'homme réalisait dans l'avenir des prouesses techniques de cet ordre, il serait alors rendu à un niveau de connaissances tel que les maladies auxquelles la cryogénisation prétendrait surseoir auraient été vaincues. Une médecine-fiction fortement improbable.

D'ici là, appliquée à des cadavres ou à de grands malades, en admettant que tous les aspects techniques soient surmontés un jour, la cryogénisation se heurtera à d'incontournables écueils d'ordre juridique, éthique et surtout psychologique. En ce

1. Il existe en effet des cryoprotecteurs à base de glycérol, de diméthylsulfoxyde ou de 1,2-propanediol, mais ils ne sont efficaces que pour des organismes de taille réduite (cellules ou embryons).

domaine, le praticien ne peut ignorer les difficultés que rencontrera ce Frankenstein du futur. Que lui restera-t-il de sa personnalité et de son histoire si on lui redonne vie des années, voire des décennies après sa « mort » ? Les partisans de la cryogénisation, surtout ceux qui en font commerce, ne se posent pas ce genre de questions. Ou alors feignent-ils de croire que, le progrès technologique aidant, toutes les difficultés pour redonner vie à un cerveau putréfié et cryogénisé seront surmontées le moment venu. Au fond, cela ne devrait pas poser plus de problèmes que de faire d'une orange moisie, mais conservée au grand froid, une orange parfaitement saine et sans défaut d'aspect... Pourtant, même cela, l'homme n'est pas près de savoir le faire.

Finalement, sur la base des connaissances scientifiques actuelles, l'utilisation de la cryogénisation aux fins de conservation puis de réanimation, dans un avenir dont on se garde bien de fixer le terme, relève tout simplement de l'escroquerie. Et si par extraordinaire le délicat problème de la formation des cristaux de glace était résolu un jour, cela ne changerait pas grand-chose au sort des cadavres qui auraient été cryogénisés auparavant.

La mort de l'Être

Appréhender la question de la mort du seul point de vue biologique, exclusivement matériel, ne rend pas compte de la portée du phénomène dans notre quotidien. Car l'interprétation que l'on fait de la mort, imprégnée à divers degrés de matérialisme ou de spiritualisme, se répercute sur la perception de l'existence, sur le sens que l'on donne à sa propre vie. Cette interprétation influera de même, le moment venu, sur l'état de conscience qui régit les derniers instants de la vie. Examinons dans un premier temps notre propre réaction face à la mort d'un proche.

À n'en pas douter, la disparition d'un être cher est un événement des plus douloureux. Mais pouvons-nous affirmer qu'il en est ainsi pour celui qui part ? En effet, faute du témoignage du principal intéressé, cette opinion d'un trépassé qui souffrirait d'être coupé du monde des vivants n'est guère fondée. Dans l'un des récits d'expérience de mort imminente que j'ai recueillis, l'intéressée me confiait : « Maintenant, quand quelqu'un décède, je suis plus peinée pour ceux qui restent que pour celui qui part. Parce que celui qui part va trouver quelque chose de bien. »

Le drame est assurément le lot de celui qui reste et s'afflige de cette rupture irréversible. Les souffrances que le défunt aura endurées, selon les circonstances, y contribuent pour une part et ne peuvent être tenues pour quantité négligeable. De même que les affres éventuelles que l'on suppose à la destinée de son âme, en fonction de ses propres croyances. Ces dimensions affectives pèsent considérablement sur notre capacité d'intégrer cet événement dramatique, dont nous ne pouvons ignorer qu'il est inscrit dans notre propre parcours. Toutefois, au vu de ces considérations, n'y a-t-il pas erreur sur la personne ? Ou plutôt erreur quant aux mobiles du désespoir qui fondent le deuil ?

Bien sûr, il faut le souligner à nouveau, la douleur que nous inflige la mort d'un être cher, toute subjective qu'elle soit, ne se discute pas. Et nul ne peut nier que la disparition est plus douloureuse encore, s'il existe en ce domaine une échelle de la souffrance, quand la mort frappe un enfant. Cela posé, n'est-ce pas en nous-mêmes qu'est tapie la cause de ce désespoir ? Dans notre impuissance à compenser le manque brutal que nous impose le décès de l'être aimé ?

Car nous, nous restons. Et c'est à nous, évidemment, que cette absence définitive devient insupportable. C'est une partie de notre passé qui nous quitte à tout jamais, les souvenirs sont là pour en attester. Autant que disparaissent irrémédiablement toutes les perspectives d'un avenir dans lequel nous nous étions projetés avec celui ou celle qui n'est plus. Et, au confluent de ces funestes ruminations, notre présent immédiat se trouve anéanti. C'est donc bien *nous*, entités psychosomatiques capables de sentiments, qui sommes les premiers concernés par un vide affectif souvent jugé insurmontable. Aussi nous comportons-nous, et finissons-nous par être perçus, comme des victimes. Et de fait, nous sommes bel et bien les victimes de la mort de l'autre.

Victimes de la solitude douloureuse que nous inflige sa disparition, c'est à nous d'en faire le deuil. Deuil de son soutien affectueux, de ses rires, de ses regards, de ses paroles. De sa présence, tout simplement.

Cette focalisation sur notre statut de victime peut à l'occasion se révéler source d'une culpabilité inconsciente et, en conséquence, de somatisation (expression organique et fonctionnelle d'un trouble psychologique). Il est donc nécessaire de l'identifier afin de se défaire de cette culpabilité injustifiée. De reconnaître, et d'accepter, que l'intérêt que nous portons à notre personne, plus ou moins expressivement d'ailleurs, et que d'autres nous témoignent dans leur soutien, n'amenuise d'aucune manière nos sentiments envers le défunt ni la dimension de notre chagrin. Cette souffrance au quotidien perpétue sa mémoire, certes, mais elle s'oppose à l'intégration progressive du deuil. Ce deuil, que plus d'un ne parvient jamais à surmonter, est un travail au long cours dont la durée moyenne se situe dans une fourchette allant de six mois à deux ans [1]. Une période au cours de laquelle l'aspect le plus difficile à accepter n'est pas seulement l'absence de la personne aimée, dans l'instant présent, mais la perspective d'un avenir à jamais sans elle.

Un tabou majeur

Dans les pays que l'on dit *modernes*, le locuteur évite généralement d'aborder le thème de la mort d'un point de vue qui l'implique personnellement ou, pour le moins, de l'aborder de façon sérieuse. Il s'agit d'un sujet tabou entre tous, manifeste dans la censure de la mort et dans son déni. Cet artifice psychologique vise à dissimuler au sujet l'angoisse d'une dématérialisation programmée le jour même de sa conception. C'est un bien piètre

1. Voir par exemple Rosette Poletti et Barbara Dobbs, *Vivre son deuil et croître,* Jouvence, 1993, ou Marie-Frédérique Bacqué, *Le Deuil à vivre,* Odile Jacob, 1992, ainsi que les ouvrages d'Élisabeth Kübler-Ross répertoriés dans la bibliographie.

pis-aller puisque nul n'est dupe, dans son for intérieur, de l'achèvement de sa destinée.

Dans un monde hypertechnique, dominé de manière insolente par une science hégémonique, les hommes s'insurgent de n'être que matière mortelle. Et leur façon de l'exprimer consiste à n'en point parler ! Du moins avec sérieux. Car il convient d'esquiver adroitement, le plus souvent avec humour, un sujet de réflexion qui allumerait les voyants rouges du tableau de contrôle de leur système de défense. *Ils ignorent qu'ils tarissent ainsi le goût de vivre d'une source essentielle,* écrivait François Mitterrand dans la préface du livre de Marie de Hennezel[1].

« La mort interdite », titre d'un chapitre de l'exceptionnel ouvrage de Philippe Ariès[2], n'est pas un simple effet de style, mais l'exacte traduction de la prégnance dans notre société de cette censure de la mort que l'on vient d'évoquer. Ce déni de la réalité a participé pour une grande part au déplacement progressif de la mort vers le milieu anonyme et aseptisé de l'hôpital. Finie la mort paisible chez soi, dans son lit, entouré des siens. Ce transfert d'un drame privé vers une institution publique, l'hôpital, est désormais devenu une démarche habituelle[3]. Il est vrai que de nos jours la société tente de prendre en charge nombre des problèmes de l'individu. Elle ne fait là que perpétuer, tant bien que mal, une tradition de solidarité issue de ce vieil instinct grégaire qui cimentait les sociétés primitives et assurait leur survie.

Mais la démarche en question, par-delà des mobiles louables (disponibilité du personnel, qualité des soins, diversité du plateau technique, etc.) est également motivée par le refus, à la rigueur inconscient, de cet *innommable* qui ne saurait nous épargner à notre heure. Il est certes compréhensible que l'on ne soit guère enthousiaste à l'idée de voir l'œuvre de la mort s'accomplir *réel-*

1. *La Mort intime*, Robert Laffont, 1995.

2. *Essai sur l'histoire de la mort en Occident,* Éd. du Seuil, coll. « Points », 1975.

3. Dans les pays industrialisés 70 à 80 % de la population achève sa vie à l'hôpital. La tendance paraît s'infléchir depuis peu en France où l'hospitalisation à domicile, qui permet au malade de recevoir chez lui des soins prodigués par une équipe mobile et pluridisciplinaire, connaît un certain développement.

lement sous son propre toit. Mais en contrepartie, la mise à l'écart de cette image trop signifiante de notre finitude, dans le recours quasi systématique à l'hospitalisation des patients en fin de vie, aboutit à entretenir une conception hyper-dramatisante de la mort. D'autant que sa présence paradoxale, par journaux et séries télévisées interposés, est devenue quotidienne dans une majorité de foyers. Il est vrai qu'elle y prend alors, le plus souvent, l'aspect d'un événement abstrait et affectivement neutre.

Le choix de l'hospitalisation d'une personne en fin de vie résulte aussi, pour une bonne part, de l'indisponibilité de l'entourage. Car il n'est pas aussi facile que par le passé de garder un mourant chez soi[1]. Cela dit, ne sommes-nous pas, nous-mêmes, les artisans d'un système où le temps nous est mesuré ? Non seulement dans le quotidien mais jusque dans nos rites mortuaires ? Des rites essentiels en ce qu'ils sont nécessaires à l'acceptation de notre propre mort, de même qu'ils constituent des étapes initiatiques indispensables aux plus jeunes. En ce sens, l'enfant qui, par le passé, veillait l'aïeul moribond, en compagnie des aînés, développait par la suite une conception beaucoup plus respectueuse de la vie et à la fois plus réaliste. L'expérience de la mort d'un proche, qui ne se limitait pas seulement à ses funérailles, était un événement très tôt intégré dans le schéma de sa propre destinée.

Aujourd'hui, surtout pour les jeunes générations, la mort reste un événement abstrait et synthétique, déversé à en vomir sur les écrans et dépourvu de toute implication affective. Les adolescents qui ont approché et touché un parent défunt sont l'exception — il en va d'ailleurs de même des adultes. Comment leur demander d'être respectueux d'une valeur, la vie, dont ils méconnaissent l'aboutissement ? Alors que nous-mêmes, dans le même temps, négligeons souvent la portée d'un rôle éducatif sans cesse délégué davantage à des institutions inadaptées à sa prise en charge.

1. En France, un texte législatif portant sur l'octroi d'un congé exceptionnel, permettant à un membre de la famille d'assister une personne en fin de vie, est entré en application au cours de l'année 2000.

La mort déshumanisée

Par-delà le témoignage de la solidarité collective que symbolise la prise en charge des mourants par la société, on ne peut manquer de faire grief à l'institution sanitaire d'une réelle déshumanisation du *mourir*. Elle en a d'ailleurs pris conscience et des volontés se font jour pour tenter, vaille que vaille, de remédier à cette lacune en dépit de critères économiques de plus en plus contraignants. La rigueur budgétaire en la matière laisse d'ailleurs perplexe quant à la réelle détermination des autorités. Cette déshumanisation trouve aussi son explication, pour une part, dans l'absence de formation d'une majorité des personnels sur les thèmes liés à la mort et au deuil. Mais peut-on leur reprocher l'inertie des hiérarchies médicale, paramédicale et administrative, elles-mêmes confrontées à leurs propres difficultés face à ces questions ? Et dont la volonté de susciter cette formation n'est guère manifeste ? Ces remarques s'inspirent de plusieurs expériences personnelles concernant non seulement la formation des soignants, mais aussi la mort de proches en milieu hospitalier.

Une juste formation s'avère pourtant indispensable au soignant, souvent désarmé devant la mort de *son* patient. S'il ne peut laisser paraître son amertume outre mesure — le spectacle doit continuer —, il ne lui est pas facile pour autant d'accepter cette mort. Aussi ne faut-il pas s'étonner que, dans un tel contexte émotionnel, face à certains malades en phase terminale et à leur famille, des médecins poussent encore l'acharnement thérapeutique jusqu'à l'absurde en refusant l'inéluctable, ressenti comme un échec personnel. Ce qui est évidemment une profonde erreur de jugement. Imaginent-ils, eux aussi, que la technologie et la chimie à leur disposition les autoriseraient à fabriquer de l'immortel ?

Les derniers instants

L'acharnement thérapeutique, c'est désormais une évidence, contribue à faire *rater sa mort* à celui qui a justement besoin de vivre pleinement ses derniers instants. Qui a besoin, lui aussi, de procéder à un difficile travail de deuil, celui de sa vie, en toute lucidité. D'ultimes moments de clarté mentale lui seront donc propices à établir le bilan de son existence passée. Cette évaluation est ressentie comme une impérieuse nécessité lorsqu'il prend conscience de l'urgence qu'il y a désormais de jouer franc-jeu ; l'heure n'étant plus à la comédie, aux futilités de ce spectacle qui continuera après lui. C'est qu'il se découvre soudain tant de choses à partager avec ceux qu'il affectionne. Tant de non-dits et de secrets dont il souhaite se libérer, qui le tiennent encore prisonnier d'une vie pourtant prête à l'abandonner. Tant de rancœurs à expurger, gardées par-devers lui. Tant de fausses situations à clarifier. Tant d'aveux à faire pour enfin s'en défaire. Mais aussi tant de souvenirs heureux à revivre une fois encore…

Sur la base de telles considérations, peut-on interdire à un mourant de régler ses « affaires en suspens » en le *shootant* plus qu'il n'est raisonnable avec des cocktails d'antalgiques et de sédatifs ? Même sous le prétexte d'un geste d'humanité — et de quelle sorte d'humanité s'agit-il là ? — c'est le priver de la possibilité d'exprimer ses dernières volontés afin de partir en paix avec lui-même et avec son entourage. La véritable humanité serait, si la demande en est faite, de partager quelques-uns de ces ultimes moments avec lui et ses proches. Ou, s'il est seul à cet instant crucial, de lui offrir le réconfort d'une présence affectueuse, même silencieuse, et d'une écoute sincère. De lui tenir la main, tout simplement.

Le recours à toute forme d'euthanasie, active en accélérant le processus de la mort — en complet désaccord avec le concept de soins palliatifs[1] —, ou passive en ne s'y opposant plus, ne devrait jamais intervenir avant que le patient ait exprimé son vœu sur

1. La gestion du *mourir*, qui devait conduire au développement des soins palliatifs, s'est mise en place simultanément et de façon indépendante, vers le milieu des années soixante, sous l'impulsion de deux femmes médecins : Cicely Saunders au Royaume-Uni et Élisabeth Kübler-Ross aux États-Unis. La France attendra les années quatre-vingt pour implanter les premières unités de soins palliatifs (voir note 1, p. 66).

cette délicate question. Mais attention, à cet égard, même lorsqu'il s'adresse à un ministre du culte, à un spécialiste de l'accompagnement des mourants, à un proche ou à un membre du personnel soignant, le souhait d'en finir avec la vie et ses souffrances *devra toujours être clairement exprimé et clairement entendu*. Ce dernier point demandant à être vérifié tant auprès du patient et de l'entourage que de l'équipe soignante. La technique de la reformulation devient indispensable : « Si je vous ai bien compris, vous me dites que… » Pour le mourant, c'est parfois une façon d'indiquer que le travail du deuil de sa vie est achevé, que ses affaires en suspens sont réglées. Hélas, comment pourrait-il s'exprimer sur ce sujet quand sa conscience est obscurcie par des doses excessives de sédatifs et d'antalgiques ?

Un autre exemple, assez fréquent, qui illustre à la fois le déni de la mort et le déficit de formation des professionnels de la santé, tient dans la trop fréquente dissimulation à l'intéressé du diagnostic d'une maladie potentiellement mortelle. On comprend mieux les attentes déçues des parents et des proches, souvent mal à l'aise, en constatant que, face à leur malade qu'ils savent condamné, ce refus de la mort aboutit à d'insupportables hypocrisies. Certains parents impuissants, désarmés devant une telle situation, n'ont d'ailleurs d'autre choix qu'une complicité justifiée par le désespoir et par la confiance aveugle dans l'autorité du médecin.

Ces patients, condamnés à brève échéance, ne peuvent faire le deuil de leur vie et régler leurs affaires en suspens si on leur joue en permanence la comédie du *ça ira mieux demain*. Plus grave, cette imposture destinée à tromper un malade en fin de vie bénéficie essentiellement au médecin et à l'entourage, elle évite de les impliquer dans une situation dont la gestion les dépasse. Et il n'est même pas sûr que cette tromperie atteigne son but car, c'est bien connu, nombre de patients en fin de vie ont l'intuition de la gravité de leur maladie et doutent du diagnostic (incomplet ou mensonger) qui leur en a été donné. Eux aussi, parfois, s'abstiennent d'en informer les proches de crainte qu'ils ne confirment leur intuition ou, simplement, que ceux-ci ne s'effondrent. Ces mêmes proches qui, de leur côté, sont parfaitement renseignés par le médecin et n'en laissent rien paraître. Dans cette mise en scène, généralement de la responsabilité du corps médical, chacun y va de son hypocrisie. Mais au stade où est rendu le patient, est-il encore décent de jouer une telle farce ? Qu'en est-il de la dignité due à l'homme confronté à sa mort ?

Cela dit, il ne faudrait surtout pas tomber dans l'excès inverse. Lorsque toute raison d'espérer a disparu, rien ne saurait autoriser de l'annoncer au malade de manière abrupte, irresponsable et sadique. Une telle façon d'agir n'est pas plus acceptable que celle qui consiste à entretenir le doute et à laisser espérer un rétablissement prochain. Sans compter que des patients rejettent par avance tout pronostic fatal, allant pour certains jusqu'à mettre préalablement en garde l'entourage et les soignants de prononcer un tel verdict. On le constate, le dilemme auquel se trouvent confrontés les médecins est de taille, et la théorie, ici encore, n'a aucun caractère universel.

La révélation du diagnostic d'une maladie mortelle est une charge exagérément lourde pour nombre de médecins qui, eux-mêmes, ne maîtrisent pas toujours leur propre angoisse de la mort. Être amené à notifier un pronostic fatal conduit à endosser le rôle d'un juge omnipotent. La sentence prononcée par le médecin, qui conditionne l'avenir immédiat du patient, sera perçue plus d'une fois comme un verdict de condamnation à mort. Et bien des patients, sous le coup du choc de l'annonce, peuvent attribuer, dans un premier temps, une part de la responsabilité de ce verdict à celui qui l'a prononcé.

L'ampleur de la *crise de conscience* qu'induit cette responsabilité fait que nombre de médecins se défilent. Ils refusent de jouer un rôle et de prendre des décisions pour lesquels ils ne sont pas, ou mal, préparés, et peu soutenus. Ainsi resteront-ils évasifs ou faussement confiants. Allant jusqu'à dissimuler la gravité d'une affection au pronostic sans espoir ou mettant en œuvre une thérapie inutile. Une attitude parfois adoptée, il est vrai, sous la pression des proches du malade, d'autres fois contre l'avis de ceux-ci. Tout dépend en fait du degré de résolution de la problématique de la mort auquel sont parvenus les uns et les autres.

Les précédentes données montrent que le concours d'un spécialiste de l'accompagnement des mourants serait un soutien appréciable dans la gestion du *mourir*. Face au malade en partance, cette solitude à deux est le quotidien de ceux qui ont fait le choix d'accompagner les mourants : aides-soignantes, infirmières, médecins, psychologues, psychothérapeutes, kinésithérapeutes ou bénévoles ayant suivi une formation, aussi bien dans les unités de soins palliatifs [1] que dans les autres services de soins de l'hôpital, dans les hospices ou encore à domicile. Au chevet d'un mourant, dont le regard s'illumine alors d'un éclat particulier, il leur arrive parfois de recueillir de curieux récits. Le moribond y parle de visions étranges, de parents défunts, de personnages célestes, de tunnel, de lumière, d'amour indicible… À l'occasion il posera des questions sur ces étranges hallucinations plus réelles que nature.

Mais comment y répondre ? Comment évoquer ces *hallucinations* avec lui ? Le plus simplement du monde, grâce à une connaissance élémentaire de l'expérience de mort imminente, cet état modifié de conscience auquel est consacré le chapitre suivant.

1. Les soins palliatifs, destinés aux malades en fin de vie, sont dispensés par une équipe pluridisciplinaire (médecins, infirmières, aides-soignantes, psychologues, psychothérapeutes, bénévoles, kinésithérapeutes, diététiciens, ministres du culte) qui assure une prise en charge intégrale du malade et, dans la mesure du possible, de sa famille. Ces structures permettent d'assurer les meilleures conditions d'accompagnement lors des ultimes moments de l'existence. Des moments trop précieux pour être gérés au sein d'une unité de soins classique où, bien souvent, pour une question d'efficacité, la pathologie prime sur l'individu. Les services spécialisés permettant ce type de prise en charge sont encore peu nombreux en France mais tendent à se développer. En 1999, un peu plus de la moitié seulement des départements français était pourvue d'une unité de soins palliatifs.

La NDE mérite l'attention des scientifiques et du public, non pas nécessairement pour ce qu'elle nous révèle sur la nature de la mort, mais pour ce qu'elle nous apprend sur la valeur de la vie.

Bruce GREYSON[1]

CHAPITRE IV

L'expérience de mort imminente

Par ses éléments à connotation transcendante, l'expérience de mort imminente se situe au sommet de la pyramide des états modifiés de conscience. Il fait peu de doute qu'elle est vécue par les hommes depuis toujours. On en trouve l'évocation dans les textes les plus anciens, telle l'*Épopée de Gilgamesh* transcrite sur des tablettes d'argile vieilles de 4 700 ans. Mais le premier témoignage d'une EMI rapporté par un auteur dûment authentifié reste celui que met en scène le mythe d'Er, transcrit par Platon (428-348 avant J.-C.) dans *La République*[2]. Depuis lors et jusqu'à la fin du XIXe siècle, bien des témoignages littéraires ont évoqué le phénomène. Ensevelie pendant plus d'un siècle sous une épaisse chape de rationalisme, l'EMI a été redécouverte, au début des années soixante-dix, par le psychiatre américain Raymond Moody.

1. *La Mort transfigurée*, L'Âge du Verseau, 1992, p. 143.
2. Platon, *La République*, éd. GF. Flammarion, 1966.

Outre de nous interroger sur l'hypothèse d'une forme de survie de la conscience, ce phénomène est reconnu comme une expérience spirituelle majeure, une véritable initiation au grand passage. Elle accompagne ceux qui l'ont vécue jusqu'au terme de l'existence tel un impalpable *vade-mecum* qui, pour la plupart, produit son enseignement jour après jour. Cependant, si une EMI intervient le plus souvent à l'approche de la mort ou dans un contexte de danger mortel, comme l'attestent des milliers de témoignages, on ne peut évidemment affirmer qu'elle se poursuit après la mort.

Une recherche de nature scientifique ne s'encombre pas de supputations survivalistes. Conscients de ces limites, des chercheurs américains ont fondé l'International Association for Near Death Studies (IANDS) afin d'offrir un cadre d'étude reconnu à l'expérience de mort imminente. Ce réseau d'associations juridiquement indépendantes est présent dans plusieurs pays : États-Unis, Australie, Belgique, Canada, France, Allemagne, Hongrie, Pays-Bas, Portugal, Slovénie, Royaume-Uni. Une vue d'ensemble du phénomène EMI nous est proposée dans cet extrait d'une brochure de la branche française de l'association [1] :

> De nombreuses personnes ayant frôlé la mort, que ce soit par accident, lors d'une opération chirurgicale ou dans d'autres circonstances traumatisantes, rapportent par la suite une expérience particulière qui s'est produite alors qu'elles étaient apparemment inconscientes. Identifiée et décrite par Raymond Moody en 1975, elle fut alors baptisée Near Death Experience (NDE), mais avait déjà reçu le nom d'Expérience de mort imminente (EMI) en France au XIXe siècle. Selon un sondage Gallup de 1982, huit millions d'Américains auraient vécu une NDE. L'étude de milliers de NDE a fait ressortir la présence de composantes bien identifiables qui forment un schéma type de l'expérience. Il n'y a pas deux NDE

1. Site Internet de IANDS-France : http://www.iands-france.org sur lequel on trouvera toutes informations utiles, adresses et contacts.

semblables, et tout le monde ne vit pas toutes les étapes connues, mais une NDE est facilement reconnaissable à certains traits particuliers comme la sensation de sortir de son corps, l'impression de pénétrer dans une réalité transcendante, la perception d'une *lumière-présence* irradiante d'amour, etc.

Il existe des NDE à vécu négatif, effrayant ou désespérant, mais relativement aux NDE dites positives, encore peu de cas ont été recensés à l'heure actuelle. On ne sait s'il s'agit d'une réelle rareté ou d'un effet de norme de la NDE positive.

[...] Une NDE se produit chez des individus normaux et sains, qui la plupart du temps ignoraient tout de l'expérience avant qu'elle ne survienne. Des personnalités du monde scientifique, médical, politique et artistique ont d'ailleurs vécu des NDE, mais hésitent à en parler publiquement. On la retrouve chez l'enfant comme chez le vieillard, chez l'homme comme chez la femme, indépendamment de leur passé culturel et religieux. La recherche se tourne actuellement vers des facteurs prédisposants d'origine plus profonde.

On ignore ce qui déclenche une NDE ou le fait qu'on s'en souvienne, car si, selon certaines statistiques, seulement 10 à 20 % de ceux qui ont frôlé la mort en rapportent une, il se peut que tout le monde la vive et que 80 à 90 % la censurent. Aucune recherche scientifique n'a abouti sur ce point, ni sur ce qui déclenche l'expérience, ni sur sa nature, bien que certaines convergences se fassent jour : elle constitue bel et bien une réalité de vie et un objet de recherche scientifique, en tant que structure universelle colorée par des influences culturelles. Des modèles neurophysiologiques commencent à émerger, et il est probable que ce sont des expériences de ce type qui sont à l'origine du sentiment du sacré et de la constitution des religions.

Dans la perspective d'une information un peu plus détaillée, intéressons-nous aux éléments qui caractérisent une EMI.

Aux frontières de l'au-delà

Le schéma des composantes de l'EMI, brièvement exposé ci-après, a été présenté pour la première fois par Raymond Moody dans *La Vie après la vie*[1]. Il convient de garder à l'esprit qu'il s'agit d'un schéma et que l'*expérienceur* — néologisme par lequel on désigne la personne ayant vécu une EMI — ne parcourt jamais l'ensemble des phases qui y sont décrites. De même, l'ordre chronologique varie sensiblement d'un récit à l'autre. Ce bref tableau, qui revêt avant tout un aspect pratique, est en quelque sorte le modèle idéal d'une EMI, mais un modèle qu'il est peu probable de rencontrer dans les faits. Le propos ne s'étendra pas aux EMI à contenu négatif dont l'occurrence, selon les études américaines, ne dépasserait guère les 5 % et qui, pour la plupart, débouchent sur des répercussions positives[2].

Notons au préalable deux traits majeurs unanimement cités. Le premier est l'incommunicabilité du ressenti d'une EMI : c'est une *expérience ineffable*. Le sujet affirme qu'il lui est impossible d'en décrire le vécu avec les mots du langage habituel, particulièrement ses composantes transcendantes. L'autre appréciation que les expérienceurs signalent régulièrement est le *fort sentiment de réalité* qui se dégage de leur EMI. Ils affirment que ce n'est ni un rêve ni une hallucination.

1 — Perte de conscience et perception de sa propre mort.

Si la perte de conscience tient de l'évidence, elle n'en est pas moins la première des caractéristiques d'une EMI. Au cours de cette période d'inconscience, il peut arriver que le sujet entende le diagnostic de son décès, habituellement c'est un membre de l'équipe médicale qui se prononce ainsi. Mais le plus souvent, c'est le sujet lui-même qui prend conscience de sa « mort ». Cette

1. Robert Laffont, 1977.

2. Pour de plus amples informations sur le thème des EMI (caractéristiques, historique, recherche, expériences négatives, modèles explicatifs, etc.), le lecteur pourra consulter mon précédent livre, *La Vie à corps perdu*, Les 3 Monts, 2001.

pensée ne manque pas de l'étonner, sans qu'il en soit nécessairement très affligé.

2 — Disparition de la douleur et sensation de paix.

Une sensation de paix et de calme parfait accompagne la disparition totale de la douleur physique, y compris la souffrance très aiguë chez les patients atteints d'affections particulièrement douloureuses ou chez les grands blessés. À ce stade prédomine un sentiment de légèreté, de relaxation totale, de bien-être... On évoque parfois une impression de ne plus être en union avec son corps, de ne plus le percevoir comme le support de sa propre pensée. L'idée d'un détachement corps/conscience est déjà sous-jacente.

3 — Présence ou, au contraire, absence d'éléments sonores.

La présence d'éléments sonores, à l'inverse du trait précédent, est loin d'être fréquente. Lorsque c'est le cas, le sujet perçoit soudain des bruits plutôt désagréables : bourdonnements, sons de cloches, sifflements, sirènes, rafales de vent, craquements, grincements... Quelquefois, à l'inverse, il s'agit d'une mélodie très plaisante, qualifiée de musique divine ou angélique. Mais la grande majorité des rescapés ne signale pas d'épisode sonore, certains affirment même n'avoir connu qu'un silence absolu, *grandiose* disent-ils parfois.

4 — Le phénomène autoscopique ou décorporation.

Voici évoqué le phénomène qui heurte au plus haut point notre bonne logique cartésienne : l'expérienceur prétend maintenant que sa conscience se situe à l'extérieur de son enveloppe physique. Cette conscience se stabilise à une hauteur qui varie de quelques dizaines de centimètres à plusieurs mètres. Elle *flotte* alors au-dessus du corps ou, assez souvent, au niveau du plafond. Elle peut également se situer dans un endroit quelconque de la pièce ou de l'environnement immédiat du corps, voire à plus grande distance, de préférence en hauteur. De ce point d'observation privilégié, elle suit le cours des événements qui se déroulent autour du corps avec lequel elle vivait précédemment en symbiose. Pour les cas recensés en milieu hospitalier, ces événements concernent essentiellement les procédures de réanimation et les interventions chirurgicales, parfois aussi les visites effectuées par les proches.

Certaines personnes handicapées ou mutilées dans leur existence terrestre affirment avoir récupéré, lors de leur décorporation, leur intégrité physique et des capacités fonctionnelles normales : plus aucune infirmité ou handicap n'affligeait leur *nouveau corps*. Des phénomènes paranormaux surviennent parfois. Ainsi, certains expérienceurs prétendent avoir visionné des scènes de leur vie future, avoir assisté à des événements qui se produisaient dans une autre pièce ou dans des endroits plus éloignés. Quelques-uns disent avoir lu dans la pensée des personnes qui se trouvaient en ces lieux.

5 — Le parcours dans un lieu sombre.

Si des expérienceurs ont eu l'impression de tomber dans un trou obscur ou dans un puits, la sensation de flotter dans un lieu sombre se poursuit le plus souvent par une progression ascendante. Les lieux les plus fréquemment dépeints par ceux qui atteignent ce stade de l'EMI ont pour caractéristique commune l'obscurité : tunnel, vallée, immense tuyau ou tube, couloir, entonnoir, espace vide et infini, etc.

La rapidité du déplacement varie selon les récits : d'une allure modérée (escalator ou ascenseur) jusqu'à la vitesse de la lumière (fréquemment citée), en passant par la sensation d'aller très vite tout simplement. Certains ont éprouvé le sentiment diffus d'une présence qui les aurait accompagnés et rassurés, alors que d'autres l'ont nettement identifiée à un ou des guides.

6 — La rencontre avec des guides ou des défunts.

Des personnages, auxquels est souvent attribué un rôle de guide ou de conseiller, se manifestent brusquement. Ce sont des proches décédés : parents ou amis, anciens voisins ou relations, voire un animal familier aimé jadis, quelquefois aussi de parfaits inconnus. L'expérienceur communique avec eux grâce à une sorte de langage télépathique qui autorise un échange instantané de pensées et d'émotions. Le contact avec les *chers disparus*, à l'instar d'autres éléments caractéristiques, peut avoir lieu à un moment quelconque des phases précédentes, voire se prolonger tout au long de l'EMI. Par ailleurs, des narrations font état d'un vécu purement mystique. Les personnages rencontrés appartiennent alors, le plus souvent, au panthéon religieux de la confession de l'intéressé.

7 — La perception de la lumière.

La perception d'une intense luminosité marque l'accès à la phase transcendantale. Il s'agit pour l'expérienceur d'une lumière dont il est difficile de rendre compte avec des mots : « mille fois plus puissante que le soleil », indiquera-t-il. L'extrême clarté envahit peu à peu tout l'espace sans que, paradoxalement, il en soit ébloui. Les nuances relevées varient du blanc très brillant à l'orangé ou au doré, parfois au rougeoyant ou au bleuté. Mais les descriptions s'attardent davantage sur son intensité et sur le rayonnement dont elle emplit tout l'espace que sur sa coloration.

8 — Fusion dans la lumière et amour inconditionnel.

Nous sommes là au cœur de la phase transcendantale. Bientôt une présence est associée à la lumière. De cette entité lumineuse se dégage une tendresse et une bonté infinies. Puis, soudain, c'est une onde d'amour d'une intensité inouïe qui submerge notre expérienceur. Un amour inconditionnel sur lequel, à son retour, il choisit parfois de garder le silence. Ayant été confronté à l'ineffable, il estime que sa narration ne restituera que de façon médiocre ce qu'il a ressenti. Et puis, le décalage entre un tel amour et la violence qui caractérise notre époque n'en stimule guère le récit dans l'immédiat.

Du faible pourcentage des expérienceurs parvenus à ce stade de l'EMI, quelques-uns estiment avoir été en symbiose avec tout l'univers. Leurs facultés de perception ont brusquement été sublimées et ils évoquent le sentiment d'une expansion infinie de leur conscience, d'une fusion avec le cosmos et d'un savoir universel. Même s'ils ne gardent qu'un souvenir flou de leur *enseignement*, ils affirment qu'à cet instant précis de leur expérience ils possédaient l'explication de toute chose. D'autre part, beaucoup soulignent l'impression de familiarité ressentie de *l'autre côté*, comme s'ils étaient revenus chez eux après une brève absence.

Il est fréquent que la source de lumière se voie attribuer une identité : Dieu, Jésus, Allah, Mahomet, Bouddha, la Vierge, un saint, un prophète, un messager divin ou quelque autre figure emblématique de la religion de l'intéressé. Ces apparitions sont en relation directe avec la culture de l'expérienceur, subjugué par le réalisme de ces représentations. D'autres fois, aux degrés ultimes de l'EMI, les références religieuses sont dépassées et le sujet découvre alors combien le concept du Dieu des religions est dérisoire : présent en chacun, Il n'appartient pourtant à personne.

9 — Le panorama de la vie et le jugement.

C'est le plus souvent en présence de la lumière, et parfois en compagnie de ses guides, que l'intéressé se voit proposer le bilan de sa vie passée. Proposer est un euphémisme puisque la revue de l'existence s'impose d'elle-même. L'expérienceur perçoit les menus détails de chaque scène et en ressent toutes les émotions, les siennes tout autant que celles des autres protagonistes.

La lumière se montre compréhensive et compatissante. Elle se garde de tout jugement moral, laissant au sujet le soin de le faire. D'ailleurs, bien des expérienceurs estiment s'être livrés à une sorte d'autojugement, considérant cette lumière comme l'émanation transcendée de leur propre conscience. Dans quelques récits, il est également fait mention d'une impression de moquerie amusée manifestée par la lumière, voire d'un humour plus ou moins sarcastique. Nombre d'expérienceurs parvenus à ce stade évoquent une question précise, émise par la source lumineuse, qui introduit la phase du jugement : *Qu'as-tu fait de ta vie ?*

10 — La frontière et le retour.

Vient le moment où l'expérienceur rencontre une sorte de frontière *matérielle* : barrière, grille, porte, fleuve, orée d'un bois, montagne, ravin, etc., ou symbolique : souvenir des proches laissés en arrière, sentiment de responsabilité à leur égard (enfants), notion d'une œuvre, d'un destin ou d'une vie inachevés... Il se peut aussi que ce soient les *chers disparus* rencontrés préalablement ou la lumière qui lui demandent de s'en retourner. D'autres fois c'est de sa propre initiative qu'il revient dans son corps parce qu'il pense que son rôle ici-bas n'est pas achevé, généralement par devoir envers ses enfants.

Cette dernière étape de l'EMI est fréquemment mal acceptée. À son grand regret, encore sous le coup des extraordinaires sentiments d'amour, de paix et de joie qu'il a connus, l'expérienceur doit réintégrer une enveloppe charnelle perçue comme étriquée, bien souvent douloureuse.

11 — Des changements objectifs.

Cette dernière caractéristique ne concerne pas une phase proprement dite de l'EMI, mais les répercussions de celle-ci sur le comportement ultérieur de l'expérienceur. Ces répercussions se traduisent essentiellement par une profonde remise en cause des valeurs auxquelles il se référait précédemment. Il en arrive par exemple à rejeter l'esprit de compétition et l'individualisme, références dominantes de nos sociétés, pour leur préférer un modèle plus en harmonie avec ce qu'il vient de connaître : coopération et altruisme. Il excuse plus facilement ceux qui lui font du tort et relativise la portée du préjudice. Le sentiment d'unité avec le genre humain éprouvé pendant son EMI pourrait expliquer ce remaniement des valeurs.

Mais, et ceci est à souligner, cette mutation positive est loin de s'accomplir dans l'instant qui suit une EMI. Une telle métamorphose ne s'amorce parfois que bien des années plus tard et l'ampleur des transformations reste le plus souvent très modeste. Car l'EMI est avant tout une aventure qui, pour extraordinaire qu'elle soit, n'en concerne pas moins des êtres ordinaires. Selon leur personnalité et leur capacité à intégrer ce vécu, ils seront plus ou moins réceptifs à son potentiel transformateur.

Cependant, si l'on en revient au schéma standard, idéal, on notera que les préoccupations matérielles ne constituent plus une priorité pour *l'expérienceur type*. Touché par la grâce, si l'on peut dire, celui-ci adopte désormais une sorte de philosophie humaniste renforcée d'une conscience écologique responsable — au sens d'une coresponsabilité individuelle et collective dans la gestion de la planète. Ces changements de repères influent, bien entendu, sur la qualité de sa relation aux autres et n'échappent pas à son entourage.

À l'occasion, il se découvre une soif de connaissances jusqu'alors inconnue, qui l'amène à se replonger dans un cycle d'études jadis interrompu. Le sentiment d'avoir possédé la *connaissance suprême*, même un bref instant, n'est sans doute pas étranger à ce nouveau goût pour l'étude. La plupart insistent sur la nécessité qu'il y a pour chacun d'acquérir non pas le plus grand savoir, mais le meilleur savoir possible, l'ignorance étant la cause des malheurs qui frappent l'humanité.

Les expérienceurs restent à jamais marqués par leur EMI qui bouleverse leurs conceptions antérieures sur la mort, qu'ils ne redoutent définitivement plus, et donne un sens nouveau à leur vie. Les témoins que j'ai rencontrés m'ont unanimement fait part de la disparition de toute crainte de la mort, quelle que soit la qualité de leur cheminement spirituel ultérieur. Mais certains n'ont pas manqué d'ajouter qu'ils ne feraient jamais rien pour précipiter le terme de leur vie, même s'ils conservent une profonde nostalgie de leur EMI et se réjouissent à l'idée de la revivre au dernier jour.

Les questions d'ordre métaphysique sont complètement remaniées : certitude d'un but dévolu à l'existence terrestre et d'une forme de vie après la mort. Qu'ils aient été croyants, agnostiques ou athées, ils estiment désormais que la mort est une simple transition, une étape vers un plan d'existence différent. Il faut également signaler la plus intrigante, mais la moins fréquente aussi, des répercussions d'une EMI. Il s'agit du développement soudain, plus ou moins notable, de facultés paranormales : télépathie, clairvoyance, précognition, rétrocognition[1], sorties hors du

1. La rétrocognition désigne la faculté d'accéder par des moyens *parapsychiques* à des informations situées dans le passé d'un individu, et la précognition dans son futur.

corps à volonté et autres pouvoirs de guérison. Ainsi, bien des expérienceurs affirment posséder un sixième sens beaucoup plus développé qu'avant leur EMI et être capables, par exemple, de jauger très rapidement leurs interlocuteurs. Quelques-uns s'étonnent de leur facilité à deviner une visite impromptue, un appel téléphonique en principe inattendu, les répliques d'un tiers lors d'une conversation, etc.

Morts ou vifs…

La mort, on l'a noté au précédent chapitre, n'est pas un phénomène foudroyant qui frappe d'un seul coup l'organisme dans son ensemble. Reste que, même sous la forme d'un événement étalé dans le temps, le résultat demeure identique et l'irréversibilité une règle immuable. Cela posé, nous sommes malgré tout fondés à penser que l'objectivité imposerait, chaque fois, de replacer cet événement dans ses véritables limites temporelles. « Il est mort, vous dit-on, il y a une demi-heure. » Cette formulation n'est pas tout à fait exacte puisque, lorsque cette annonce est faite, le sujet n'est le plus souvent que partiellement mort. La plus grande partie de son organisme est encore vivante, sinon aucun prélèvement d'organe ne serait jamais possible. Même s'il y a peu de chance de le voir revenir à la vie, il serait donc plus juste d'annoncer, si l'on ne craint pas de passer pour un original : « Son corps a commencé à mourir voici une demi-heure. » Autre chose est de dire ce qu'il est advenu de sa conscience…

Qu'en est-il donc de nos expérienceurs, du moins de ceux qui rapportent une EMI après un épisode critique ? Étaient-ils encore en vie ou *vraiment* morts ? C'est sans doute la première des questions que se pose celui qui s'intéresse au thème des EMI même si, à mon avis, elle n'est pas exprimée en termes adéquats. Et pour cause, puisque notre système de pensée ne nous laisse d'autre choix que *mort ou vif*. Alors qu'il faudrait plutôt s'interroger ainsi : avaient-ils *commencé à mourir* ? Bien que les chrétiens puissent y opposer les exceptions du Christ et de Lazare, il est de règle de considérer la mort comme un voyage sans retour. D'ailleurs, à cette question — étaient-ils morts ? —, la logique scientifique et le bon sens se rejoignent pour répondre par la négative, arguant que la mort est un phénomène irréversible. Mais il faut parfois se méfier, tant de la logique scientifique que du bon sens…

Le progrès des techniques de réanimation permet de récupérer des patients engagés dans un processus jugé, voici peu, irréversible. Ainsi, tel qui, hier, était considéré comme mort, conserve-t-il quelque chance, aujourd'hui, d'être recensé au nombre des vivants. Au-delà de la prouesse médico-technique, de tels cas, qui réunissent quasiment tous les signes objectifs de la mort, montrent combien la frontière entre vie et trépas reste difficile à évaluer. La difficulté essentielle vient indubitablement de notre incapacité à délimiter avec précision le seuil d'irréversibilité du processus de la mort.

S'il est des EMI pour lesquelles ce processus s'est révélé réversible, science et bon sens estiment que les expérienceurs n'étaient qu'en état de mort apparente ; en d'autres termes, ils étaient encore en vie. Le raisonnement sur lequel s'appuie cette opinion est pour le moins réducteur puisqu'il n'admet d'autre choix, on l'a dit, que la vie ou la mort. En fait, il semble que l'on se trompe de débat ou que certains des termes de ce débat n'ont pas été pris en compte. Peut-on encore parler de vie chez un sujet pour lequel la mort cérébrale, état *normalement* irréversible, ne fait aucun doute ? De très rares expérienceurs, de même que des non-expérienceurs, en sont pourtant revenus ! Donc ils n'étaient pas morts… mais ils n'étaient pas davantage vivants.

Avant d'être réanimés, ils se trouvaient bel et bien engagés dans le processus de la mort, parfois dans un coma de phase IV (coma dépassé ou coma *carus*) : arrêt cardiaque et respiratoire, aréflexie, silence cérébral, etc. Pour ces expérienceurs, on ne peut qu'être réticent à accepter l'idée d'une mort *simplement* apparente, d'un vague état de non-vie transitoire. À moins de définir plus précisément cette notion de non-vie. Ce qu'a fait Lyall Watson qui suggère l'existence, au niveau cellulaire, d'un état intermédiaire, baptisé *goth*, dont nous pourrions étendre les caractéristiques à l'organisme tout entier, cette *immense colonie de cellules spécialisées* (*dixit* Jean Hamburger au chapitre précédent) :

> État qualitativement distinct à la fois de la vie et de la mort. C'est un état d'anonymat, tel qu'il se manifeste dans les cellules cultivées qui sont proches de la limite Hayflick[1]. Ces cellules ne sont pas vivantes au sens normal, car elles ont perdu l'identité de l'espèce à laquelle elles appartenaient autrefois ; mais elles ne sont pas mortes non plus, car elles continuent à présenter un grand nombre d'activités ayant toutes les caractéristiques de la vie. Elles diffèrent des cellules vivantes du sang et des cellules mortes de la peau en ce qu'il leur manque les qualités d'organisation de leur espèce. Cette absence d'un système dynamique est le trait prédominant du troisième état qu'on ne peut appeler ni la vie ni la mort mais qui existe vraiment en propre et a besoin d'un nom. Je propose que nous l'appelions *goth*[2].

Souscrivant à la conception vitaliste, moyen terme entre la croyance et la science, nous pouvons nous représenter ce système dynamique, dont l'absence caractérise l'état de *goth*, comme l'équivalent de cette Énergie fondamentale qui, sous l'impulsion de la Supra-Conscience, suscite la vie et la conscience dans la matière. Une Énergie fondamentale qui a momentanément quitté le corps de l'expérienceur mais vibre encore, faiblement peut-être, sur la même fréquence. Ainsi, restée en phase avec le support physique qu'elle animait, est-elle en mesure d'y préserver un minimum de fonctions végétatives (cardio-vasculaire, pulmonaire, rénale, hépatique...). Dans cet état de *goth*, lorsque vie et mort se confrontent et se confondent, la conscience s'égare dans une *terra incognita* où la réanimation offre parfois encore quelque

1. Les cultures expérimentales portant sur des cellules embryonnaires humaines montrent que celles-ci ne peuvent se reproduire au-delà d'une cinquantaine de générations. C'est la limite Hayflick, du nom de son découvreur, le biologiste Leonard Hayflick, qui fut le premier, en 1965, à observer ce déterminisme cellulaire dans des expérimentations *in vitro*.
2. Lyall Watson, *Histoire naturelle de la vie éternelle*, Albin Michel, 1976, p. 42.

chance de récupération. Ce fut le cas de ces expérienceurs revenus à leur corps avant que leur progression dans cet *ailleurs* ne les ait amenés au-delà du seuil d'irréversibilité — au-delà de cette limite à partir de laquelle le signal spécifique de l'Énergie fondamentale n'est plus capté par les récepteurs organiques.

On retiendra donc que les expérienceurs, particulièrement ceux qui ont vécu une EMI dans une situation critique avérée, étaient engagés dans le processus de la mort. S'ils n'étaient pas biologiquement morts, ils n'étaient pas davantage vivants, on l'a dit, mais dans un état semblable à l'état de *goth* qui vient d'être décrit. Un *état intermédiaire*, à comparer au *Bardo* du bouddhisme tantrique, dont l'interprétation vitaliste suggère l'existence d'une Énergie fondamentale capable d'animer la matière et d'y susciter la conscience, mais aussi de s'en abstraire temporairement… ou définitivement.

Pourquoi vivent-ils une EMI ?

Comment expliquer que, de ceux qui ont approché la mort, seule une minorité rapporte un témoignage d'EMI ? À ce jour, personne n'est en mesure de fournir une réponse formelle. Toutes les suppositions restent permises, y compris celle du refoulement. Autrement dit, tous les sujets ayant connu l'un des contextes habituels d'une expérience de mort imminente auraient pu vivre ce phénomène, mais la trace de ce vécu resterait enfouie dans l'inconscient.

Sans pousser très avant la spéculation on peut toutefois penser que, d'une manière générale, la réunion d'un ensemble de paramètres biochimiques et psychologiques est une modalité indispensable à l'expression d'une EMI. S'il n'est guère raisonnable de s'avancer davantage, faute d'avoir identifié l'un de ces hypothétiques facteurs biochimiques ou psychologiques, quelques pistes méritent d'être brièvement signalées.

Par exemple, lorsque serait atteint une sorte de point critique du processus de la mort, correspondant *grosso modo* à l'état de *goth* décrit par Watson, la conscience procéderait à l'évacuation du navire de la vie : Sauve qui peut ! Moi, la conscience, d'abord ! Cette extériorisation de la conscience dans ce contexte particulier, à la frontière du réversible et de l'irréversible, revêtirait alors la tonalité d'une EMI. La connexion partiellement maintenue avec le récepteur cérébral, échappant parfois au tracé de l'EEG, permettrait la mémorisation du vécu de la conscience décorporée. Pour les non-expérienceurs, en revanche, les paramètres constitutifs de ce point critique ne seraient pas tous réunis. Bien que ces personnes aient semblé très proches de la mort, elles n'auraient pas atteint le seuil à partir duquel la conscience se désolidarise de l'enveloppe physique, condition *sine qua non* du déclenchement d'une EMI. À moins que, en raison de facteurs physico-chimiques liés à l'affection en cause, la connexion avec le récepteur cérébral ait été provisoirement annihilée, interdisant la mémorisation du vécu de l'EMI. Il n'y aurait plus refoulement, mais impossibilité matérielle de mémorisation… Une hypothèse, il faut en convenir, tout aussi invérifiable que celle du refoulement.

D'autre part, bien que l'on ne puisse se prononcer avec certitude, certains auteurs soupçonnent l'influence d'une composante psychologique favorable à l'expression du phénomène. Ainsi, Kenneth Ring[1] estime que les faits répétés de maltraitance au cours de l'enfance prédisposeraient à vivre une EMI, ce que j'ai personnellement vérifié par deux fois. Difficile néanmoins d'affirmer que chez les expérienceurs la fréquence d'un vécu de maltraitance est supérieure, de façon significative, à la moyenne de la population. On ne peut, de toute façon, en faire un critère nécessaire et suffisant puisque tous les expérienceurs ne signalent pas avoir été maltraités dans leur enfance. Il s'agirait donc, au mieux, d'un cofacteur participant à l'émergence d'une EMI.

Il ressort également de l'analyse d'un grand nombre de témoignages qu'un tel phénomène ne surgit pas de manière fortuite dans la vie du sujet. Une EMI est souvent considérée comme une sorte de mise en garde ou de rappel à l'ordre. Beaucoup d'expé-

1. Professeur de psychologie américain, à l'origine de la création de IANDS, auteur de plusieurs ouvrages de référence (cf. bibliographie).

rienceurs jugent que le vécu de leur EMI s'est révélé une étape indispensable, un palier obligatoire, destiné à leur faire prendre conscience de l'impasse dans laquelle ils risquaient de s'engager.

La narration ci-après, qui servira d'illustration à notre thème, fait référence à quelques-unes des caractéristiques évoquées plus haut, dont le refoulement. Nous relèverons dans le témoignage de Perrine, une Suissesse de trente-quatre ans, que le risque d'une hospitalisation en structure psychiatrique est bien réel. En raison de sa longueur, il ne m'a pas été possible de le transcrire dans son intégralité, mais le présent résumé en soulignera les traits essentiels.

En différé

« La NDE est une expérience unique, merveilleuse et… inexprimable. Malgré cette restriction, je vais tenter d'en rendre compte.

« En juillet 1999, enceinte de huit mois, je suis victime d'une disjonction de la symphyse pubienne. On me conduit en urgence à l'hôpital et, deux jours plus tard, mon gynécologue décide de provoquer l'accouchement.

« J'étais seule avec mon mari dans la salle d'accouchement quand, en une seconde, je me suis sentie partir. Je savais que j'allais mourir. C'était clair et net. Après de violentes nausées, j'ai fait un malaise, toutes mes forces m'abandonnaient. J'ai lutté de toutes mes tripes, en vain. Alors j'ai lâché prise ! Aussitôt, les nausées, la peur, le malaise ont disparu pour laisser place à un bien-être indescriptible. Comme si j'étais transportée, avec bonheur et amour, dans des nuages faits de la ouate la plus douce. Puis, l'espace d'un instant, je suis partie… C'est tout ce dont je me souviens. Mais au retour ce fut horrible. Une tristesse indescriptible, inexplicable, s'était installée en moi. Je me sentais profondément changée, plus à ma juste place.

« Revenue chez moi, mes douleurs ne m'avaient pas abandonnée et je ne pouvais toujours pas dormir ; trois ou quatre heures au mieux. Je me couchais aux aurores avec, toujours, cette impression atroce de tristesse, de décalage. Et puis, une nuit, comme si un voile se déchirait, la mémoire m'est revenue. J'ai *revu* ma NDE ! Cette NDE vécue lors de mon accouchement. La revivre ainsi, *a posteriori*, m'a donné l'explication de ce que je ressentais depuis presque trois mois.

« Comment s'est déroulée ma NDE ? Je me retrouve immédiatement dans ce fameux tunnel noir ; c'est noir, très noir, mais on y voit parfaitement. Je n'ai pas vu de présences mais, par contre, je les ai ressenties très nettement. Puis, au loin, j'aperçois la lumière. Elle est merveilleuse, d'une très grande puissance, et pourtant elle n'éblouit pas. La distance paraît immense mais j'arrive si vite vers elle… comme par enchantement. Et elle est si vivante ! Je me souviens qu'avant de voir la lumière, je me sentais très angoissée, car je ne savais pas où j'étais, ce que je faisais là. Mais dès que je l'ai vue, elle m'a rassurée et il n'y a plus eu qu'elle. Toutes mes appréhensions se sont envolées. L'impression est énorme, indescriptible. Il n'y a qu'Amour. Pas de jugement. Là, j'ai eu le choix : rester ou retourner ! Tout cela, sans paroles, juste un échange de pensées. J'ai choisi sans aucune hésitation de revenir, pour mes trois enfants. Ils avaient encore tant besoin de moi !

« Par la suite, ma vie a totalement changé de sens. Au début, ce fut très difficile. Souvent, je percevais des choses qu'auparavant je n'aurais jamais perçues avec une telle netteté : la bêtise humaine et la méchanceté en particulier. C'était comme si je lisais dans les pensées des autres. J'avais acquis une forme de médiumnité… Mais je paniquais à l'idée de m'endormir car, depuis le rappel de ma NDE, je me sentais *partir* dès que je me détendais. J'étais bel et bien entre deux mondes, au point que les psychiatres ont émis un diagnostic : dépression du post-partum. Ils m'imaginaient suicidaire, alors que je ne voulais pas mourir. Simplement, je n'étais plus vraiment là, plus ancrée dans cette réalité. On m'a hospitalisée dans un service psychiatrique et j'ai eu beau hurler que je n'étais pas dépressive, rien n'y a fait. J'y suis restée six semaines avant qu'ils s'aperçoivent que je n'étais pas dépressive mais épuisée, triste et en proie à la plus belle et grande colère qu'ils aient jamais vue.

« Peu à peu, je suis parvenue à la compréhension des messages que je recevais, de ce “manteau d'amour” que je ressentais chaque fois que j'en avais besoin, chaque fois que quelque chose n'allait pas. De retour à la maison, le vrai travail a commencé : je réapprenais à vivre autrement, avec difficulté. Davantage dans le respect de moi-même et avec d'autres valeurs. J'ai compris que notre rôle est d'accompagner et de soutenir avec compassion. Mais pas d'obliger, de contrôler, de juger…

« Dans cette histoire, c'est bien l'amour qui a triomphé. Cette expérience est une immense leçon de vie. Je me rends compte de tout ce chemin parcouru. Et c'est en le racontant que je le vois encore mieux. Les souvenirs affluent et j'ai pris conscience que la vie est un cadeau merveilleux. Ma vie n'est vraiment plus la même. J'agis avec plus d'indulgence, d'amour et de compassion. Le chemin est encore long, mais je continue sur cette lancée avec l'Amour comme seul et unique guide. »

Si les EMI de nature transcendante, dont le témoignage ci-dessus est une bonne illustration, représentent la forme extrême des états modifiés de conscience, ces échappées dans une *autre dimension* de la réalité ne s'expriment pas toujours sur un mode aussi intense. La plupart des phénomènes abordés dans les chapitres suivants se manifestent de façon beaucoup plus modérée. Le sommeil et le rêve, expérimentés quotidiennement par chacun d'entre nous, sont de ceux-là. Il n'en demeure pas moins que certaines pratiques de méditation, des états d'hypnose profonde ou encore l'usage de drogues hallucinogènes puissantes présentent parfois de fortes similitudes avec l'expérience de mort imminente. Mais avant de nous intéresser à ces thèmes, voyons ce qu'il en est des états modifiés de conscience d'allure paranormale que sont la voyance et l'expérience hors du corps.

La « connaissance réelle » repose sur un instinct ou sur une participation mystique avec autrui. On pourrait dire que ce sont « les yeux de l'arrière-plan » qui voient, dans un acte impersonnel d'intuition.

Carl Gustav JUNG[1]

CHAPITRE V

Voyances

Quoique peu fréquentes, certaines composantes d'une EMI témoignent, on l'a indiqué, de perceptions extrasensorielles (PES) irréductibles à la raison : télépathie, clairvoyance, rétrocognition et précognition. Si la télépathie représente le mode de communication privilégié des expérienceurs au cours de leur EMI, elle pourrait également être à la base du phénomène de voyance. De ce point de vue, nous le constaterons, elle s'inscrit à son tour dans la perspective d'une forme d'autonomie de la conscience.

Il ne fait pas de doute que notre approche se heurtera à l'écueil habituel du scepticisme ambiant, souvent convenu, qui estime que les phénomènes de voyance relèvent de la superstition, du hasard ou de la fraude, voire de la manipulation mentale. Ce qui, il faut bien l'admettre, se vérifie pour une large part.

1. *Ma vie*, Gallimard, coll. « Témoins », 1989, p. 71.

L'étude des modalités de la voyance mérite donc une grande circonspection.

Le phénomène de voyance postule l'existence d'une aptitude à recueillir des informations hors du soutien des sens habituels. Certains voyants affirment *lire* directement dans le présent ou dans le passé de leur interlocuteur, laissant à penser qu'ils utilisent une forme particulière de télépathie, introspective en quelque sorte. Mais il est probable que la voyance mette en œuvre un ensemble indistinct et inquantifiable de perceptions extrasensorielles. Le plus souvent, le *sensitif* utilise un support, généralement un objet, censé favoriser la perception. Les plus employés sont les tarots, les cartes ordinaires, la boule de cristal, le marc de café, le blanc d'œuf, le pendule, les taches d'encre, les lignes de la main, les photos… Même le thème astral est à considérer comme un support de voyance. Il reste toutefois beaucoup plus neutre puisqu'il ne relève pas, en théorie, de la responsabilité de son auteur qui, il vous l'affirmera, ne fait que transmettre ce que *disent* les astres. Cela vaut pour d'autres supports, telles les suites de chiffres dans lesquelles la numérologie puise sa « science », ou encore les cartes ordinaires et celles du tarot lorsqu'elles font l'objet de règles d'interprétation définies. En ce sens, il conviendrait plutôt de parler de divination que de voyance au sens strict.

Les partisans du spiritisme, pour leur part, attribuent un don de voyance au *médium*. Mais la nécromancie médiumnique des spirites et la voyance traditionnelle, si l'on peut encore parler de tradition en ce domaine, ne divergent pas dans leur but respectif. Celui-ci consiste à accéder, par des moyens extrasensoriels, paranormaux, à une information portant sur la vie présente, passée ou future, d'une autre personne. D'un point de vue pratique, hors les considérations idéologiques, les différences se situent dans la qualité du support, lui-même inspiré de la méthode de voyance dont se réclame le sensitif. Le médium, perméable à la doctrine spirite prônant la survie de l'esprit après la mort, interroge les désincarnés en utilisant divers accessoires, méthodes et indices : oui-ja, psychographie, raps. La plupart des voyants, en revanche, même favorables aux thèses de la réincarnation, ne s'inspirent que rarement de la doctrine spirite[1].

La voyance professionnelle, commerciale dira-t-on, tire parfois sa justification d'une croyance religieuse plus orthodoxe, parfois très personnalisée, agrémentée de références aux sciences occultes. Par ailleurs, si nombre de voyants prétendent que leurs facultés *métagnomiques* (qui se rapportent à la clairvoyance et plus généralement à la voyance) reposent sur un don héréditaire, il en est d'autres qui n'éprouvent aucun besoin de s'en réclamer, ni davantage de faire appel à un mobile religieux.

Une intuition plus performante ?

Difficile de nier que certains sujets semblent pourvus d'une *intuition* supérieure à la moyenne, une sorte de faculté naturelle à la voyance. Il est sans doute banal d'avancer que cette aptitude est plus marquée chez les femmes, car à l'évidence la profession compte beaucoup plus de voyantes que de voyants.

Il y a peu, on s'est rendu compte que le cerveau féminin fonctionnait d'une façon plus globale et plus intuitive que son homologue masculin. Cette découverte[2], à considérer avec prudence, incite à réfléchir sur l'organisation des structures cérébrales impliquées dans la perception extrasensorielle, plus particulièrement celle manifestée par les femmes métagnomes. En ce sens, la probable corrélation entre le pourcentage élevé de femmes qui pratiquent la voyance et le fonctionnement plus global du cerveau féminin est une donnée intéressante.

---

1. Le *oui-ja* est une tablette de bois sur laquelle sont gravés des lettres et des chiffres vers lesquels la main du sensitif est *guidée* de façon à rédiger, peu à peu, un message. La psychographie, ou écriture automatique, ou encore médiumnique, serait produite hors de la volonté du médium, sous la dictée d'un esprit. Un *rap* est un coup frappé par un esprit pour se manifester *objectivement* lors d'une séance de spiritisme.
2. Travaux publiés dans *Nature*, février 1995, par les neurobiologistes Bennet et Sally Shaywitz.

On se doutait depuis longtemps que les cerveaux féminins et masculins ne se situaient pas tout à fait sur la même longueur d'onde, si l'on peut dire. Il fut même une époque où l'on jugeait que la portée de la longueur d'onde féminine était bien plus modeste que chez l'homme, preuve d'un cerveau moins performant. Et les plus misogynes usaient volontiers de ce genre d'argutie pour expliquer les faibles taux de représentation universitaire ou professionnelle des femmes. En négligeant, bien entendu, les véritables raisons de ces différences qui tenaient, tout simplement, à un élément culturel induisant une sous-représentation de l'effectif féminin alors exclu des domaines du savoir — de nos jours, juste retour des choses, le processus s'est inversé.

Une telle ségrégation est d'autant plus affligeante, avec le recul, qu'un fonctionnement global du cerveau est bien loin d'être une tare. Ce serait plutôt le signe d'une efficience supérieure, d'une plus grande capacité à intégrer un nombre élevé de paramètres, desquels l'aspect émotionnel n'est pas le moindre. Gare cependant à la *masculinisation* grandissante des cerveaux féminins, conséquence d'une évolution privilégiant la pensée rationnelle, analytique, au détriment d'une approche analogique, intuitive et globale. Elle suggère, à terme, que les femmes risquent de perdre progressivement, à leur tour, cette aptitude innée dont bénéficiait sans doute l'ensemble du genre humain des premiers âges. À savoir une sorte de sixième sens qui permet à une mère de percevoir, plus ou moins clairement, un danger qui menace son bébé dont elle se trouve momentanément éloignée[1]. Réciproquement, le nourrisson, qu'il s'agisse d'une fille ou d'un garçon, se montrera sensible aux variations émotionnelles de la

1. À propos de cette faculté maternelle de ressentir un danger encouru par le bébé, Élisabeth Laborde-Nottale remarque : « Le fait est particulièrement surprenant dans des situations d'urgence, de danger imminent ou de catastrophe ; quand, brusquement, mue par une sorte d'intuition, elle (la mère) se précipite dans la salle de bains ou dans la cuisine, juste à temps pour éviter une noyade, une électrocution ou une brûlure, elle n'a pas eu une impression secondarisée, pensée, de ce qui risquait de se produire » (*La Voyance et l'Inconscient*, Éd. du Seuil, 1990, p. 131).

mère qu'il traduira par des sourires et des babils. Ou, à l'inverse, s'il perçoit des *ondes négatives*, par des pleurs, un refus de s'alimenter, de l'agitation ou de la prostration.

Ce mode fusionnel, qui semble en partie bâti sur une mystérieuse composante télépathique, est comparable à celui des personnes très liées affectivement (jumeaux ou amants) ayant de fréquentes communautés de pensées et de comportements. Par ailleurs, rares sont les personnes, si j'en crois mon expérience et les informations que j'ai recueillies, n'ayant jamais été confrontées, au moins une fois dans leur vie, à un phénomène télépathique fortuit. Il n'en reste pas moins que les *neurosciences* demeurent impuissantes à rendre compte de ces étonnantes transmissions de pensées, préférant les nier ou les attribuer au hasard.

Les sensitifs du règne animal

La science n'est pas davantage en mesure de résoudre l'énigme des facultés paranormales, bien plus objectives celles-là, propres au règne animal. Prétendre les réduire à une activité instinctive n'explique pas grand-chose, sinon la prégnance chez l'espèce humaine d'une activité instinctive d'étiquetage. On a déjà cité le cas du chien qui hurle à la mort quand son maître se meurt au loin. Mais l'on recense aussi de nombreuses anecdotes de chats égarés sur un lieu de villégiature, qui ont parcouru des dizaines, voire des centaines de kilomètres pour revenir à leur foyer d'origine. De même, on relève que certains animaux sauvages s'enfuient ou manifestent leur inquiétude en pressentant l'imminence d'une catastrophe sismique, alors qu'aucun signe précurseur ne la laisse prévoir.

On signalera aussi le comportement tout à fait prodigieux des anguilles. À une époque définie de leur cycle de reproduction, elles désertent les rivières et les plans d'eau douce de la planète, surmontant les pires obstacles, pour rejoindre la mer des Sargasses, au large des Antilles. Tout aussi extraordinaire et mystérieux, le sens de l'orientation des saumons qui retournent frayer dans leur cours d'eau natal, parfois distant de plusieurs milliers de kilomètres. *Idem* encore pour ces jeunes oiseaux migrateurs nés sur le continent européen et capables de rejoindre leurs parents, partis avant eux, dans un site géographique précis d'Afrique du Nord.

L'éthologie fournit quantité d'exemples insolites (baleines, dauphins, éléphants, pigeons voyageurs) qui ne paraissent pas troubler outre mesure notre infaillible science mécaniste. Celle-ci est pourtant bien en peine de proposer une solution définitive aux diverses énigmes de voyance animales évoquées ci-dessus. La récente découverte, en différents points du corps de certains animaux migrateurs, de minuscules zones renfermant de la magnétite, laissant supposer une orientation géomagnétique, n'explique pas la faculté qu'auraient ces animaux d'interpréter ces données. D'autant que l'instabilité du champ magnétique terrestre n'est pas vraiment de nature à faciliter, au fil des générations, la transmission d'une aptitude à l'orientation aussi fiable que celle dont témoignent ces migrateurs. Quant à affirmer que les oiseaux établissent leur plan de vol en fonction des étoiles, cela revient à dire que les migrations ne s'effectuent jamais en plein jour ni par temps couvert[1]...

Pour les poissons, les saumons en particulier, il a été avancé l'hypothèse d'une mémorisation initiale des composants chimiques balisant l'itinéraire de leur première traversée. Une hypothèse qui prête une incroyable constance chimique aux fonds marins, en dépit des scandaleuses marées noires que les courants dispersent sur d'immenses étendues, et de fantastiques capacités mnésiques au cerveau animal. Une telle hypothèse n'est de toute façon pas transposable aux jeunes oiseaux migrateurs qui, nés sur un autre continent, n'ont jamais effectué, eux, cette première traversée.

1. Toutefois, ces deux dernières décennies, des expérimentations consacrées à la migration animale ont tenté de fournir des réponses. Mais celles-ci mettent en cause un trop grand nombre de facteurs et n'apportent pas, en conséquence, une explication pertinente. Bien des énigmes restent entières.

Une longue histoire

Dans l'inquiétude du lendemain, animé par l'espoir d'en maîtriser les aléas, l'homme s'est depuis toujours efforcé de percer le mur du temps à venir. Très tôt, les rituels divinatoires consistèrent en des pratiques magiques agréées par la collectivité. Certaines cultures les réservèrent aux femmes — on avait déjà dû y remarquer qu'elles étaient plus intuitives — ou à des catégories sociales marginalisées ; la survivance de la chiromancie bohémienne en est une illustration. D'une manière générale, l'art de *deviner* les présages apportés par le vent, les nuages, le vol des oiseaux ou par d'autres messagers célestes, était la prérogative des seuls initiés, les *devins,* le plus souvent des hommes. Ceux-ci étaient désignés en fonction de la justesse de leur *divination*, de leur rang social ou de leur appartenance à une lignée d'oracles.

Ce mode de désignation survivra un temps, après que les premières religions structurées eurent détrôné les conceptions animistes primitives. Toutefois, les talents oraculaires des initiés chargés de décrypter la volonté des dieux participaient, bien souvent, à assouvir l'ambition personnelle des monarques et des hauts dignitaires — une tradition qui semble se perpétuer —, au détriment d'une divination au service de la communauté. Avec l'essor du monothéisme, l'Église qui entendait conserver le monopole de tout ce qui touchait au divin, et par extension aux devins, décréta que l'ensemble de ces pratiques relevait de l'œuvre du Malin. Elle jugea donc que la purification des âmes corrompues par ces coupables activités était de la plus brûlante urgence et que leurs corps méritaient le bûcher.

Quelques personnages acquirent malgré tout une notoriété confinant à la légende sans qu'on pût leur reprocher d'avoir offensé l'Église, ni même d'avoir abusé leurs contemporains de façon délibérée — ce qui n'est peut-être plus le cas de leurs transcripteurs d'aujourd'hui —, tel Michel de Nostre-Dame, plus connu sous le nom de Nostradamus (1503-1566), médecin et astrologue français du Moyen Âge. Les énigmatiques centuries de ce contemporain de Rabelais avaient tout prévu, d'après ses partisans, sauf peut-être l'exploitation éhontée que l'on en ferait. Tel encore Emanuel Swedenborg (1688-1772), érudit et philosophe suédois, dont les écrits eurent quelque influence sur le courant romantique. Plus d'un siècle avant l'émergence du spiritisme, il affirmait communiquer avec le monde des esprits[1]. On le prétendait même investi de pouvoirs métagnomiques à ce point exceptionnels qu'il aurait décrit *en direct*, en 1756, l'incendie qui ravageait Stockholm dont il se trouvait pourtant éloigné de plusieurs centaines de kilomètres. On affirme aussi qu'il indiqua précisément la date de sa mort, bien des années avant que celle-ci ne survienne à Londres. L'Histoire regorge ainsi d'anecdotes impliquant des personnages illustres ayant fait part de prémonitions vérifiées par la suite. On en mesure d'autant mieux la relative banalité.

L'étendue de la gamme des pratiques de voyance et la prospérité affichée par ce secteur de l'économie montrent que la profession connaît actuellement un véritable âge d'or. Les innovations technologiques amplement mises à contribution permettent, grâce à des réseaux télématiques consacrés à la voyance, le développement d'une véritable industrie d'exploitation de la crédulité humaine. Car, comme à l'accoutumée, de nombreux escrocs ont profité de la confusion et il est de plus en plus difficile d'y voir clair. Un comble dans ce domaine !

L'art et les manières

Les méthodes utilisées en contact direct s'inspirent souvent de traditions plusieurs fois centenaires, dont on trouve déjà trace dans l'Antiquité. Si l'impact social de l'oniromancie (divination fondée sur l'interprétation des rêves) s'est progressivement réduit, laminé par le rouleau compresseur de la rationalisation psychanalytique, l'astrologie a plutôt bien survécu. Au point que

1. Les écrits de Swedenborg servent aujourd'hui encore de caution à un courant du spiritisme nord-américain.

plus d'un aimeraient lui voir attribuer un statut de science à part entière. Il y aurait beaucoup à dire là aussi…

De nos jours, la psychométrie bénéficie d'une notoriété beaucoup plus favorable. Cette méthode de voyance, généralement sans contact direct avec le sujet, témoignerait de la faculté d'accéder à des souvenirs *imprégnés* dans un objet. Elle est interprétée par les parapsychologues comme une capacité du métagnome de créer un lien télépathique avec la *mémoire* dudit objet.

D'une façon générale, pour justifier, renforcer ou conserver leurs pouvoirs, certains voyants associent à l'utilisation d'un support l'aide apportée par un saint, la Vierge, un esprit, un personnage mythique, un ancêtre, un astre, etc. Quant aux supports eux-mêmes, il en existe une variété infinie qui donnent le jour à autant de formes d'exercice de la voyance. On pourrait même penser que toute chose, tout être vivant, tout phénomène naturel, voire tout événement ou situation banals, est à même de servir de support à un énoncé de voyance. Dans l'Antiquité grecque, par exemple, on ne comptait pas moins de trois cent cinquante mancies[1].

Certains métagnomes n'utilisent cependant aucun support et privilégient davantage le cérémonial, le décor ou la relation verbale. Ainsi, le support pourrait n'être qu'un artifice destiné à focaliser l'attention du voyant, à inhiber une éventuelle propension à la rationalisation. L'état modifié de conscience très particulier qui en résulte offrirait alors plus de champ libre à la fonction analogique du cerveau, laissant en quelque sorte une plus grande liberté à la conscience. Quoi qu'il en soit, qu'il recoure à un support ou non, le sensitif reçoit ses informations par le biais de mystérieux canaux. Il les verbalise ensuite en tâchant de les situer sur la ligne de temps la plus conforme à la perception qu'il a de l'histoire de son client.

1. Élisabeth Laborde-Nottale, *La Voyance et l'Inconscient*, p. 193.

Dans la « mémoire flottante »

Élisabeth Laborde-Nottale a créé le mot *scopème* pour désigner l'entité signifiante sur laquelle repose un énoncé de voyance. La plupart du temps, ce sont des impressions visuelles fugitives ou des éléments sonores (clairaudience) : mots, bribes de phrases ou de conversations. Parfois aussi, il peut s'agir d'une sensation physique diffuse plus difficile à interpréter. Ces informations proviendraient directement de la conscience du consultant et le voyant percevrait le scopème en lui comme étranger à ses propres pensées. Signalons que le voyant dont il est question, le véritable métagnome, n'est pas nécessairement un professionnel, c'est même rarement le cas.

Ainsi, le mécanisme de la voyance reposerait sur une capacité à pénétrer le domaine psychique, ou plutôt parapsychique, de l'autre. La conscience du métagnome percevrait et interpréterait les scopèmes édifiés sur des éléments issus de celle de son client. Et c'est parce que la conscience de tout un chacun contient une foule d'informations sur son parcours passé, renseignements qui conditionnent bien des présents et des futurs possibles, que le voyant qui les perçoit pourra décrire l'un de ces présents ou de ces futurs ; les éléments fortement investis au moment de la consultation étant les plus *lisibles*. En conséquence, si l'une des deux consciences est en mesure de pénétrer l'autre, c'est que l'enveloppe charnelle qui est supposée l'emprisonner n'est pas une geôle aussi hermétique qu'on le pense.

À la différence de la divination, qui résulte de l'apprentissage d'un ensemble de techniques codifiées, la voyance procéderait plutôt d'une aptitude innée ou très tôt acquise. D'une façon ou d'une autre, qu'il s'agisse de *flashes* sonores ou visuels, de pensées ou de sensations physiques diffuses, les scopèmes qui se présentent à la conscience du voyant ne relèvent ni d'un effort de volonté ni d'une technique enseignée. En somme, la voyance se révèle plutôt un phénomène imprévisible et spontané.

Lors de l'irruption du scopème dans la sphère mentale du sensitif il n'est pas rare que celui-ci, à l'instar des médiums, se trouve dans un état de conscience modifié, une transe légère, que favorise ou non l'utilisation d'un support. Ce parallèle avec la transe du médium tend à indiquer que les énoncés de celui-ci s'expliqueraient tout aussi bien à partir de ce modèle de la voyance que par la croyance en une communication avec les esprits. Dans cette optique, le guéridon, la feuille blanche du psychographe ou encore le oui-ja ne seraient rien d'autre que des supports contextuels, favorables au développement d'un état de conscience modifié propice à la perception de scopèmes.

Si les informations parvenues à la conscience du voyant lui paraissent appartenir à un autre que lui, autre chose est de donner du sens à ces perceptions. Il lui faut pourtant rendre cette sorte de message subliminal conforme à la demande du client, particulièrement en ce qui concerne les repères biographiques. Mais en raison des aléas d'une perception souvent parasitée par un flot de données aux multiples origines, qui peuvent provenir de l'inconscient du voyant lui-même, les éléments d'un énoncé de voyance ne s'accorderont pas toujours aux attentes ou au vécu du consultant. Ce dernier sera parfois amené à rectifier de lui-même certains événements, qu'ils appartiennent à sa propre histoire ou à celle d'un proche.

Ce décalage entre l'énoncé de voyance et les informations puisées dans la *mémoire flottante* du client s'explique, par exemple, par le fait que le voyant prendrait pour des visions du futur des événements qui appartiennent au passé ou à l'histoire d'un parent, ou encore de quelqu'un à qui ce client avait pensé ce jour-là. Ainsi, des souvenirs résiduels ou des épisodes *refoulés* peuvent jouer un rôle parasite dans le décryptage du scopème et conduire à une erreur d'interprétation. Toutefois, des énoncés vagues ou parcellaires pourront présenter une correspondance suffisante avec un événement quelconque pour ne pas devoir être imputés au seul hasard. Hasard complètement exclu dans le cas d'une information précise et parfaitement exacte, concernant un fait clairement désigné, lors même que cette information serait isolée au sein d'un flot d'invraisemblances.

Dans le cadre d'une consultation chez un professionnel, si l'on prend en compte l'inconstance de sa sensitivité et les difficultés auxquelles se heurte l'interprétation, il est peu probable qu'un énoncé de voyance délivré sur rendez-vous se révèle fiable. Il n'est pas excessif d'affirmer que la plupart des consultations, quel que soit le mobile (conjugal, amoureux, successoral, professionnel), aboutissent à entendre le voyant débiter un catalogue de généralités. Au nombre de celles-ci émergeront peut-être quelques éléments exacts, mais bien malin qui pourrait dire s'il s'agit d'un fait de voyance, du fruit d'une forme de psychologie empirique ou, mais c'est peu probable, d'un pur hasard.

S'il veut prospérer, le voyant professionnel doit être en mesure d'anticiper les comportements futurs de son client. Afin de percer les motivations de celui-ci, il usera volontiers de la suggestion et recourra parfois à un interrogatoire discret, en apparence superficiel. Le plus souvent cela ne lui est même pas nécessaire, le client s'épanche de lui-même ou présente un tableau non verbal suffisamment explicite (présentation vestimentaire, gestuelle, mimique, etc.). D'une manière générale, le voyant sait être perspicace pour évaluer la personnalité de son interlocuteur et les motifs qui l'amènent à consulter. Par ailleurs, dans le pire des cas, sur certains sujets précis, il n'a qu'une chance sur deux d'émettre une prévision erronée. Et même un peu moins, si l'on tient compte de l'influence que possède la prédiction délivrée par un tel personnage, doté de pouvoirs quasi magiques, sur la probabilité de la voir se réaliser. Ce type de prédiction, dite *autoréalisatrice*, se fonde sur une dynamique inconsciente où la suggestion initiale conditionne le comportement du sujet vers l'accomplissement de la prédiction — qui est d'ailleurs parfois sa véritable attente. Une attente que le voyant sera parvenu à ressentir soit à partir de scopèmes, soit par déduction en faisant appel à une forme de psychologie empirique, soit encore à partir de ces deux approches conjuguées.

Malgré tout, loin des prédictions en *trompe-l'œil*, les phénomènes de voyance spontanée produits par des sensitifs anonymes suffisent à justifier notre intérêt pour cette forme de perception extrasensorielle. Les énoncés de voyance qu'ils nous proposent, de manière presque impulsive, sont parfois de véritables défis à la raison, même s'ils demeurent imprévisibles, se rapportent à des événements plutôt ordinaires et ne font l'objet d'aucune publicité. Mon expérience, enrichie de quelques témoignages et références livresques, m'a persuadé que la voyance s'exprime avec plus de facilité et de justesse lorsqu'elle intervient de manière involontaire. Elle se limite pour l'essentiel à un pressentiment impliquant davantage un individu que la collectivité. Celui qui en est l'auteur, inconscient d'avoir *prophétisé*, vous la remet gracieusement et parfois même sans y faire cas.

J'ai conservé les récits de quelques faits de voyance spontanée qui m'ont été confiés pendant la gestation de ce livre. Si le thème et les circonstances qui furent à l'origine de mon enquête ne m'y avaient préparé, je n'aurais guère accordé de crédit à ces histoires. Elles m'ont persuadé, depuis, que le sensitif amateur est plus performant que le professionnel au tarif exorbitant. La qualité de la prestation de ce dernier est même, dans certains cas qui m'ont été rapportés, inversement proportionnelle au prix de la consultation. L'anecdote qui suit nous montrera d'ailleurs la relativité de cette notion tarifaire.

Dans les cartes...

Il y a bien des années déjà, une jeune femme de ma connaissance fut informée fortuitement des capacités de voyance exceptionnelles d'une cartomancienne de la petite ville voisine. Poussée par la curiosité, elle prit rendez-vous avec la pythie locale, Mme R., dont on lui avait fait l'éloge. Un peu inquiète, n'ayant jamais consulté de voyante, elle demanda à une amie de l'accompagner. Son fiancé, sceptique au plus haut degré sur de tels sujets, aurait refusé de le faire. De toute façon, la question ne se posait pas puisque, à cette époque, il effectuait son service militaire à l'étranger.

Peu de temps après, elle me fit le récit de sa consultation chez Mme R., évoquant « un inexplicable don de voyance ». Son jugement se fondait sur les surprenantes révélations que celle-ci lui avait faites. Des révélations qui ne pouvaient s'expliquer par le seul hasard, non plus que par une quelconque supercherie. Ces hypothèses étaient d'ailleurs tout à fait exclues pour une prédiction à long terme vérifiée longtemps après.

Elle me présenta Mme R. comme une femme avancée en âge, dans les soixante-dix ans, qui pratiquait la voyance pour ajouter quelques billets aux subsides de sa pension de retraite. Elle officiait à partir de supports variés : les cartes ordinaires, les tarots, ou une photo lorsqu'il s'agissait de voyance sur un tiers. Pour un petit supplément, sans jamais pousser à la consommation, elle vous « faisait » la boule de cristal.

Lorsque mon amie et son accompagnatrice se présentèrent, Mme R. les fit entrer dans une salle à manger qui tenait lieu de cabinet de voyance. Elle invita mon amie à prendre place à la table qui occupait le centre de la pièce et, selon un énigmatique ordonnancement, disposa des cartes sur un épais tapis de jeu. Elle demanda ensuite à sa cliente d'en retourner un certain nombre au hasard. Aussitôt elle se mit à décrire ce que cette « donne » lui inspirait. Elle dépeignit celui qu'elle désignait comme le fiancé de la consultante, actuellement militaire du contingent, allant jusqu'à nommer le pays où il se trouvait en garnison. L'ensemble des informations qu'elle fournit sur le jeune homme correspondait parfaitement à la physionomie et à la situation du fiancé.

Voilà pour la clairvoyance, et c'est déjà très fort ! Mais la prestation de Mme R. se révéla franchement extraordinaire lorsqu'elle prédit qu'il porterait une blouse blanche et occuperait un emploi dans le secteur de la santé. La consultante se montra extrêmement dubitative. Cela ne collait pas du tout avec les études de *management* suivies par son fiancé. Et pas davantage avec des projets dont la mise en œuvre, déjà planifiée, attendait la fin du service national. C'est d'ailleurs ce qui advint... Jusqu'au jour où, deux ans plus tard, le ras-le-bol d'un métier épuisant et l'opportunité de présenter un concours de recrutement pour les hôpitaux firent, après une formation idoine, d'un ancien cadre commercial un infirmier du service public. La prédiction s'était bel et bien réalisée !

L'hypothèse d'une prédiction *autoréalisatrice*, évoquée plus haut, est ici sans objet. En effet, la consultante avait caché à l'intéressé, le fiancé, sa démarche chez la voyante. Elle n'ignorait pas qu'il avait en horreur ces histoires de vieilles femmes superstitieuses. En conséquence, il ne pouvait être manipulé par son inconscient, comme on aurait pu le supposer dans le cas d'une annonce faite personnellement. Cette prédiction d'un métier de la santé, se réalisant chez un jeune homme engagé dans une carrière commerciale, est un fait de voyance auquel nul calcul de probabilité ne permettrait d'aboutir. Surtout si l'on y ajoute l'énoncé précédent, parfaitement exact lui aussi. À propos, mais il ne s'agit que d'un « détail », mon amie épousa ce garçon ainsi que l'avait également prédit la voyante.

Quand la « psy » rencontre le « psi »[1]...

Au lieu d'exemples personnels dont on pourrait suspecter le manque d'objectivité, je conclurai ce chapitre sur des anecdotes venues d'une source plus autorisée. En ce sens, l'expérience et les compétences d'Élisabeth Laborde-Nottale confèrent les meilleures garanties aux faits qu'elle rapporte dans son ouvrage[2]. Comme cela arrive à nombre de thérapeutes ayant choisi de ne pas nier ces phénomènes, elle avait remarqué, en diverses occasions, que des patients exprimaient des pensées ou décrivaient des événements qui la concernaient en propre.

Ainsi, un patient régulièrement suivi entrant dans son cabinet, elle pensa à un médicament homéopathique et nota le nom de la spécialité sur son bloc-notes, se réservant de confirmer son intuition au cours de l'entretien. À la fin de la consultation, le patient lui révéla qu'en chemin vers son cabinet il avait songé à un médicament susceptible de le soulager. C'était justement celui qu'elle

1. Le *Psi* désigne l'hypothétique vecteur énergétique qui autorise la manifestation de la perception extrasensorielle.
2. *La Voyance et l'Inconscient*, p. 115 et suivantes.

avait inscrit sur son calepin, de *façon irrationnelle* précise-t-elle. Un autre, pendant la consultation, lui prédit le décès, consécutivement à un cancer, d'une personne de sa connaissance ; le patient, en revanche, ne la connaissait nullement. Le décès eut effectivement lieu quelque temps après.

À propos de ces énoncés contenant des éléments exacts, le docteur Laborde-Nottale avance l'hypothèse, déjà évoquée, d'une sorte de phénomène télépathique permettant au sensitif d'accéder à des traces mnésiques issues de la conscience de son interlocuteur (ou de son inconscient). Ces informations, qui s'imposent spontanément au voyant sous forme de scopèmes, peuvent revêtir une certaine importance ou être anodine, voire ne pas relever du domaine conscient de l'intéressé. D'après l'auteur, d'une manière générale, le voyant n'est pas en mesure de distinguer ce qui appartient aux pensées, aux rêves ou aux événements réels. D'autre part, on l'a indiqué, il lui est difficile de situer avec exactitude dans le temps les événements que lui inspire le scopème. Le plus souvent c'est par déduction, avec un résultat plus ou moins heureux, qu'il s'essaie à replacer les faits dans le passé, le présent ou le futur.

Ces courtes illustrations ont voulu souligner les étonnantes performances de l'état modifié de conscience qui conditionne la voyance, plus particulièrement dans sa forme spontanée. Cet état modifié de conscience est peu spectaculaire, prenant simplement la forme d'une concentration mentale soutenue, le plus souvent dirigée vers un support spécifique. L'objectif de ce chapitre visait également à pointer la capacité à l'autonomie de la conscience. Ce qui semble bien être le cas lorsque des fragments de la conscience d'un sujet, même des informations oubliées et peu investies, sont accessibles à un tiers, un voyant en l'occurrence, dans les conditions précitées.

Nous avons noté par ailleurs que des récits d'expérienceurs présentaient d'assez fortes analogies avec ce type de perceptions extrasensorielles. Tout porte à croire que le fonctionnement de leur conscience relevait alors d'un schéma similaire. Ce que vient confirmer tel expérienceur qui prétend avoir « lu » dans les pensées des personnes présentes autour de lui lors de son EMI. Ou tel autre qui, réanimé après une intervention chirurgicale délicate, indiquera à une infirmière du bloc opératoire le titre de la chanson qu'elle fredonnait *dans sa tête* afin de se donner du courage au moment le plus délicat de l'intervention.

Au terme de l'exposé, l'état modifié de conscience qui préside aux énoncés de voyance nous interroge lui aussi sur le domaine de la réalité dans lequel s'exprime le phénomène. Quel crédit accorder à ce qui semble une capacité de la conscience à se libérer des contraintes de la matière, à sortir hors du corps ? La réponse se trouve peut-être dans le chapitre qui suit, où notre intérêt se portera vers un autre EMC d'allure paranormale, fort justement nommé *Expérience hors du corps*.

> Ces expériences ne constituaient pas une fin en soi. Elles m'apportèrent la certitude de la grande Vie Universelle à l'intérieur de ma petite vie personnelle et je résolus de chercher COMMENT Elle œuvrait en moi, à mon insu, tant dans mon corps que dans mon psychisme.
>
> Jeanne GUESNÉ[1]

CHAPITRE VI

L'expérience hors du corps

L'*Expérience hors du corps* (EHC), dénomination des plus explicites, désigne le phénomène au cours duquel la conscience du sujet est *projetée*, et se déplace parfois, à l'extérieur de son enveloppe physique. Elle caractérise l'étape essentielle de l'expérience de mort imminente que l'on nomme *phase autoscopique*. Mais dans sa forme générique, l'EHC survient habituellement de façon spontanée, hors de tout contexte d'imminence de la mort, et fait rarement état d'un vécu transcendant.

Charles Tart, spécialiste réputé des états modifiés de conscience et des phénomènes de perception extrasensorielle, propose une définition plus détaillée :

> Nous définirons une expérience hors du corps comme un phénomène au cours duquel le sujet : 1) semble percevoir une

1. *Le Grand Passage*, Espace bleu, 1994, p. 36.

certaine partie d'un certain environnement qu'il lui était impossible de percevoir à partir de l'endroit où son corps physique se trouvait à ce moment ; et 2) sait *qu'à ce moment-là* il ne rêvait pas ni ne fantasmait. Le sujet semble être dans un état de conscience normal lors de l'expérience, et bien que sa raison lui dise que cela n'appartient pas à l'ordre du possible, il sent qu'il dispose de toutes ses facultés critiques normales, et sait donc qu'il ne rêve pas. En outre, à son réveil, il ne décrétera pas qu'il s'agissait d'un rêve[1].

Selon les références des uns et des autres, l'expérience hors du corps est aussi appelée *expérience de décorporation*, *projection autoscopique* ou *extra-corporelle, expérience ecsomatique* ou *exosomatique*, ou encore *clairvoyance somnambulique*. Les parapsychologues anglo-américains utilisent, eux, l'acronyme OBE (ou OOBE) pour *Out of Body Experience* et nomment parfois cette extériorisation de la conscience *aspect Theta*. Comme c'est souvent le cas dans le domaine de la parapsychologie, une terminologie d'une inutile diversité rend compte d'un même phénomène.

La littérature occultiste a réduit l'expérience hors du corps aux notions de *voyage astral*, de *projection astrale* ou de *projection du corps astral*[2]. Les prodiges accomplis par ce corps, également *éthéré, éthérique* ou *fluidique*, a éveillé en son temps un vif intérêt chez les spirites pour lesquels le *périsprit*, terme élaboré par Allan Kardec[3], désigne un état intermédiaire entre la matière et l'esprit. Le thème a été remis au goût du jour, dans le cadre d'une spiritualité douteuse, par quelques énergumènes qui affirment effectuer régulièrement des voyages aller-retour vers l'au-delà. Ils en ramèneraient des enseignements fondamentaux, pour le plus grand bonheur de leurs adeptes ébahis.

1. Charles Tart, Robert Monroe, *Le Voyage hors du corps*, Éd. du Rocher, 1989.
2. Voir par exemple *La Projection du corps astral*, le grand classique de S. Muldoon et H. Carrington, Éd. du Rocher, 1980.
3. Léon Hippolyte Denizart Rivail (1804-1869), plus connu sous le pseudonyme d'Allan Kardec, nom du druide dont il se prétendait la réincarnation, est reconnu pour être le fondateur du spiritisme moderne. Cet érudit, auteur de plusieurs ouvrages scolaires, a conçu une terminologie spirite adaptée à sa doctrine.

Les traits caractéristiques

Les spécificités de l'expérience hors du corps révèlent nombre d'analogies avec d'autres types d'états modifiés de conscience, particulièrement avec l'expérience de mort imminente. En premier lieu, à l'instar de celle-ci, l'expérience hors du corps est une expérience universelle. Elle semble avoir existé de tout temps et présente aujourd'hui encore le même schéma, quelles que soient les origines culturelles des témoins qui les rapportent. Ensuite, l'EHC est souvent une expérience unique dont les contextes déclencheurs sont variés : relaxation, méditation, sommeil, rêverie éveillée, hypnose et autohypnose, états induits par une profonde absorption (lecture) ou un relâchement intellectuel (tâche répétitive), etc. Parmi ces contextes, comme pour les expériences de mort imminente, on trouve les situations de stress intense et les affections au pronostic mortel. Dans ce dernier cas, une EHC qui survient à l'approche de la mort ou d'un grand danger peut se poursuivre sur un mode transcendant et revêtir les aspects d'une EMI. De même que cette dernière, l'expérience hors du corps peut survenir de façon spontanée, sans aucun mobile. Elle est toutefois rarement induite par une tentative délibérée.

La tonalité de l'expérience hors du corps, à l'instar d'une EMI, est agréable dans une proportion de 90 à 95 % des cas. Quant à sa composante paranormale, Charles Tart estime que « la description de ce qui est advenu en un lieu distant est correcte et plus précise que nous le laisserait supposer la coïncidence. Pour les expliquer, nous devons postuler soit que l'expérience “hallucinatoire” du voyage hors du corps était combinée à une intervention ESP[1], soit qu'en un certain sens la personne se trouvait réellement “là”. L'expérience hors du corps devient alors des plus réelles[2]. »

L'EHC, ajoute-t-il, est « une des plus profondes expériences de la vie d'une personne et elle modifie de manière radicale ses

1. De l'anglais *Extra-Sensorial Perception* (perception extrasensorielle).
2. Dans R. Monroe, *Le Voyage hors du corps*.

convictions ». Ainsi, ses répercussions peuvent être du même ordre que celles de l'EMI : disparition de la crainte de la mort, meilleure appréciation de la vie, croyance en l'après-vie et dans une survie de la conscience, attrait pour les thèmes spirituels, soif de connaissances, etc. Si de telles répercussions concernent davantage les EHC d'allure transcendante, assez rares, elles s'appliquent également, dans une moindre mesure, à celles d'expression plus modeste. De toute façon, dans le sens où l'expérience hors du corps constitue une phase essentielle de l'expérience de mort imminente, on peut penser qu'il existe pour les deux phénomènes une forte analogie des vécus et, par voie de conséquence, de leurs répercussions.

Du concept de « réalité objective »

La question de la nature du réel a été évoquée à plusieurs reprises déjà. Cependant, l'EHC semble un phénomène à ce point prodigieux, même hors de toute connotation transcendante, qu'il est légitime de s'interroger à nouveau. Sommes-nous en présence d'un canular ou s'agit-il d'un fait réel ? Si l'on penchait pour la première hypothèse, l'énormité de la supercherie ne serait pas moins extraordinaire que sa persistance dans le temps. Une persistance qui plaiderait plutôt en faveur de la deuxième proposition. Mais alors, encore faudrait-il parvenir à appréhender la réalité dans laquelle s'inscrit l'EHC.

De fait, à partir de l'expérience du quotidien, il est difficilement concevable d'imaginer être projeté, ou de pouvoir se projeter, en dehors de son corps dans une autre sphère de la réalité. Et cela en pleine possession des facultés de perception habituelles, si l'on excepte le sens tactile. Nous avons affaire une fois de plus, comme pour les EMI, et il en va de même pour tout état modifié de conscience, à une question qui touche à la réalité subjective ; une réalité dont seul l'individu possède la clé. Mais une réalité, malgré tout, pour chacun des nombreux sujets qui ont vécu une expérience similaire. Toutefois, cette subjectivité du nombre, propre aux *choses de l'esprit,* n'est pas dans le cas présent, semble-t-il, un critère suffisant pour prétendre au rang de réalité objective. En effet, cette réalité décrite par les expérienceurs ne trouve aucune référence dans la réalité ordinaire, consensuelle. Ce caractère subjectif reste le principal écueil auquel se heurte toute étude des phénomènes de la conscience. Pourtant, en dépit de la faiblesse du coefficient d'objectivité qu'un tiers leur attribuera, les phénomènes de la conscience, quels qu'ils soient, composent une part substantielle de la réalité perçue par tout un chacun.

La plupart des Occidentaux ont besoin de certitudes fondées sur des éléments autrement plus objectifs que ce qu'ils jugent être des croyances d'un autre âge. Le modèle de la réalité sur lequel ils ajustent leurs modes de vie, dès le sortir de l'enfance, leur interdit d'accorder le moindre crédit à des phénomènes aussi extravagants que ces décorporations. Malgré tout, ceux qui ont vécu une expérience hors du corps ne pouvaient croire auparavant, eux non plus, qu'elle s'imposerait un jour comme une certitude. Et si leur opinion s'est inversée, le récit de leur témoignage demeure tout aussi suspect aux autres que les narrations qu'ils mettaient eux-mêmes en doute précédemment. Le fait même que ces ex-sceptiques aient remis en cause leur conception de la réalité devrait inciter davantage à la réflexion. S'agissant habituellement d'une expérience unique, surgissant inopinément dans la vie d'un individu, il est cependant hors de question pour celui-ci de répéter une EHC à l'envi afin de convaincre l'interlocuteur par une démonstration. Ce qui affaiblit considérablement la portée de ses assertions.

Transe et extase

La transe, état modifié de conscience aux multiples facettes, est tributaire d'un contexte spécifique. Elle met en cause un *dérèglement* extrême des facultés de perception dans le sens d'une hypo ou d'une hyperstimulation sensorielle, le plus souvent sonore et visuelle. Ce dérèglement résulte de conditionnements psychologiques particuliers (hypnose, méditation, prière, contextes de « bombardement sensoriel » : *raves parties*, concerts, meetings politiques, etc.), de l'activité de drogues hallucinogènes ou encore de la physiologie (sommeil). L'extase, pour sa part, est un vécu de transe engendré par un abaissement des stimuli extérieurs et par une attention soutenue aux phénomènes intérieurs. Bien qu'associée à l'expérience mystique, l'extase n'est pas nécessairement élaborée à partir d'un fonds religieux.

Il est des sociétés traditionnelles pour lesquelles certaines transes réservées aux initiés, souvent amplifiées par des substances hallucinogènes, sont l'occasion de sorties hors du corps. À cet égard, le *vol du chaman* a longtemps relevé d'une tradition inscrite dans de multiples cultures. Du fait de l'imprégnation occidentale qu'elles ont subie, la pratique de ce vol magique s'y est raréfiée. Les chamans, gardiens de l'équilibre cosmique, intercesseurs entre le *monde d'en bas* et celui des esprits, y recouraient dans un but de voyance ou de guérison. Mais aussi pour retenir l'âme d'un blessé ou d'un malade dans son corps ou pour accompagner celle d'un défunt. Ou encore pour négocier avec les esprits son retour dans le corps et parfois les combattre pour le reprendre par la force. Au terme d'une lutte acharnée, épuisante et périlleuse, il est dit que le chaman réussissait parfois à ramener cette *âme* dans le corps sans vie, soudain réanimé comme par magie.

On attribue l'origine des pratiques chamaniques aux populations sibérienne et esquimaude, dont les migrations historiques expliqueraient la survivance de traditions semblables en Amérique centrale et en Amérique du Sud[1]. Elles perdurent en Asie, en Océanie, en Australie et en Afrique où, dans ce dernier lieu, leur origine se perd dans la nuit des temps, très loin avant que le commerce des esclaves en essaime la pratique. Mêlée de christianisme, celle-ci a connu diverses adaptations : *Vaudou* haïtien, *Santería* à Cuba, *Macumba*, *Candomblé* et *Umbanda* au Brésil (voir aussi l'initiation *Bwiti* au chapitre X). Cependant, pour la

1. Voir par exemple J.-P. Costa, *Les Chamans, hier et aujourd'hui,* Flammarion, 2001 ; J. A. Grim, *Chamane, guérisseur de l'âme,* Presses Pocket, 1993, et A. P. Elkin, *Les Chamans aborigènes*, Éd. du Rocher, 1998.

plupart, les rites issus de l'Afrique s'apparentent davantage à des transes de possession là où, en revanche, la conscience du chaman témoigne d'une entière liberté de se mouvoir hors du corps.

Certains courants du soufisme exploitent un contexte très particulier, alliant paradoxalement l'exacerbation des sens à l'absorption dans un état méditatif, afin de produire une expérience à forte connotation mystique. Le rituel, très physique, au rythme lancinant des percussions, favorise la projection de la conscience du participant hors de son corps afin de l'unir à Dieu. Qui ne connaît les spectaculaires ballets des derviches tourneurs ? Ces danseurs de l'Éternel qui, dans une chorégraphie tournoyante, atteignent la *transe en danse*.

D'autres formes d'extase, qui résultent habituellement d'une méthode moins physique mais non moins mystique, participent à projeter la conscience hors du corps. Les religions orientales, par exemple, plutôt que de miser sur une saturation des sens, préconisent leur mise en sommeil par la méditation. Celle-ci vise à sublimer la perception de la réalité ordinaire — illusoire, impermanente, disent-elles — afin de pénétrer de façon *éveillée* dans le monde de la pure conscience. La Lumière, venue cette fois-ci de l'intérieur, se déploie et transcende les limites de l'ego. Chevauchée par la conscience du méditant, elle lui ouvre les portes de l'Infini. L'expérience des mystiques chrétiens, éprouvée dans un cadre culturel différent, est en adéquation avec cette description.

La Française Jeanne Guesné[1], une personnalité exceptionnelle, a depuis fort longtemps disséqué les divers aspects de la question. De nombreuses années de méditation, orientées vers l'accomplissement d'une EHC transcendante, lui furent nécessaires pour aboutir à son premier succès. Toutefois, si elle indique avoir certes fait l'expérience *volontairement*, elle ajoute, nuance

1. La qualité de sa recherche spirituelle et son interprétation du phénomène fondée sur ses propres expériences hors du corps, vécues il y a déjà longtemps, situent Jeanne Guesné du côté de la tradition mystique, de l'expérimentation de la *Vie en Soi,* comme elle l'écrit. On trouvera les références de quelques-uns de ses ouvrages dans la bibliographie en fin de volume.

importante, qu'elle ne put jamais la produire *à volonté.* Avant qu'elle n'interrompe cette pratique, l'issue des séances continua de lui demeurer imprévisible. Il semble d'ailleurs que le type d'expérience spirituelle qu'elle décrit s'apparente davantage à un éveil de *kundalini* — ce phénomène est traité au chapitre VIII — vécu sur la base d'un modèle culturel occidental.

Quelles que soient les confessions et les cultures, que l'illumination vienne de l'extérieur ou de l'intérieur, la question d'une existence indépendante de la conscience et de sa capacité à fusionner avec une conscience supérieure ne se pose pas au mystique. C'est pour lui une évidence qui ne se met pas en mots et à laquelle son expérience est une réponse suffisante. Le *ravissement* des grandes mystiques chrétiennes, le *satori* d'un ascète zen ou la transcendance vécue par l'expérienceur, parmi d'autres, relèvent ainsi d'un schéma similaire. Leurs consciences se sont élevées de façon identique, jusqu'à se trouver au contact d'une même réalité, d'une même Vérité, quoique appréhendée et interprétée à partir de références culturelles différentes. Ces décorporations à teneur mystique, spirituelle ou magique (chamanisme), forment un groupe d'EHC particulier que l'on peut rattacher aux expériences transphénoménales. Il va de soi que les éléments de nature transcendante qui les caractérisent n'entrent pas dans le cadre des EHC « ordinaires », limitées à la sortie de la conscience hors du corps.

La nature de l'expérience

L'expérience hors du corps n'est pas un vécu aussi exceptionnel qu'on pourrait le croire. Les circonstances de survenue les plus citées sont directement reliées aux états modifiés de conscience : pratique de la relaxation, période de rêve (estimé alors plus réel qu'un rêve ordinaire), méditation, consommation de drogues hallucinogènes, état de stress intense et, bien sûr, contexte de mort imminente pour 10 % des expériences signalées. Se fondant sur ce dernier élément, Élisabeth Schnetzler et

Frédéric Schmitt en déduisent qu'il « est important pour comprendre la véritable nature de l'expérience de décorporation survenant au moment de la mort, suggérant que c'est un phénomène normal survenant dans un contexte particulier[1] ». À ce point normal, qu'une appréciation médicale ne saurait en appeler à un quelconque épisode psychopathologique de nature hallucinatoire, le phénomène de décorporation ne possèdant aucune correspondance dans le descriptif des maladies mentales. Son réalisme, selon les témoins, ne milite guère lui non plus en faveur d'une telle explication. C'est l'opinion du docteur Nils O'Jacobson, psychiatre suédois et spécialiste du paranormal, qui l'étend au rêve lucide (voir chapitre suivant), un autre type d'état modifié de conscience intimement associé à l'EHC, en précisant : « Une expérience de séparation ou de rêve lucide n'est pas un symptôme de maladie. Ce phénomène se manifeste en général chez des personnes psychiquement équilibrées[2]. »

En somme, l'EHC, subordonnée à un mécanisme physiologique, n'aurait rien d'un trouble mental. Dans l'incapacité actuelle de comprendre les rouages de ce mécanisme, le seul modèle explicatif à notre disposition reste celui du paranormal. Toutefois, faute de démonstrations vérifiables, la littérature spécialisée n'est d'aucun secours pour nous aider à trancher une question dont la science, pour sa part, se désintéresse complètement. La réponse se situe peut-être à mi-chemin, entre le normal et le paranormal ? Mais à considérer les lacunes de notre compréhension de certaines fonctions du cerveau, ce qui passe aujourd'hui pour paranormal ne le sera peut-être plus d'ici quelques années.

---

1. *Expérience de l'imminence de la mort*, thèse pour le doctorat de médecine, université de Grenoble, 1983, p. 150.

2. Dans Hélène Renard, *L'Après-Vie, croyances et recherches*, Philippe Lebaud, 1987.

Au banc d'essai

Dans le courant des années soixante, des parapsychologues américains se sont mis en quête de sujets possédant la faculté exceptionnelle de quitter leur corps de façon délibérée. Ces individus sont rarissimes puisque, dans la plupart des cas, l'EHC demeure un phénomène unique au cours d'une vie ; en tout cas difficilement reproductible volontairement. Grâce à leur persévérance et à la publicité faite aux EHC, les chercheurs découvrirent quelques véritables professionnels de la sortie hors du corps, des cobayes de choix pour les expérimentations menées dans leurs laboratoires.

Robert Monroe, un citoyen américain, était l'un de ces curieux spécimens qui se prétendaient capables de voyager à volonté en dehors de leur enveloppe physique. En 1965, alors désireux de conserver l'anonymat, Robert Monroe, alias Monsieur X, servit de sujet d'expérience à Charles Tart. Il affirma avoir vécu des EHC au cours des deux sessions auxquelles il participa. S'il ne parvint pas à lire la cible placée hors de sa vue, cinq chiffres inscrits sur un panonceau, il fournit en revanche un bref récit de l'une de ses décorporations vécues dans le laboratoire de Charles Tart.

Il décrivit la physionomie d'un homme qui s'était trouvé incidemment dans une pièce contiguë à celle où son propre corps demeurait relié à divers appareils de contrôle, dont un électro-encéphalographe qui rendait impossible tout déplacement physique. Il esquissa malgré tout le portrait sommaire de cet inconnu : il était de la même taille que l'employée du laboratoire avec laquelle il discutait et avait des cheveux bouclés. La description succincte faite par Monsieur X correspondait effectivement à celle du mari de la technicienne qui surveillait l'appareillage. Sa visite inopinée dans le laboratoire coïncidait avec l'expérience hors du corps de Monroe, que Tart avait pu repérer grâce au tracé particulier du graphe de l'EEG.

Deux ans plus tard, les résultats de l'expérimentation avec Monsieur X firent l'objet d'une communication de Charles Tart à l'ASPR[1]. Il y indiqua que chez Monsieur X une grande partie du

---

1. American Society for Psychical Research.

cycle de sommeil se déroulait en état hypnagogique (phase 1 sans REM[1]), mais il estima d'autre part que les résultats d'ensemble étaient peu significatifs. Pour aboutir à cette conclusion, le chercheur avait-il eu le sentiment d'avoir été abusé ? En effet, rien n'interdit d'envisager que Monsieur X ait entrevu la silhouette du mari de la technicienne : la pièce où il se trouvait était dans la pénombre, alors que l'annexe adjacente, contenant l'appareillage, devait sans doute être soigneusement éclairée. Quoi qu'il en soit, on ne peut que saluer l'attitude prudente de Charles Tart.

Il faut ajouter qu'il effectuait parallèlement une recherche expérimentale avec une dénommée Miss Z. Bien que celle-ci prétendît éprouver de grandes difficultés à se diriger en état de décorporation, elle était parvenue, lors de la quatrième et dernière session, à donner correctement le nombre cible de cinq chiffres. Mais le chercheur s'était refusé à parler de réussite formelle car, en inspectant la pièce le lendemain, il s'était aperçu que ce nombre aurait éventuellement pu être lu grâce à un phénomène de réflexion. La cible se trouvait dans la pièce même, au-dessus d'une pendule près du plafond, sur le mur contre lequel s'appuyait la tête du lit où était allongée Miss Z. Signalons toutefois que pendant la période estimée de l'EHC de Miss Z, comme ce fut le cas pour Monroe, le tracé de l'EEG signala une activité alphoïde caractérisée par des ondes d'un à deux cycles plus lentes que les ondes alpha de veille, signature habituelle de l'état hypnagogique.

D'autres spécialistes, dont le parapsychologue américain Karlis Osis avec un célèbre sujet, Ingo Swann, confirment l'existence d'un rythme alpha[2] ralenti lors d'épisodes supposés de décorporation. Notons en passant que certains pratiquants de la relaxation, qui apprécient de *se mettre en alpha*, connaissent

1. L'état hypnagogique correspond à la phase d'endormissement, la phase 1 du sommeil, par opposition à la phase hypnopompique, qui débouche sur le réveil ; voir le chapitre suivant. REM est l'acronyme de Rapid Eyes Movements (mouvements rapides des yeux). Ces REM sont typiques de la phase paradoxale, celle qui correspond à la période du rêve.
2. Christine Hardy, *La Science et les États frontières*, Éd. du Rocher, 1988.

parfois des sensations proches de celles que procure une EHC[1]. Si les chercheurs n'en font pas un critère rigoureux, il semble bien que les sorties hors du corps se traduisent à l'EEG par un tracé caractéristique d'une diminution sensible de l'activité cérébrale. Cette diminution serait même plus marquée pour l'hémisphère droit, 19 %, contre 16 % pour l'hémisphère gauche…

Retenons que la phase hypnagogique, caractérisée par une baisse de l'activité cérébrale, semble un état physiologique des plus favorables à vivre une EHC. Cette baisse de l'activité cérébrale correspond au contexte du rêve lucide, de même qu'à la déconnexion induite par l'hypnose et par la relaxation, des thèmes qui seront repris ultérieurement.

Les voyages « extra-corporels » de Monroe

En dépit des faibles résultats obtenus lors des expérimentations avec Charles Tart, les dispositions autoscopiques supposées de Robert Monroe méritent que l'on s'attarde un peu sur le personnage.

Reproduire une expérience hors du corps à volonté sur un grand nombre de sujets serait, à n'en pas douter, le meilleur moyen de faire évoluer l'opinion à l'égard de ce phénomène. Cette perspective a probablement poussé Robert Monroe à mettre au point une méthode « scientifique » de décorporation. Mais, là encore, la technique de dissociation sonore dont il est le concepteur appelle un minimum de réserves. Car l'aval de la science, même si elle n'est pas le domaine exclusif du savoir, est pour le moins nécessaire à qui souhaite établir la scientificité de sa démarche. Cette remarque pour souligner que les indications fournies par Monroe dans son livre[2] ne sont pas très explicites et n'ont rien

1. La sensation de lévitation parfois rapportée par des sujets qui pratiquent certaines formes de relaxation est à rapprocher de cette impression de légèreté, de quitter son corps et de flotter au-dessus, qui caractérise divers EMC.

2. *Le Voyage hors du corps*. R. Monroe est décédé en 1995.

d'une publication scientifique. Faute de mieux, il nous reste à considérer cet ouvrage, dans lequel il s'attache pour l'essentiel à décrire ses propres EHC, d'un point de vue documentaire.

La principale contribution de Monroe réside en effet dans la description de ses décorporations volontaires. Mais s'il indique utiliser diverses techniques de dissociation, il se garde d'en révéler le détail. Il commence, écrit-il, par s'allonger dans la pénombre et au calme, la séparation de sa conscience étant précédée de signes annonciateurs, habituellement de fortes vibrations dans tout le corps.

Des sujets ayant vécu une EHC spontanée, donc sans utiliser aucune technique de dissociation sonore, m'ont fait part des signes précurseurs suivants : bourdonnements d'oreilles, vibrations, sons cristallins, flashes lumineux et colorés, images oubliées du passé, sentiment d'une conscience élargie, impression de flottement. Des visions éphémères de l'environnement immédiat, en noir et blanc, sans que l'on puisse vraiment parler de visions autoscopiques, m'ont aussi été décrites. Elles cessaient rapidement en raison, semble-t-il, d'une certaine inquiétude mêlée d'étonnement, qui faisait dire au sujet que ce phénomène n'était pas *très naturel*. Monroe, lui, n'éprouvait pas ce genre d'appréhension. Grâce à la maîtrise que lui valait sa longue pratique, il prétendait même accéder à trois types différents de réalité hors du corps.

Le *lieu I* s'apparente à notre environnement habituel. Rien n'y diffère de la réalité ordinaire et l'auteur s'y déplace souvent en pays de connaissance. Lorsqu'il se trouve dans un site inconnu et aperçoit des étrangers, aucun élément bizarre ne détonne. C'est tout simplement de notre planète dont il est question. Elle constitue d'ailleurs l'environnement habituel de la plupart des EHC.

Il en va tout autrement du *lieu II*. Les descriptions de celui-ci sont très proches des mondes spécifiques de certains états modifiés de conscience sous hallucinogènes ou de ceux du rêve lucide, parfois de l'expérience mystique, voire de l'EMI. Il s'agit d'univers de pure pensée, d'énergie, de magie, peuplés de créatures mythologiques, d'êtres ou d'animaux fantastiques, de personnages terrifiants ou au contraire rayonnant d'amour. Le temps, l'espace et la plupart des lois physiques qui nous sont familières n'y ont plus cours. Cela peut ressembler à une succession d'enfers et de paradis vécus dans une ambiance allégorique.

Le *lieu III* est une parodie de la vie terrestre transposée sur une planète où les us et coutumes, autant que le progrès scientifique et social, sont de pâles reflets de ce qui se fait ici-bas. Le développement technologique, par exemple, semble y avoir suivi une tout autre trajectoire. Les locomotives, qui fonctionnent à la vapeur, sont en métal, mais les voitures du train sont en bois ! La source d'énergie fournissant la vapeur demeure mystérieuse. Énergie nucléaire suggère l'auteur, en raison des précautions entourant la manipulation des tonneaux qui contiennent le combustible. À lire Monroe, cet étrange univers est un ersatz plutôt inquiétant de notre bonne vieille Terre.

Nombreuses sont les descriptions des lieux II et III que l'on pourrait qualifier de fantasmatiques ou simplement oniriques. Parfois, c'est même à se demander si Robert Monroe n'était pas une espèce de Monsieur Jourdain du rêve lucide…

Si la crédibilité des multiples vécus d'EHC avancés par l'auteur est mise en doute par les plus sceptiques, il n'en reste pas moins que de nombreuses personnes prétendent avoir connu au moins une expérience hors du corps. Sur ce point, les illustrations qui suivent permettront de lever toute ambiguïté. Au premier témoignage, emprunté à la littérature des EMI, succéderont deux cas qui m'ont été rapportés personnellement.

Un phénomène récurrent

Le docteur Michael Sabom est un cardiologue américain, cofondateur de IANDS, dont l'étude dédiée aux EMI reste un modèle du genre[1]. Une femme, au nombre des témoins de son enquête, a vécu une expérience de mort imminente à la suite d'un

1. *Souvenirs de la mort*, Robert Laffont, 1983.

traumatisme cérébral, conséquence d'un accident de la circulation routière. Depuis lors, elle produisait des EHC volontaires, parfaitement contrôlées, comme en témoigne le récit fait à Michael Sabom :

> [...] Après cette expérience, il m'a semblé que j'étais capable de quitter mon corps. Ça m'arrivait la nuit ; simplement, je sortais de mon corps et je le regardais couché dans le lit. Mon mari travaillait dans le service forestier et n'était pas là la nuit, et j'avais peur. Mais j'ai l'impression que je pouvais sortir de mon corps, regarder comme il était couché, et aller tout vérifier. À l'époque nous vivions dans une caravane habitable. La première fois que ça m'est arrivé, c'est quelques semaines après mon accident... Ça a été quelque chose de spontané. J'étais sur le qui-vive parce que j'entendais des bruits... C'était tard dans la nuit. [...] J'ai quitté mon corps [...], j'ai regardé par les fenêtres et j'ai tout vérifié pour être sûre que tout allait bien et alors je suis revenue et je me suis remise au lit[1]...

Une composante du rêve lucide

Dans le cours de mon investigation sur les EMI, menée depuis 1984, j'ai recueilli deux témoignages d'EHC survenue lors du rêve. Ces deux récits, qui évoquent de façon claire le phénomène d'extériorisation de la conscience, confortent l'opinion d'un lien étroit entre l'EHC et le rêve lucide. Le premier, celui d'une mère de famille d'une trentaine d'années, ne relate qu'une *simple* décorporation. Mais, contrairement au récit précédent, nous y trouvons l'illustration du caractère inattendu que revêt généralement ce phénomène.

Quelques années après son mariage, lors d'une période de congé, cette jeune femme se « réveille » en pleine nuit et constate

1. M. Sabom, *Souvenirs de la mort,* p. 185 et suivantes.

qu'elle flotte au-dessus de son corps. Malgré la pénombre, la forme de celui-ci, dessinée par les draps, un mètre environ au-dessous, lui apparaît très distinctement. Pendant un bref instant, elle observe son propre visage, paisible, les yeux clos. Soudain, pensant à ses deux enfants, elle est prise d'une vive inquiétude et réintègre instantanément son corps dans lequel elle se réveille « vraiment », passablement troublée. « Depuis, la mort ne me fait plus peur », me dira-t-elle en ajoutant que cette expérience lui avait fourni la preuve de l'existence « d'une forme d'immortalité en nous, qui n'a rien à voir avec la matière dont nous sommes faits ». Il est remarquable qu'une expérience aussi brève ait suffi à faire disparaître toute crainte de la mort.

Aujourd'hui encore, au moment de s'endormir, elle a parfois l'impression d'être tirée vers le haut, « comme si j'allais repartir de nouveau ». Elle justifie la *réincorporation* de sa conscience par la crainte d'abandonner ses enfants. Explication qui se retrouve, mot pour mot, dans certains témoignages d'EMI à propos de cette frontière symbolique qui empêche la poursuite de l'expérience. C'est d'ailleurs pour le même motif, peur que les enfants ne soient orphelins, que le précédent témoin cité par Sabom avait préféré interrompre sa pratique de l'EHC.

L'histoire qui suit présente un descriptif beaucoup plus riche qu'une simple décorporation. La jeune femme en cause, alors âgée d'une trentaine d'années elle aussi, a vécu une Expérience de mort imminente préalablement à une période au cours de laquelle les EHC étaient presque quotidiennes. Elles intervenaient le soir au coucher « avant même que ma tête ne touche l'oreiller », explique-t-elle. Dans cet état hypnagogique, qui la saisit aussitôt alitée, elle est aspirée hors de son corps et s'en éloigne à grande vitesse. Elle indique avoir toujours éprouvé une sensation analogue, aussi loin que remontent ses souvenirs d'enfance, sans que le phénomène ne soit jamais allé plus loin qu'une sensation diffuse de « partir à grande vitesse ». Mais après son EMI elle avait franchi un nouveau palier puisque, pendant un certain temps, elle se libérait « véritablement » de ses attaches corporelles et conservait clairement en mémoire le déroulement de ses décorporations.

Lorsque le phénomène survenait, elle sortait littéralement de son corps, de façon comparable à ce qu'elle avait vécu lors de son EMI, et elle existait « réellement », souligne-t-elle, en dehors de celui-ci. Elle ne le voyait pas de façon systématique car elle flottait assez rarement au-dessus. En revanche, elle ne se privait pas de voyager et son moyen de transport habituel passait évidemment par la route des airs. Sa conscience empruntait alors des apparences variées et pouvait se déplacer à très grande distance, d'autres fois elle demeurait simplement sur un site à proximité. Un soir, par exemple, ayant pris l'aspect d'un rapace nocturne, elle planait dans la clarté lunaire au-dessus de sa propre maison, avant de se poser dans la cour :

« Vous ne pouvez pas imaginer la qualité de cette vision. Le champ de vision est différent à chaque œil, immensément large. Et cette nuit d'été... la qualité de ce silence ! Le vol circulaire que j'ai accompli avant de me poser m'a permis de voir toute la campagne autour de chez nous, avec les quelques maisons du quartier. Tout était calme et silencieux.

« [...] C'est incroyable comme les détails sont plus nets avec une vision d'oiseau. Dans l'obscurité et à plusieurs mètres de hauteur, un brin d'herbe ou une feuille se détache de façon parfaite... L'atterrissage est une chose merveilleuse. J'ai freiné ma descente en étendant les ailes et en me cambrant en arrière. Je ressens encore très bien ce mouvement. J'entends le bruissement de l'air sur mes ailes grandes ouvertes. Je n'imaginais pas qu'elles puissent être aussi grandes. [...] Je me rappelle l'endroit exact où je me suis posée : sur les graviers, près de la rangée de cyprès en face du garage. Je peux vous dire que je n'avais jamais vu un gravier de cette façon, avec une telle finesse dans le détail. Et c'était pareil pour les grains de sable. J'avais vingt sur dix à chaque œil !

« [...] Ces voyages étaient très agréables et je les ai vécus de la même façon que si j'avais été éveillée. Il ne s'agissait pas de rêves, c'était beaucoup plus vivant. J'y étais vraiment. Car je rêve aussi, comme tout le monde, et mes rêves n'ont rien de commun avec ce genre de phénomène. J'ignorais complètement l'existence d'une vision aussi fantastique chez les oiseaux ; une amie passionnée d'ornithologie me l'a confirmé par la suite.

« [...] Quand je dis "j'ai l'impression", je suis très en dessous de la vérité. À ce moment-là, c'est moi-même qui existais réellement dans un autre monde. Je comprends que les gens aient beaucoup de mal à admettre tout cela. Mais moi je l'ai vécu presque tous les soirs. On peut dire que mon esprit trouvait refuge ailleurs, mais j'étais vraiment consciente de l'accompagner. Ou d'être lui si vous préférez. Enfin, c'est difficile à expliquer... Mais je crois aussi que notre esprit peut se fondre avec celui d'autres personnes. Je sais que c'est un peu fou, car en temps normal ce sont des choses que l'on ne peut même pas imaginer.

« [...] Je me souviens très rarement de réintégrer mon corps. Le plus souvent, quand je n'ai pas moi-même l'apparence d'un oiseau, je voyage dans mon propre corps et de temps à autre sur le dos d'un grand oiseau, une sorte d'énorme pigeon. Mais j'ai toujours la sensation d'être très légère et de flotter dans l'air ; parfois très vite et très loin. La cordillère des Andes, ça vous dit quelque chose ?

« [...] Je n'en parle pas autour de moi car on croirait que je suis folle. Mon mari m'a fait remarquer que lorsque je me couche, quand je suis très fatiguée surtout, j'ai souvent une secousse, un sursaut, au bout de quelques minutes. Et c'est vrai que j'ai le souvenir vague de ce phénomène, comme une décharge électrique dans tout le corps. Est-ce à ce moment-là que mon esprit le quitte ? »

Si j'avais à porter une appréciation *a posteriori* sur cette jeune femme, je dirais, paradoxalement, et malgré l'extravagance de ses aventures extra-corporelles, qu'elle me paraissait bien ancrée dans la réalité. À ce que j'ai pu en juger, elle tirait assez bien son épingle du jeu, même si la fréquence des épisodes autoscopiques s'était nettement réduite lorsqu'elle m'en a fait le récit. Ces fantastiques voyages auraient suffi, d'après elle, à assurer sa conviction d'une forme d'existence après la mort ; ce dont elle était déjà persuadée depuis son EMI.

À propos de voyages, elle m'a fait part d'une répercussion inattendue. En effet, suite à ces événements, et au grand étonnement de sa famille qui n'en était pas informée, elle était devenue une adepte des déplacements en avion, autant que ses moyens financiers l'y autorisaient. Et il en allait pareillement pour le bateau. Éléments d'importance, car auparavant elle n'était à l'aise que les pieds sur la terre ferme et redoutait par-dessus tout d'utiliser d'autres moyens de transports que terrestres.

Dans le cours du chapitre, nous avons relevé que l'expérience hors du corps est un phénomène spécifique, d'allure paranormale. Il constitue également la phase inaugurale de nombre d'EMI et autres états modifiés de conscience à forte connotation *magique* (vol du chaman, rêve lucide) ou spirituelle (états méditatifs profonds, extases mystiques). Ainsi, l'EHC fournit quantité d'indices en faveur de l'existence d'un autre type de réalité, celle-là même qui sert de toile de fond à l'hypothèse d'une autonomie de la conscience et, conséquemment, à celle d'une forme de survie.

Ces indices se dévoilent tout autant, pour qui est attentif à leur manifestation subtile, dans nombre de phénomènes qui jalonnent l'existence. C'est le cas de ces énigmatiques synchronicités, venues nous rappeler l'existence d'un *impalpable* riche de sens, ou de ces communications télépathiques qui connectent brusquement un sujet endeuillé à un proche défunt. S'il est difficile d'en nier l'existence, il faut malgré tout convenir que ces événements, au même titre que l'EHC, n'ont pas leur place dans la réalité ordinaire qui sert de modèle au plus grand nombre.

Les Indiens nous apprennent aussi que la vie ordinaire est illusion et que les rêves sont d'une certaine manière des réalités bien tangibles.

Jean-Patrick COSTA[1]

CHAPITRE VII

Le sommeil et le rêve

S'il est un état modifié de conscience qui nous est familier, car vital au genre humain et à la plupart des espèces animales, c'est assurément cet état d'inconscience physiologique qu'est le sommeil. Vital, puisqu'une privation totale de sommeil de quatre à six jours chez l'adulte, si cela était réalisable, conduirait irrémédiablement à la mort. Malgré ce caractère fondamental, et en dépit de l'obstination des chercheurs depuis plus d'un siècle, la fonction du sommeil reste énigmatique. Elle n'en est pas moins l'objet de diverses théories, à l'instar du rêve dont le sommeil est l'espace d'expression naturel. En raison des points de convergence que l'on y trouve avec l'hypothèse d'une forme d'autonomie de la conscience dans *l'autre réalité*, le rêve occupera d'ailleurs l'essentiel de ce chapitre.

Contrairement à une opinion répandue, le rôle du sommeil ne tient pas de cette évidence qui veut que nous ressentions le besoin

1. *Indiens Jivaros – Histoire d'une mort programmée*, Éd. du Rocher, 1997, p. 239.

de dormir dans le seul but de récupérer une énergie dissipée par une journée de veille et de travail. Et, de plus, qu'y apporterait le fait de rêver ? En effet, notre organisme est conçu pour faire face à la dépense d'énergie sans qu'il lui soit nécessaire, en théorie, de recourir au sommeil. Au niveau cellulaire tout est mis en œuvre pour éliminer ou recycler les toxines et autres déchets de façon permanente, pour synthétiser les substances énergétiques en fonction des besoins, pour réparer d'éventuels dommages et renouveler les *pièces* usées. De sorte que nous devrions, toujours théoriquement, être préservés de la nécessité de dormir. Il suffirait de suspendre momentanément l'activité en cours, trop dévoreuse d'énergie, le temps de *recharger les batteries*.

À l'évidence, en dépit de cette logique, la nécessité du sommeil s'impose à nous quotidiennement et il est impossible de lutter bien longtemps contre l'envie de dormir. La Nature, pour des mobiles qui nous demeurent encore mystérieux, a institué le sommeil obligatoire pour tous. Y aurait-elle ajouté le rêve pour rendre cette « contrainte » plus acceptable ? Quoi qu'il en soit, nous passons en moyenne plus de vingt ans de notre vie à dormir !

Quant aux rêves, on sait qu'ils furent la source privilégiée de l'inspiration des augures de jadis. Le caractère prémonitoire de certains demeure aujourd'hui encore des plus déconcertants. Est-il à nouveau besoin de souligner combien l'opportunisme mercantile a profité de l'aubaine ? De très sérieux spécialistes, passant le scénario de nos rêves à la moulinette des élucubrations les plus fantaisistes, s'appliquent ainsi à de savants décryptages qui laissent… rêveur.

Le temps rêvé

L'activité du cerveau ne connaît aucun répit, malgré des creux et des pics, que ce soit en période de veille, évidemment, ou de sommeil. Le tracé saccadé du graphe de l'électro-encéphalogramme traduit les influx électriques de faible intensité qui témoignent de la vitalité des neurones. Appliquée à l'étude du sommeil, cette technique a permis, en fonction de la fréquence des ondes cérébrales, mesurée en hertz, de déterminer cinq rythmes cérébraux spécifiques de chaque phase du sommeil.

C'est la production d'un neurotransmetteur particulier (GABA), *via* une enzyme élaborée par un groupe de *neurones triangulaires* de la base du cerveau[1], qui enclenche la plongée dans le sommeil. Les brefs instants du stade I, celui de l'endormissement, montrent une légère augmentation de l'activité électrique. Les trois stades suivants marquent l'approfondissement progressif du sommeil et se caractérisent par des cycles d'ondes de plus en plus lents. Les rêves, eux, apparaissent au stade V et se signalent par de rapides mouvements oculaires appelés REM, pour Rapid Eyes Movements. La fonction de cette phase du sommeil, réservée à l'étrange spectacle des rêves, a été décryptée en 1958 par Michel Jouvet[2] qui la baptisa *sommeil paradoxal.* Ce qualificatif pour signifier que, contrairement aux apparences, la conscience du dormeur n'est pas vraiment assoupie, l'activité cérébrale y est même aussi intense, voire davantage, que pendant la veille. Dès 1957, les chercheurs de l'école dite de Chicago (Aserinski, Dement et Kleitman) établissaient d'ailleurs la corrélation entre l'augmentation de l'activité cérébrale et la période du rêve. Mais ils y virent un retour du stade I et non pas un état spécifique, ce que Michel Jouvet mettra en évidence l'année suivante.

Le premier épisode de sommeil paradoxal, d'une durée de quinze à vingt minutes, intervient lorsque le sujet a parcouru les quatre stades précédents. Le cycle complet dure environ quatre-vingt-dix minutes et va se répéter quatre à cinq fois au cours de la nuit. Toutefois, si la durée totale de chacun de ces quatre ou cinq

1. Une découverte récente (2000) que l'on doit à Michel Mühlethaler, de l'université de Genève, et à Patrice Fort, du Laboratoire de neurobiologie des états de sommeil et d'éveil (INSERM, Lyon).
2. Spécialiste de l'étude du sommeil, l'hypnologie, le Français Michel Jouvet fut pendant plus de trente ans directeur du Laboratoire de neurologie des états du sommeil et de l'éveil à l'INSERM, et directeur du Laboratoire d'onirologie moléculaire de l'université Claude-Bernard à Lyon.

cycles varie peu, la part du sommeil paradoxal, elle, tend à s'allonger. Ainsi le dernier stade de sommeil paradoxal pourra approcher les cinquante minutes. Le *temps rêvé* représente en gros le cinquième de la durée totale du sommeil, soit entre quatre-vingt et cent minutes. De sorte que si nous passons en moyenne vingt ans de notre vie à dormir, nous en passons quatre à rêver ! Sachons aussi que plus on empêche un sujet de rêver lors d'une même nuit, en le réveillant dès qu'il entre en stade de sommeil paradoxal, plus les périodes de sommeil paradoxal se rapprocheront et s'allongeront. On peut en déduire qu'une dose quotidienne de rêve est indispensable à l'homme, ainsi qu'à la plus grande partie du règne animal. C'est pourquoi nous rêvons tous, chaque nuit, lors de chaque stade de sommeil paradoxal, que nous en gardions ou non le souvenir à notre réveil.

Le sommeil paradoxal

Les mouvements oculaires rapides, caractéristiques de l'état de rêve, ne sont pas moins paradoxaux que le stade du sommeil au cours duquel ils surgissent. En effet, ces REM, qui passent pour correspondre aux stimuli visuels produits par les scènes du rêve, montrent que l'activation des aires cérébrales chargées du traitement de l'image s'effectue sans aucune excitation externe du nerf optique. Hallucinant, serait-on tenté de dire ! Notons encore, autre étrangeté, que les faisceaux moteurs sont entièrement déconnectés pendant la phase de sommeil paradoxal. Le sujet est en quelque sorte paralysé et ne participe donc aux événements du rêve qu'en imagination — ce qui est heureux pour son (sa) voisin(e) de lit ! Ces curiosités sont pour l'essentiel inexpliquées, même si les hypothèses ne manquent pas.

Inexpliqué, aussi, le synchronisme des cycles du sommeil paradoxal, donc des périodes de rêves, dans des groupes de chercheurs qui expérimentent en commun sur le rêve, ou entre deux personnes partageant habituellement le même lit, ou encore entre la mère et son nourrisson pendant la durée de l'allaitement[1]. Rêver ensemble, au même moment, voilà qui est tout de même étonnant. Il ne manquerait plus que les deux sujets fassent un rêve identique ! Cela paraît complètement invraisemblable. Pourtant, le cas a été relevé par Michel Jouvet qui rapporte une anecdote qualifiée par lui-même d'unique[2]. Au cours d'une réception, il écoutait l'un des convives lui raconter un rêve que celui-ci faisait fréquemment étant enfant lorsque, s'approchant d'eux, intervint son frère jumeau (homozygote) qui acheva le récit dudit rêve. La surprise du premier fut d'autant plus grande qu'il était persuadé de n'en avoir jamais parlé à son jumeau. Ce qui était exact. Ils avaient tout simplement fait le même rêve, à plusieurs reprises, pendant leur enfance.

L'évocation des jumeaux par le professeur Jouvet ne relève en rien du hasard. En effet, c'est grâce à l'étude des comportements de jumeaux homozygotes qu'il a échafaudé l'une des théories les plus intéressantes sur le rôle supposé du sommeil paradoxal. Il en a déduit que celui-ci posséderait une fonction génétique de reprogrammation psychologique. En clair, et très schématiquement, la fonction du rêve viserait à maintenir, voire à renforcer, certains traits de la personnalité de l'individu. Le sommeil paradoxal agirait ainsi au niveau cérébral en permettant aux neurones d'utiliser intensivement les circuits les plus appropriés, de reconstituer des circuits endommagés et de supprimer ceux qui apparaissent inutiles. Autrement dit, cet EMC vecteur du rêve agirait directement sur la biochimie cérébrale afin d'assurer la préservation de la personnalité de l'individu[3].

S'il est admis qu'une partie des séquences du rêve emprunte aux activités de veille récentes et aux préoccupations de l'individu, la plupart des contenus, souvent extraordinaires, conservent un grand mystère quant à leurs origines. C'est par la présence de

1. Jean Picat, *Le Rêve et ses fonctions*, Masson, 1984, p. 33. J. Picat, psychiatre, est chargé d'enseignement à l'U.E.R. de médecine de Rouen.
2. Michel Jouvet, *Le Sommeil et le Rêve*, Odile Jacob, 1992, p. 28. D'autres auteurs signalent des rêves identiques dans des groupes qui expérimentent sur ce thème (voir par exemple Atwater, dans la bibliographie).
3. Pour plus de précisions sur la théorie de reprogrammation psychologique, voir le chapitre VIII de l'ouvrage de M. Jouvet, *Le Sommeil et le Rêve*.

scènes dont les éléments sont étrangers à notre propre existence, et par le caractère allégorique de certaines d'entre elles, que les rêves expriment quelques analogies avec les EMC de nature transcendante : sensation de voler, paysages magnifiques, rencontres de personnages étranges ou de familiers décédés… Mais, objectera-t-on, le sentiment de réalité éprouvé lors de tels EMC ne peut se comparer au vécu fantasmatique du rêve ordinaire. C'est exact, mais il est cependant des catégories de rêves qui, on le verra, soutiennent parfaitement la comparaison au plan de leur réalisme. Ils présentent des particularités qui suggèrent que le champ de l'activité onirique est peut-être plus complexe, pour le moins plus étendu, qu'on ne le pense.

Également en relation avec le thème, on relève que lors de la première période du sommeil, la phase hypnagogique, ainsi que dans les courts instants qui précèdent l'éveil, la phase hypnopompique, des sujets éprouvent des sensations qui évoquent parfois les traits d'une EHC : impression de quitter son corps ou de le réintégrer (voir le dernier récit du précédent chapitre), sensation de flotter, de se déplacer à grande vitesse, accélération de l'imagerie mentale, modification de la perception du temps, visions colorées, etc.

Rêves et psychanalyse

Michel Jouvet, en décrétant que le sommeil est le gardien du rêve, prend avec humour le contre-pied du postulat de Freud qui attribuait au rêve la charge de gardien du sommeil. En effet, le père de la psychanalyse concevait le rêve comme le contexte de l'accomplissement symbolique d'un désir refoulé. Sa réalisation serait impossible à l'état de veille pour différentes raisons, habituellement d'ordre moral. D'ailleurs, ce rôle de gardien du sommeil est mis en péril par le cauchemar qui résulterait, *a contrario*, d'un rêve ayant échoué dans son but d'accomplir *en imagination* et de manière symbolique le désir refoulé. Ainsi, la révélation brutale de ce dernier, sous la forme d'un cauchemar, provoque l'angoisse du dormeur et son réveil.

Cette théorie invérifiable — on ne voit guère comment la réfuter — offre le premier rôle à des pensées latentes inaccessibles à la conscience de veille, à tout le moins difficilement compréhensibles d'elle. Avant d'être incorporées aux rêves, ces pensées seraient préalablement déguisées, déformées, afin d'en supprimer les éléments anxiogènes, de façon à désamorcer les conflits éventuels que leur révélation dans l'état risquerait d'engendrer. Plus simplement, et dans la pratique, au lieu de rêver que vous êtes en train de comploter pour évincer votre supérieur hiérarchique, ce cher M. Dupont dont vous lorgnez le poste, vous rêverez par exemple que vous traversez courageusement un fleuve à la nage, le seul pont utilisable ayant été détruit. *Du pont*, il ne reste plus rien et vous avez malgré tout réussi à gagner l'autre berge ! Ce genre d'interprétation fondée sur le calembour est un peu facile, certes, mais encore à l'ordinaire de certains psychanalystes. Cela étant, ne soyez surtout pas culpabilisé si vous faites un rêve de cette teneur car on peut le soumettre à bien d'autres interprétations.

Si la théorie de Freud, en offrant au rêve une fonction d'équilibration, est plutôt séduisante, son charme ne suffit pas à dissimuler quelques faiblesses. Ne serait-ce tout simplement, on l'indiquait, parce qu'elle est irréfutable. L'interprétation du langage symbolique de l'inconscient reste une « science » des plus spéculatives et, au final, la traduction psychanalytique de ce langage symbolique, élaboré à partir du *travail du rêve* : censure, condensation, déplacement, déformation[1]..., reste du domaine théorique.

1. Censure, condensation et déplacement sont les trois principaux mécanismes du *travail du rêve*. La *censure* évite la reproduction au cours du rêve de certaines scènes enfouies dans l'inconscient, empêchant ainsi l'émergence d'événements, accompagnés de leurs *affects*, de façon trop manifeste ; la censure est défectueuse lors d'un cauchemar. La *condensation* permet à plusieurs pensées d'être évoquées dans une même représentation mentale (les scènes *visuelles* du rêve) et, à l'inverse, une même pensée pourra être diversement représentée. De plus, peuvent s'y mêler d'autres élaborations mentales déplacées de leur contexte originel. Ce *déplacement* permet d'insérer des fragments psychiques dans des contenus mentaux n'ayant pas de rapport apparent avec leur thème initial, toujours dans le but de masquer le sens véritable du rêve. Voir à ce propos S. Freud, *Le Rêve et son interprétation*, Gallimard, coll. « Folio », 1987.

Freud s'est également attaché à démythifier le caractère prémonitoire de certains rêves, et de façon fort élégante là encore. S'inspirant de sa théorie du rêve — accomplissement symbolique d'un désir refoulé —, il estime que celui-ci permettrait au rêveur de résoudre en imagination un problème inextricable à l'état de veille. Par la suite, le sujet serait conduit par cette espèce d'autoprogrammation inconsciente à réaliser dans les faits les buts qu'il s'était fixés en rêve. De cette façon, lorsque la situation se (re)présente dans la réalité, le souvenir inconscient de la solution envisagée en rêve s'en trouverait en quelque sorte stimulé et l'intéressé l'appliquerait tout naturellement. Non sans qu'il s'étonne, après réflexion, de la qualité prémonitoire de ce rêve qui lui avait bel et bien indiqué que cela se passerait ainsi. C'est en quelque sorte la notion de prédiction autoréalisatrice mise en œuvre par l'inconscient du sujet lui-même.

Cette explication est sans doute pertinente pour certains rêves prémonitoires, mais elle ne peut s'appliquer à l'ensemble de cette catégorie de rêves ; les exceptions sont trop nombreuses. Car, contrairement à la théorie freudienne de l'interprétation des rêves, bien des rêves d'allure prémonitoire, la plupart du temps à caractère banal, ne procèdent d'aucun désir refoulé. Imaginons cette fois-ci que vous veniez de rêver d'une tempête et qu'à votre réveil l'image d'un arbre déraciné soit encore présente à votre esprit. Peu après, en prenant votre petit déjeuner, vous entendez à la radio qu'une tempête a dévasté une grande partie du pays. Extraordinaire coïncidence, penserez-vous. Jamais, un seul instant, vous n'imaginerez que l'origine de ce cataclysme est à rechercher dans un quelconque désir de votre part. Mais si vous y tenez vraiment, rien ne vous interdit d'interpréter votre rêve dans une grille freudienne ou dans une autre[1], en vous servant éven-

1. Pour Jung, le rêve procède d'une fonction pédagogique et préventive. En projetant dans le conscient des scènes issues de l'inconscient (y compris de l'inconscient collectif), et dont le message est explicite, le rêve tente d'avertir clairement l'individu. Son mobile vise donc à compenser d'éventuels penchants qui lui seraient préjudiciables ou de mauvaises décisions. L'acquisition de cette connaissance lui permettrait également de préserver l'équilibre de sa personnalité, ce qu'exprime d'une certaine façon la théorie de reprogrammation de Michel Jouvet.

tuellement de la symbolique de l'arbre déraciné et de celle de la tempête. Puisque le désir du dormeur ne semble guère se justifier, la question de savoir si l'on a affaire, dans ce genre de rêve, à une simple coïncidence ou à une authentique prémonition impliquerait l'examen de faits beaucoup plus circonstanciés. Nous verrons d'ailleurs par la suite qu'il est des contenus de rêves dont la qualité prémonitoire est de loin plus évidente.

Le désir érotique

La théorie psychanalytique de l'interprétation des rêves est également sujette à caution en raison de la primauté qu'elle accorde à la sexualité. Et ce n'est pas le moindre reproche qui est fait à l'œuvre de Freud. Même si l'on ne sous-estime pas l'impact de la pulsion sexuelle sur les comportements humains, il est permis de trouver excessif ce rang donné à la sexualité. Cette omniprésence de la *libido* dans l'activité onirique est clairement énoncée par le fondateur de la psychanalyse : « Si l'on admet les exigences de la censure comme cause principale de la déformation du rêve, on ne verra rien d'étonnant à ce que presque tous les rêves des adultes se ramènent à l'analyse à des désirs érotiques[1]. » Reste à admettre ces *exigences de la censure*...

La place prépondérante qu'occupe la sexualité dans la théorie freudienne, et plus précisément dans celle du rêve, relève peut-être d'un mécanisme physiologique dont la responsabilité fut attribuée un peu hâtivement aux contenus oniriques. Il existe des signes qui, s'ils ne sont formellement établis que depuis un demi-siècle, étaient déjà connus du temps de Freud. Celui-ci aura donc pu les interpréter sur la base de son expérience personnelle.

Michel Jouvet nous en dresse, si j'ose dire, un bref compte rendu : « En 1944, l'Allemand Ohlmeyer décrit chez l'homme — dans un journal de physiologie — un cycle d'érection périodique au cours du sommeil. Ce cycle débute quatre-vingt-dix minutes

1. *Le Rêve et son interprétation*, p. 110.

après l'endormissement et les phases d'érection d'une durée moyenne de vingt-cinq minutes ont une périodicité moyenne de quatre-vingt-cinq minutes. Ce sont les caractéristiques exactes des périodes de rêve, mais l'érection ne fut pas alors reliée au rêve[1]. »

Je n'ai pas connaissance qu'Ohlmeyer ait fait référence à la composante érotique des rêves, comme le suggérait déjà la théorie de Freud depuis le début du siècle. Soit il n'avait pas lu ses travaux, ce qui, pendant cette sombre période, se comprend aisément[2]. Soit il en était informé et, qu'il en partageât ou non la teneur, il évitait de les citer pour les motifs de sécurité personnelle que l'on imagine.

Il est important de préciser que la traduction physiologique d'une supposée composante érotique du sommeil paradoxal, si l'on souscrit à cette interprétation, n'est pas une exclusivité masculine. Ainsi que le précise Jean Picat : « Le sujet masculin est en érection, tandis que l'on peut constater une congestion clitoridienne chez sa voisine de test[3]. » Inutile donc de se voiler la face puisque cet aspect érotique n'épargne personne, du nourrisson au vieillard, chaque nuit, lors de chacune des phases de sommeil paradoxal ; y compris ceux qui ont fait vœu de chasteté[4] !

Inutile, également, d'en appeler à ces fameux contenus érotique. En effet, les données expérimentales infirment l'interprétation freudienne de l'irruption de fantasmes érotiques dans le rêve. La plupart des rêves recueillis en laboratoire lors d'un stade de sommeil paradoxal n'ont révélé aucun caractère systématique

---

1. Michel Jouvet, *Le Sommeil et le Rêve*, p. 42.

2. Peu de temps après l'accession d'Hitler à la chancellerie, le 30 janvier 1933, les œuvres de Freud furent interdites en Allemagne et firent l'objet d'autodafés dès le 10 mai 1933. Malgré le violent mouvement antisémite qui régnait alors en Allemagne de même qu'à Vienne, en Autriche annexée où demeurait Freud, celui-ci patientera jusqu'au 4 juin 1938. À cette date, il put se réfugier en Angleterre grâce au soutien d'autorités diplomatiques et à la rançon payée aux nazis par la princesse Marie Bonaparte. Il mourra à Londres le 23 septembre 1939.

3. *Le Rêve et ses fonctions*, p. 47.

4. La présomption d'une énergie vitale qui nous agit est confortée par cette manifestation physiologique, parfaitement banale mais combien symbolique.

de cet ordre. Au jour de ces nouvelles données, et bien qu'il soit question de sommeil, on ne peut entériner l'ensemble de la théorie freudienne les yeux fermés.

Le veilleur

Au-delà des précédentes réserves on retiendra encore, entre autres intuitions de cet esprit d'exception qu'était Freud, ce rôle de veilleur dévolu à un secteur de notre conscience lorsque nous sommes immergés dans le sommeil. Fedor Ferenczi, l'un de ses plus fidèles disciples, s'intéressait beaucoup à cette activité de l'inconscient et utilisait précisément ce terme de *veilleur*.

Au cours de la période de sommeil, alors que la masse organique semble à l'abandon et la machinerie cérébrale en roue libre, notre *veilleur* assure le guet. Il reste à l'écoute de certains messages inaccessibles aux capteurs sensoriels assoupis. Cette mystérieuse parcelle de conscience est également en alerte pendant la veille, attentive à tout événement impliquant des êtres affectivement proches. On se souvient de l'anecdote des nourrissons secourus de justesse par leurs mères, averties par on ne sait quel énigmatique messager (voir note 1 page 88). Plus encore, il est fort probable que ce fidèle veilleur soit à son poste dans la plupart des EMC, malgré l'extraordinaire bouleversement que connaît alors la conscience. Cet *ange gardien* y préserve un minimum de nos sens opérationnels, de conscience par rapport à la réalité ordinaire.

Mais dans quel but ? Pour quelle raison précise cette parcelle de conscience demeure-t-elle éveillée ? À ma connaissance on ne possède aucune réponse, là encore. Mais il y a gros à parier que nous sommes en présence de l'une de ces stratégies de défense qui visent à la préservation de l'individu et plus largement de l'espèce ; une stratégie que le langage populaire a coutume d'appeler *sixième sens*. La fonction de cette invisible sentinelle ne cesserait que lorsque la structure organique dont elle est en charge serait détruite de façon irréversible, lorsque la mort aurait pris possession du terrain. Cette parcelle de conscience récupérerait alors son autonomie en se désolidarisant du corps... D'ici là, il est rassurant de savoir qu'un mystérieux processus psychodynamique y maintient un minimum d'activité sensorielle (ou extrasensorielle ?) quel que soit notre niveau de conscience.

Le rêve lucide

Lorsque nous rêvons, nous ne savons pas, en règle générale, que nous rêvons. Nous participons aux situations du rêve comme s'il s'agissait d'une réalité intrinsèque, de la même façon que nous vivons les événements de l'état de veille comme si nous avions affaire à une réalité tout aussi indiscutable. Cherchez l'erreur... L'erreur provient peut-être de ces rêves auxquels semble participer la conscience de veille et que l'on nomme « rêves lucides ».

Pour Patricia Garfield, docteur en psychologie et spécialiste de l'étude des rêves, un rêve lucide (RL) est « un rêve où l'on a conscience de rêver — conscience allant de la simple réflexion : "ce n'est qu'un rêve", à l'affranchissement de toutes les contraintes corporelles, spatiales et temporelles[1] ». Elle ajoute que le rêveur peut interférer volontairement sur le déroulement de son rêve et utiliser pleinement ses ressources psychiques. Ce que confirme Michel Jouvet : « Un rêve est appelé "rêve lucide" quand le sujet, au moment où il rêve, a conscience qu'il est en train de rêver. Cet état particulier donne au rêveur une certaine capacité de contrôle sur le déroulement même du rêve, ainsi qu'une sensation de liberté, car le sujet a la possibilité d'explorer, selon sa propre fantaisie, son monde onirique[2]. » En bref, le rêve lucide laisse entrevoir la possibilité d'un contrôle du rêve par le rêveur lui-même.

---

1. *La Créativité onirique*, J'ai lu, 1997, p. 138 (La Table Ronde, 1983). L'ouvrage est la traduction de la célèbre étude de P. Garfield, publiée aux États-Unis sous le titre *Creative dreaming* (Simon & Shuster, New York, 1974).
2. *Le Sommeil et le Rêve*, p. 113.

Le Français Léon d'Hervey de Saint-Denys (1822-1892) sera le premier à s'intéresser au rêve lucide et à en expérimenter les potentialités. Il rapportera ses observations, fondées sur ses propres rêves, dans un ouvrage paru en 1867 : *Les Rêves et les moyens de les diriger*, où il fournit également des indications sur son apprentissage. Au début du XXe siècle, l'aliéniste hollandais Frederik Van Eeden créera la dénomination *rêve lucide* et publiera, en 1913, les récits de ses nombreuses expériences oniriques.

Mais l'étude du rêve lucide ne prendra son véritable essor que dans les années soixante, sous l'impulsion de chercheurs anglo-saxons. Les travaux des psychologues américains Charles Tart et Stephen La Berge déboucheront ainsi sur la mise en place de groupes d'études composés de spécialistes de la discipline, l'onirologie. On y pratiquera régulièrement le rêve lucide, à partir d'un autoconditionnement spécifique, et chacun consignera ses observations dans un journal de rêves.

La technique du contrôle des rêves s'inscrit loin dans l'histoire des hommes et se perpétue encore dans quelques rares lieux de la planète. Pilier fondamental d'une *culture onirique* partagée par les nations amérindiennes ou encore par les tribus aborigènes d'Australie, elle est également présente dans la tradition tibétaine sous la forme d'un yoga permettant de pénétrer dans l'univers du rêve en pleine conscience. Le docteur Evans-Wentz, qui fit connaître le *Bardo Thödol*[1] en Occident, publia en son temps une traduction dans laquelle étaient exposés les principes de ce yoga de l'état de rêve[2]. Celui-ci vise à contrôler la substance du rêve, dans l'état vide de pensées, et à l'orienter vers le thème choisi, généralement le *nirvāna*. Le disciple entrevoit alors la *Claire Lumière* de *Cela qui est*, la réalité ultime dont la nature est la vacuité.

---

1. Aussi appelé *Livre des morts tibétain*. Cet ouvrage traditionnel du bouddhisme tibétain est censé décrire les *mondes* de l'après-vie et l'itinéraire qui permettra à la conscience du défunt, sinon d'accéder au *nirvāna*, de choisir la meilleure réincarnation possible (Librairie d'Amérique et d'Orient, Adrien Maisonneuve, 1987).
2. W.Y. Evans-Wentz, *Le Yoga tibétain et les Doctrines secrètes*, Librairie d'Amérique et d'Orient, A. Maisonneuve, 1980. Voir aussi P. Garfield, *La Créativité onirique*, chap. VII : « Les enseignements des rêveurs tibétains ».

L'homogénéité des visions d'un individu à l'autre, dans un groupe qui partage une même croyance, est une curiosité de certains rêves collectifs à connotation mystique. Cette communauté de vue — le terme est des plus appropriés — s'expliquerait par le fait que l'imaginaire des méditants contemplatifs n'est pas neutre. Il possède ses références propres, issues de la lecture des mêmes livres sacrés et de l'enseignement des mêmes maîtres spirituels. Ainsi, des *schèmes* communs aux membres du groupe conduiront les disciples à expérimenter un même *rêve-réalité*, vers lequel tend ce type de méditation. Mais, hors ces modèles de conditionnement idéologique, lorsqu'on sait que certains couples de dormeurs font parfois un rêve identique, ne pourrait-on faire l'hypothèse de l'intervention d'un facteur paranormal d'ordre télépathique ?

Moins hypothétique, la science ancestrale du rêve lucide procure encore aux membres de quelques rares *peuples premiers*, qui ont préservé cet héritage culturel, d'autres avantages qu'un bénéfice purement spirituel. Christine Hardy cite l'exemple bien connu des Senoï, qui vivent dans une province de Malaisie, pour lesquels la tradition institue le contrôle des rêves comme règle de vie sociale :

> Les Senoï qui n'ont pas connu de conflits internes ou de guerre depuis deux à trois siècles attribuent cette paix sociale à leur pratique du contrôle des rêves.
>
> Pour les Senoï, les images de rêves sont une reproduction internalisée de ce qui se passe dans le monde extérieur.
>
> Ainsi un conflit dans un rêve reproduit un conflit latent de veille, et les Senoï travaillent alors à la résolution de ce conflit, d'une part dans le rêve lui-même, en changeant volontairement son cours, et d'autre part dans la réalité de veille, en agissant activement pour le transmuter[1].

---

1. Christine Hardy, *La Science et les États frontières*, Éd. du Rocher, 1988, p. 34. Voir aussi Patricia Garfield, *op. cit.*

L'expérimentation du rêve lucide

Si le rêve lucide attira l'attention de quelques spécialistes des sciences humaines dès le début du siècle, ce n'est que dans le courant des années soixante qu'il fit l'objet d'une véritable recherche expérimentale. Le groupe des chercheurs de l'université de Stanford, sous la houlette de l'hypnologue Stephen La Berge, reste une référence en ce domaine. Dans la pratique, les expérimentateurs utilisent diverses techniques pour s'assurer que le sujet est en train de rêver. De fait, c'est ce dernier lui-même qui les en avertit. Il signale qu'il est *conscient* de rêver grâce à un code préétabli, consistant par exemple en des séquences de mouvements d'un doigt, des paupières ou des yeux.

Lors d'un stade de sommeil paradoxal, ce code permet à l'expérimentateur de savoir que le sujet développe à cet instant précis une activité onirique *consciente*. Son enregistrement à l'EEG, sous la forme d'un train d'ondes proche de celui de l'état de veille, doit en principe concorder avec la manifestation du code enregistré, lui, par un électro-oculogramme (EOG) ou par un électromyogramme (EMG)[1]. Cette faculté de communiquer avec le monde extérieur pendant le sommeil souligne à nouveau l'existence d'un minimum de conscience de veille au cours du rêve, alors que l'on pensait jusque-là que les états de rêve relevaient exclusivement de l'inconscient.

Une série expérimentale conduite par Keith Hearne, psychologue à l'université Hull en Angleterre, s'inspirant du même protocole, confirme les précédentes observations. Le chercheur précise que « ce simple fait est important, d'un point de vue théorique. En effet, on a toujours été confronté au problème de savoir quelle crédibilité on pouvait donner aux rapports de rêve : est-ce que les événements ont été embrouillés ou ont subi une élabora-

1. Le tracé de l'électromyogramme est obtenu par enregistrement des potentiels d'action d'un muscle, mesurés lors de sa contraction, au moyen de fines électrodes implantées localement.

tion *a posteriori* au moment du réveil ? [...] L'évidence physiologique montre que tous les cas de lucidité sont arrivés pendant des stades REM du sommeil, clairement reconnaissables[1] ». Cette opinion est toutefois nuancée par des travaux plus récents, qui laissent à penser que le rêve lucide pourrait intervenir, plus rarement toutefois, au cours d'autres stades du sommeil, notamment lors des phases hypnagogique et hypnopompique (endormissement et préréveil).

Stephen La Berge expérimenta sur lui-même les possibilités offertes par le rêve lucide. Après s'être entraîné afin d'acquérir une méthode d'induction efficace, il parvint à obtenir une moyenne de 21,5 rêves lucides par mois ; avec parfois quatre rêves lucides en une seule nuit ! Lorsque le rêve lucide survenait, il en avertissait un contrôleur au moyen d'un code particulier, que ce dernier voyait apparaître sur le graphe de l'électromyogramme. Ses propres observations lui permirent de conclure à son tour que le rêve lucide intervient généralement pendant le sommeil paradoxal, et que le rêveur est en mesure d'envoyer des signaux au monde extérieur tout en continuant à rêver.

La maîtrise du scénario onirique semble avoir une incidence sur les comportements ultérieurs à l'état de veille. Ainsi, Patricia Garfield suggère à ses étudiants, selon le principe senoï, d'affronter leurs ennemis de rêve et d'y faire appel à des alliés. Elle a pu vérifier que cette technique favorise une meilleure *santé affective*[2], en cela qu'elle concourt peu à peu à surmonter les peurs irrationnelles à l'état de veille, renforçant la confiance en soi et assurant en quelque sorte un meilleur équilibre psychique. L'importance attribuée aux messages du rêve dans certains groupes aborigènes d'Australie était censée, de la même façon, renforcer la confiance en soi de leurs membres, particulièrement des chamans[3].

---

1. C. Hardy, *La Science et les États frontières*, p. 37-38.
2. P. Garfield, *La Créativité onirique*, p. 129 et suivantes.
3. Voir par exemple A. P. Elkin, *Les Chamans aborigènes*, Éd. du Rocher, 1998.

Schnetzler et Schmitt, pour leur part, insistent sur le sentiment de réalité qui se dégage du rêve lucide et signalent un point de comparaison avec les EMI :

> Le monde du rêve lucide est habituellement plus proche de celui de l'état de veille qu'il ne l'est de celui du rêve ordinaire, même si le sujet arrive à prendre conscience de son rêve par la qualité fantastique d'un événement [...].
>
> À part donc quelques phénomènes physiques, tel que le fait de voler, d'effectuer des manipulations extraordinaires de l'environnement ou de voyager dans un tunnel pour figurer les déplacements dans le temps ou dans l'espace, le monde du rêve lucide est assez réaliste. Les thèmes de chute ou de passage dans un tunnel se retrouvent également, comme on l'a déjà vu, dans les EMI[1].

Trois récits de rêves lucides, de grands classiques de la littérature spécialisée, viendront illustrer quelques-uns des aspects soulignés plus haut. Ces rêves vécus par Frederik Van Eeden furent publiés à Londres, en 1913, dans les *Proceedings* de la SPR (Society for Psychical Research). À la suite de ces récits figurera un rêve lucide qui m'a été rapporté par un correspondant.

> — *Le souvenir de deux corps*
>
> Dans la nuit du 19 au 20, je rêvai que j'étais étendu dans le jardin devant les fenêtres de mon bureau, et je voyais les yeux de mon chien à travers la vitre. J'étais à plat ventre, observant le chien très attentivement. En même temps, cependant, je savais en toute certitude que je rêvais et qu'en réalité je reposais sur le dos, dans mon lit. Je résolus alors de m'éveiller doucement et attentivement et d'observer comment ma sensation de reposer à plat ventre se changerait en sensation de reposer sur le dos. Ce que je fis lentement et délibérément et la transition (dont j'ai depuis fait maintes fois l'expérience) est, je dois le dire, absolument extraordinaire. C'est comme l'im-

1. *Expérience de l'imminence de la mort*, thèse pour l'obtention du doctorat de médecine, université de Grenoble, 1983, p. 195.

pression de glisser d'un corps dans un autre : on a très distinctement le double souvenir de deux corps[1].

— *Le goût du vin*

Le 9 septembre 1904, je rêvai que j'étais debout devant une table, près d'une fenêtre. Sur la table étaient divers objets. Pleinement conscient que je rêvais, je réfléchis aux expériences que je pourrais faire. Je commençai par essayer de casser un verre en cognant dessus avec une pierre. Je posai une petite tablette de verre sur deux pierres et frappai avec une autre pierre mais en vain. Je pris alors un verre de cristal fin sur la table et le serrai dans mon poing de toutes mes forces, pensant en même temps combien il serait dangereux de faire cela à l'état de veille. Le verre ne se brisa pas, mais voilà que, le regardant de nouveau un peu plus tard, il était brisé ! Il était brisé correctement, mais un peu tard, comme un acteur qui rate sa réplique ! Cela me donna l'impression très curieuse d'être dans un monde truqué, très bien imité, mais avec de légères erreurs. Je pris alors le verre cassé et le jetai par la fenêtre pour voir si j'entendrais le bruit des débris. Je l'entendis très bien et même j'aperçus deux chiens qui s'enfuyaient avec beaucoup de naturel. Je pensai alors quelle bonne imitation était ce monde de comédie. Voyant sur la table une carafe de Bordeaux, je m'en versai et notai avec une parfaite clarté d'esprit : « Eh bien, on peut avoir aussi des sensations volontaires de goût dans ce monde de rêve, ce vin est d'une saveur parfaite[2]. »

---

1. Georges Lapassade, *Les États modifiés de conscience*, PUF, coll. « Nodules », 1987, p. 18.

2. Michel Jouvet, *Le Sommeil et le Rêve*, p. 115. Ce même rêve figure dans la thèse de Schnetzler et Schmitt, *op. cit.*, p. 196. Dans *Le Sommeil et le Rêve*, Michel Jouvet évoque (p. 131) le fameux rêve de René Descartes, un rêve lucide semble-t-il, fait dans la nuit du 10 novembre 1619. Descartes y parle de lui à la troisième personne : « Ce qu'il y a de singulier à remarquer, c'est que doutant si ce qu'il venait de voir était songe ou vision, non seulement il décida en dormant que c'était un songe, mais il en fit encore l'interprétation avant que le sommeil le quittât… » (*Œuvres*, Garnier, Paris). Et Michel Jouvet d'ajouter : « On sait que ce rêve conduisit Descartes à proposer la dichotomie entre *res immateria* et *res materia* et la formule "Je pense donc je suis" qui devait retarder les études sur l'inconscient en France. »

— *Les morts ne rêvent pas*

Après avoir parcouru en volant des paysages merveilleux, Van Eeden voit son frère :

> « Maintenant nous rêvons tous les deux », lui dit-il ; « non, pas moi », lui répond son frère. Et il se souvient alors (dans son rêve) que son frère est mort ; ce qui était réel. Il a alors une longue conversation avec lui sur les conditions de la vie après la mort [1].

Relevons que Dostoïevski met ce même thème de la rencontre d'un frère décédé en rêve, rêve lucide récurrent semble-t-il, dans la bouche du personnage de sa nouvelle *Le Rêve d'un homme ridicule* : « Mon frère, par exemple, est mort il y a cinq ans. Parfois, je le vois en rêve : il prend une part active à mes affaires, nous sommes tous les deux très passionnés, et néanmoins, moi-même, pendant toute la durée du rêve, je sais, je me rappelle parfaitement que mon frère est mort et enterré. Comment donc puis-je ne pas m'étonner de ce que, tout mort qu'il peut être, il soit quand même à mes côtés et s'agite avec moi [2] ? »

Quoique les narrations de Van Eeden aient plus d'un siècle, les caractéristiques du rêve lucide n'ont pas varié avec le temps, elles se retrouvent de la même façon dans les témoignages contemporains. Cela est particulièrement vrai pour la vision autoscopique accompagnée d'un sentiment de réalité plus ou moins net selon les sujets, et malgré la « conscience » d'effectuer des exploits impossibles à l'état de veille. Les rêves évoqués dans le cadre des EHC, à la fin du précédent chapitre (voir « Une composante du rêve lucide », p. 117), sont d'ailleurs en conformité avec ce sentiment de réalité. Quant au *monde truqué* de Van Eeden, il n'est pas sans évoquer le *lieu III* des EHC de Monroe.

On l'aura noté, certains traits du rêve lucide, en particulier la décorporation et la rencontre de proches défunts, expriment d'in-

---

1. Christine Hardy, *La Science et les États frontières*, p. 35-36. L'auteur précise que, de 1898 à 1912, Van Eeden fit 352 rêves de cette nature, qu'il transcrivit scrupuleusement.
2. Fédor Dostoïevski, *Le Rêve d'un homme ridicule*, Actes Sud, 1993, p. 24.

téressantes analogies avec l'Expérience hors du corps, mais aussi avec d'autres EMC de nature transcendante telle que l'Expérience de mort imminente. Nous en terminerons donc avec cette trop brève évocation du rêve lucide par le récit de Gérard, un chirurgien-dentiste parisien, qui met justement en scène une troublante rencontre avec un proche défunt :

« Il y a quelques années, ma grand-mère que j'aimais beaucoup est décédée. Quelques mois après, je rêvai que j'étais dans une pièce un peu comme une salle d'attente, une pièce toute nue à l'exception d'une table, de quelques sièges et d'un grand miroir sur pied. Pas de fenêtres, seulement une porte fermée. Je faisais dans ce rêve le tour de la pièce, que je trouvais fort curieuse, sans savoir vraiment pourquoi. D'un coup, en me retournant, je me retrouvai face à ma grand-mère. Je sursautai de surprise. Elle me sourit et me parla gentiment. Tout en discutant, je l'observais et trouvais qu'elle semblait bien plus jeune, presque trente ans de moins que la dernière fois que je l'avais vue. Elle était très bien habillée, très à l'aise et en pleine forme, tout le contraire de ce qu'elle était le jour de sa mort. En me faisant cette réflexion, je me rendis compte en plein rêve que j'avais ma grand-mère devant moi, toute vivante, alors que je savais pertinemment qu'elle était décédée.

« Cette prise de conscience, cette lucidité soudaine, me "réveilla" : je n'étais plus devant un rêve mais devant une réalité que je désirais conserver. Ma grand-mère me regardait sans rien dire, en souriant, comme si elle devinait mes pensées. C'est tout tremblant que je lui dis : "Mais, Mamée, tu es morte en réalité !" Elle sourit de nouveau et me répondit : "Oui, mais je suis dans un nouveau monde, celui où nous nous retrouverons tous." Alors je fus submergé par une vague de nostalgie si forte que je me mis à pleurer et à bredouiller. Elle me calma et je pus me ressaisir pour parler de nouveau. Mais les émotions étaient extraordinairement fortes, puissantes, hors du commun. Nous avons encore parlé un peu, puis elle est repartie. Elle a traversé le miroir et a disparu ainsi…

« Il m'est très difficile, dans ce compte rendu, de faire ressortir le réalisme de cette expérience, car elle est beaucoup plus intense et riche que ces quelques phrases. »

Le trouble de Gérard, consécutif à une rencontre aussi bouleversante, est tout à fait compréhensible. De même que son intérêt pour l'énigme du rêve, lui qui a consigné pendant plus de cinq ans tous ses rêves dans un journal. Penchons-nous maintenant sur une dernière catégorie d'expérience onirique, le rêve paranormal, qui ne contient pas moins d'éléments extraordinaires que les précédentes illustrations.

Le rêve paranormal

Comme on l'a souligné par ailleurs, les premiers groupes humains utilisaient les songes à des fins de divination. L'expertise dont ces conseillers en communication divinatoire témoignaient dans leur art, l'oniromancie, leur valait prestige et autorité. Si l'omniscience prêtée aux augures de jadis appartient à un passé lointain, il n'est pas rare aujourd'hui d'entendre évoquer les vertus clairvoyantes et prémonitoires de certains rêves. Ces perceptions extrasensorielles, attestées par divers états modifiés de conscience, justifient de s'intéresser brièvement à cet aspect du rêve dit *paranormal,* aussi appelé *rêve télépathique*. Elles vont dans le sens de notre hypothèse d'une forme d'autonomie de la conscience, dont le témoignage demeure le seul soutien. Pour cette raison, le récit anecdotique occupera ici encore l'essentiel du propos.

Les parapsychologues, comme pour le rêve lucide, n'ont pas manqué d'être intrigués par ces curieux épisodes oniriques qui évoquent clairvoyance et précognition. Depuis sa création, la Society for Psychical Research a ainsi recueilli et analysé des milliers de cas :

> La SPR fit une nouvelle enquête publique sur les perceptions extrasensorielles en 1957. Des 300 cas retenus comme sérieux sur 1 500 réponses, un tiers s'était passé en rêve et 8 % dans un état hypnagogique. De la centaine de cas d'ESP (Extra

Sensorial Perception) en rêve, 64 cas étaient des rêves prémonitoires (Green, 1960).

Dans son livre publié en 1961, *Science et phénomènes psychiques*, Tyrel donne le cas de D. Walker, qui avait rêvé à un accident de train. Il vit parfaitement bien : la raison de l'accident, le moment (il regarde le désastre à l'aube, alors que les gens sont venus secourir les blessés) et enfin jusqu'à la position très étonnante d'un homme mort perché sur l'un des wagons retournés. Walker raconta ce rêve traumatisant à sa mère et à son patron au travail, et le nota aussi dans son agenda. Le journal du soir relata l'accident, mentionnant : "Une vision particulièrement horrible était celle du corps d'un homme éjecté sur le haut de l'un des wagons."

Ce cas est particulièrement solide, puisque le rêve a été relaté à des tiers avant qu'il n'y ait eu confirmation de l'accident par les journaux [1].

Le lien tragique

La vision clairvoyante d'un décès, qu'aucun indice ne laisse présager, est de ces étrangetés qui nous interpellent sur les dimensions du champ perceptif propre aux états modifiés de conscience. Et les prémonitions d'un décès au cours du rêve ne sont pas aussi exceptionnelles qu'on pourrait le penser. On se garde généralement de relater ce genre de pressentiment, encore faut-il en conserver le souvenir, d'autant qu'il apparaît souvent incongru dans l'instant, car sans véritable mobile, voire sans personnage clairement identifié.

D'autres fois, en revanche, l'identité de la victime ne fait aucun doute, non plus que les circonstances du décès. Pour ma part, j'étais de ceux qui se trouvaient concernés, de façon indirecte, par l'événement tragique que je résume ci-après. Il met en scène deux personnes très liées affectivement, ce qui est fréquent

1. Christine Hardy, *La Science et les États frontières*, p. 46 et suivantes.

dans la survenue de ce phénomène. Il s'agit en l'occurrence d'une vision clairvoyante perçue pendant le sommeil, un EMC de l'ordre du rêve télépathique.

Le décès d'un être cher afflige d'autant plus cruellement qu'il est inattendu, et l'on s'interroge en vain sur l'iniquité du destin. Une iniquité qui frappa la mère de Claude, l'un de mes amis d'adolescence. Elle vivait seule avec lui depuis les décès simultanés de son mari et de son autre fils, intervenus six ans auparavant, dans un accident de la circulation.

À la suite de ce terrible drame, en compensation d'un bonheur désormais anéanti, la maman de Claude avait reporté toute son affection sur lui. Il est probable que cette solitude à deux amplifia davantage encore le lien qui, au-delà de tout, unit la mère à son enfant. Lui aurait-elle permis de développer une perception extrasensorielle privilégiant une *longueur d'onde* qui leur était propre ?

Ce 1er janvier 1970, à l'âge de vingt-deux ans, Claude périt à son tour dans un accident de la route en rase campagne. Dans le froid vif de l'aurore du premier jour de l'année, au retour d'un réveillon passé avec des copains dans une discothèque, Claude rejoignit son père et son frère. Après un répit de six ans l'inacceptable s'était reproduit !

L'un de mes proches arriva fortuitement sur les lieux de l'accident, peu après le drame, alors que l'on avait déjà extrait les corps martyrisés des pitoyables carcasses. Il fut particulièrement impressionné par l'une des épaves qui donnait un aperçu effrayant de la violence du choc. Ce témoin vit partir les ambulances, gyrophares en action, englouties par l'ouate glacée de la brume matinale.

Cinq cents kilomètres plus à l'ouest, venue assister aux obsèques d'un parent prévues pour le lendemain, une femme s'était réveillée en sursaut. À l'heure de la mort de son fils, tôt le matin, la mère avait ressenti un profond malaise succédant à une horrible prémonition clairvoyante. Elle avait fugitivement aperçu le corps ensanglanté de son fils, puis elle l'avait *entendu*. Claude l'appelait ! Elle *sentait* que la vie le quittait.

Une angoisse plus intense que celle qui succéderait au pire des cauchemars l'empêcha de retrouver le sommeil. Une heure plus tard, la sonnerie du téléphone réveilla le reste de la maisonnée. Elle savait qu'on venait l'informer du décès de son fils.

Gérard et la belle Amérindienne

Les prémonitions oniriques mettent parfois en scène des situations intuitivement perçues comme appartenant au passé ou au futur, voire à l'après-vie. Tel cet extrait d'un autre rêve de Gérard, qui nous a décrit plus haut la rencontre en rêve de sa grand-mère décédée. Ce rêve, fait en 1985, alors qu'il était encore étudiant, est resté parfaitement gravé dans sa mémoire. Ce que lui a confirmé, seize ans plus tard, son journal de rêve consulté avant de m'envoyer la narration qui suit.

« [...] Le décor change et cette fois-ci je suis dans un couloir immense au sol dallé de marbre. D'où je suis, je vois un escalier gigantesque à ma gauche et l'entrée d'une salle sans fin à ma droite. Le couloir est assez large pour laisser passer plusieurs cavaliers. C'est la nuit et les scènes semblent être éclairées par la lune. On ne voit pas le plafond qui se perd dans la nuit. Je sens une force qui me pousse vers la salle immense et sombre. Au moment précis où j'entre dans cette salle, tout se transforme : tout devient blanc, brillant sans être aveuglant, tout devient beau, magnifique.

« Le plafond apparaît très blanc, très haut, comme un ciel. Les murs sont blancs comme la neige, avec des motifs en or. C'est extraordinairement beau, paisible. Il y a des plantes tropicales partout, elles aussi magnifiques. Il fait bon, chaud. Un chant superbe retentit, c'est une voix de femme qui chante en solo. Une voix claire et limpide, de très grande intensité. Une voix qui entre en résonance avec tout mon être et me bouleverse d'émotions puissantes à me faire pleurer. Un chant de cristal. Mon attention est entièrement focalisée sur ce chant intense et, au fond de moi, je pense : "le chant du cygne". Ce chant me transforme. Je me sens bien, mon corps change, grandit, devient plus fort. Je suis vraiment transformé par ce chant magique. Une femme en robe blanche apparaît et me fait signe de la suivre. Tous les gestes, tout ce que nous faisons, est synchronisé par ce chant qui restera jusqu'à la fin du rêve. Nous approchons de superbes cascades d'eau, il y a de l'eau partout mais je ne suis pas mouillé. La femme en robe blanche me présente alors à une jeune femme aux cheveux noirs, de type amérindien, plus petite que moi. Elle est d'une beauté inhabituelle, comme si elle venait du monde des dieux. La femme en robe blanche me pousse vers cette femme qui tend les bras vers moi, comme si elle me connaissait bien et depuis très longtemps.

« Dès qu'elle me touche je me réveille en sursaut, comme après une chute, le corps tout en sueur, en nage, avec dans les oreilles les derniers échos du chant magnifique. Je n'ai aucun mal à me rappeler tout ce "rêve" et j'essaye désespérément de comprendre ce qui s'est passé. Depuis, j'ai toujours essayé de rechercher ce sentiment de paix, de totalité de moi-même, ressenti cette nuit-là. Cette intensité extraordinaire, je ne l'ai jamais retrouvée, et il reste au fond de moi une nostalgie et une certitude viscérale. La nostalgie d'un "autre monde" difficile à définir et la certitude que le jour de ma mort j'entendrai ce chant magique et reverrai ces deux femmes irréelles. Mes recherches, depuis, ont pris des directions différentes et ont été très enrichissantes. »

Le rêve de Gérard présente des traits du rêve paranormal dans le sens où le réalisme des scènes engendre sa conviction de l'existence d'un « autre monde ». Cette conviction est renforcée par l'expérience transcendante, proche de certains récits d'EMI, où interviennent un « chant de cristal » et des décors d'une beauté inouïe : des éléments qu'il est persuadé de retrouver le jour de sa mort.

> Une brûlure intolérable a longé ma colonne vertébrale, du sacrum jusqu'à la tête. J'ai flambé à l'intérieur comme une torche vivante. Puis, l'or liquide venu des profondeurs a brutalement éclaté dans mon crâne vitrifié, devenu transparent pendant cette fraction d'instant comme le fond inversé d'une éprouvette.
>
> Lise THOUIN[1]

CHAPITRE VIII

La méditation

La méditation sera envisagée ici comme une activité mentale conditionnée par la détente physique, orientée vers un thème de réflexion circonscrit, propre à susciter un état modifié de conscience spécifique, parfois de nature transcendante. Pour les adeptes assidus, sa vocation est de développer la sensibilité spirituelle et d'atteindre un état de *claire* conscience, vertu cardinale de l'*être réalisé*. La relaxation physique, qui concourt à la précédente définition, figure l'étape initiale de la réduction du tonus musculaire. Mais, plus encore, méditation et relaxation participent d'une même dynamique volontaire, visant à une mise à distance des stimuli, à un lâcher-prise propice à l'émergence d'un état modifié de conscience particulier.

1. *De l'autre côté des choses*, Presses de la Renaissance, 1996, p. 22.

La complémentarité de la relaxation et de la méditation s'observe dans la réduction du tonus musculaire, qui, par la mise au repos de circuits neuronaux spécifiques[1], induit une meilleure disponibilité mentale. Celle-ci sera favorable à l'introspection et à l'élargissement du champ de la conscience. Cette focalisation de l'idéation met au repos forcé les circuits neuronaux occupés à traiter le flot permanent des informations qui aboutissent au cerveau. Par un mécanisme de rétroaction inconscient *(feedback)*, l'approfondissement de la méditation stimule en retour la détente musculaire. De sorte que méditation et relaxation se renforcent mutuellement.

Les méditants les plus entraînés parviennent à juguler ou à modifier certaines fonctions végétatives, en principe indépendantes de la volonté. Ils expérimentent de profonds états modifiés de conscience caractérisés par la disparition du sentiment d'identité, des repères spatio-temporels et de toute perception venue du monde extérieur. Il s'ensuit une sublimation de la conscience allant jusqu'à la fusion, dans les deux acceptions du mot — dissolution et unification —, de l'identité individuelle dans une espèce de conscience supérieure intemporelle et immanente à l'univers. Ces vécus du plus parfait réalisme relèvent du domaine, évoqué à plusieurs reprises, des *expériences transpersonnelles*.

La notion d'une dissociation de l'esprit et du corps, inhérente aux états méditatifs profonds, est un trait que l'on retrouve parfois dans les comptes rendus de séances de sophrologie, de relaxation ou d'hypnose ; des états modifiés de conscience où est également induite une forme de quiétude mentale et physique. Cette analogie suggère que les techniques de méditation utilisent sans doute un mécanisme proche de celui de l'induction hypnotique ou plutôt, dans ce cas précis, autohypnotique.

La substance du domaine de la réalité transpersonnelle, lieu des EMC méditatifs profonds, est de nature équivalente à celle

1. Il s'agit pour l'essentiel des faisceaux nerveux qui coordonnent la motricité et de ceux, reliés aux capteurs extéroceptifs et intéroceptifs, chargés de la sensibilité, qui traitent respectivement les informations venues de l'extérieur et celles provenant de l'organisme.

des expériences mystiques. En ce sens, elle demeure fortement conditionnée par les facteurs culturels et par la personnalité du sujet. Le descriptif de l'expérience de mort imminente soulignait, lui aussi, le rôle de ces composantes personnelles et culturelles. Il en est de même ici, et, pour cette raison, le monde transphénoménal du moine bouddhiste n'est pas habité par les saints du panthéon chrétien, pas plus que celui de sainte Thérèse d'Avila ne fait référence aux *manitous* des Amérindiens. En dépit de ces nuances, derrière le symbolisme des diverses représentations se profile toujours une même et unique certitude, celle d'un univers de perfection et d'harmonie, d'un réalisme étonnant, considéré comme le degré ultime de la réalité.

La capacité à la transcendance propre à chacun, mise en exergue par ces expériences *transphénoménales*, milite bien sûr en faveur de l'hypothèse d'une autonomie de la conscience. Nous le vérifierons à nouveau, bien que la diversité des courants de pensée qui empruntent à la méditation rende impossible d'en produire un compte rendu exhaustif. Fort heureusement, la pratique de la méditation permet d'appréhender toute question avec une grande sagesse, de sorte que les différentes écoles s'accordent sur l'essentiel.

Une pratique en plein essor

Dans les pays industrialisés, l'attrait pour les techniques de méditation et de relaxation est contemporain de la vogue orientaliste de la fin du XIXe siècle et du début du XXe (apogée des colonialismes en Extrême-Orient). Une époque où la pratique de la relaxation mentale et physique s'inspirait du *yoga*, terme sanskrit qui désigne l'action d'unir et de maîtriser — le corps et l'esprit en l'occurrence. Cette discipline du corps et de l'esprit avait vu le jour longtemps avant, dans la vallée de l'Indus, entre 2 500 et 1 500 ans avant notre ère.

À ses débuts en Occident, le yoga était réservé à une élite cultivée, issue d'une catégorie sociale aisée, qui disposait d'un temps de loisir sans commune mesure avec celui de la majorité laborieuse d'alors. Au cours de la deuxième moitié du XXe siècle, l'accroissement du niveau de vie, avec son corollaire de stress au quotidien, a favorisé la propagation des pratiques de relaxation psychophysique. La demande augmentant, l'offre s'est diversifiée et ne fait plus seulement référence au yoga. De l'attrait pour une mode fleurant l'exotisme de bon goût, partagée par quelques privilégiés du début de ce siècle, au phénomène de société qu'elles représentent aujourd'hui, ces pratiques ont su évoluer pour répondre aux besoins d'une frange croissante de la collectivité. Il en résulte que l'on compte actuellement quantité de méthodes reconnues pour leurs vertus préventives, voire curatives, et de lieux d'enseignement accessibles à tous. D'ailleurs, leurs effets thérapeutiques, tant sur le plan physique que psychique, sont mis à contribution par divers secteurs de la santé.

Parallèlement à la recherche d'un juste équilibre entre le corps et l'esprit, la pratique de la méditation offre l'accès à une dimension spirituelle qui a la faveur de courants de pensée en pleine expansion. Désormais, ces techniques sont autant utilisées, sinon davantage, pour la philosophie dont elles procèdent que dans la perspective d'une régénération ponctuelle des organismes surmenés. Ainsi, hors du contexte sanitaire et de la vogue *cure de Jouvence*, quelques mouvances invoquent-elles une motivation spirituelle parfaitement compatible avec une vocation thérapeutique. Un minimum de prudence s'impose cependant car, sous le couvert de vagues principes humanistes et spirituels, certaines organisations demeurent assez floues quant à leurs véritables mobiles. On relève même que des sectes pourvoient à leur recrutement par le biais d'écoles de yoga, des couvertures à l'aspect anodin qui autorisent un prosélytisme discret[1]. Il faut toutefois se garder de verser dans la *sectophobie*[2] outrancière de notre époque, prompte à la confusion, en clouant au pilori tout mouvement qui n'entre pas dans la norme.

---

1. Ces structures, heureusement marginales, sont bien connues des spécialistes. Voir, entre autres, J. Cotta et P. Martin, *Dans le secret des sectes,* Flammarion, 1992, et H. E. Mountacir, *Les Enfants des sectes*, Arthème Fayard, 1994.
2. Titre de l'ouvrage de J. Labruyère, Les 3 Monts, 2000.

Des techniques à visée thérapeutique

Nous sommes confrontés journellement à une multitude d'événements, ressentis comme agressifs ou simplement contrariants, susceptibles de faire écho dans le corps. La répercussion du stress sur notre organisme est un fait que nul ne conteste. Ces ruptures de l'harmonie psychophysique engendrent des troubles organiques et fonctionnels extrêmement variés, dont le système immunitaire est souvent la première victime. Si l'existence de ces relations sadomasochistes entre la psyché et le corps est bien connue de la médecine, il ne lui est pas facile pour autant d'amener ces deux morceaux de nous-mêmes à la raison et de les réconcilier.

Face aux situations génératrices de stress, les méthodes de relaxation et de méditation insistent sur l'importance du *lâcher-prise*, de la mise à distance. Mais il ne suffit pas de relativiser la portée d'un conflit, par exemple, si dans le même temps on ne se préserve pas d'en *incorporer,* au sens littéral de « mettre dans le corps », les effets insidieux. La prévention, on le sait, est encore la meilleure thérapeutique et différentes méthodes de relaxation y pourvoient.

Certaines techniques de relaxation visent essentiellement à réduire les tensions excessives inscrites dans la chair, amenant progressivement le sujet à une modification de l'état de conscience centrée sur l'écoute du corps et sur sa détente, puis vers une reconstruction harmonieuse. Si l'exercice mental que l'on y préconise s'apparente plus ou moins à une forme de méditation, le thème n'a cependant rien de transcendant ; la rationalisation occidentale est passée par là. Ces techniques souvent inspirées de disciplines orientales, parfois associées à une forme d'autosuggestion de type hypnotique, remontent pour les plus anciennes au milieu du XXe siècle et à quelques années pour les plus récentes. Parmi elles, le training autogène de Schultz, la relaxation progressive de Jacobson, la sophrologie de Caycedo, les méthodes Vittoz, Silva, Mézières…

Des formes récentes de psychothérapie, inscrites dans la mouvance de la psychologie humaniste et des thérapies holistiques[1], recourent elles aussi à des méthodes de relaxation. Leur objectif est résolument orienté vers le *développement personnel*, sinon l'élargissement du champ de la conscience. Quelques-unes sont qualifiées de néo-reichiennes ou de néo-jungiennes, en référence à Reich et Jung, deux dissidents des premiers temps de la psychanalyse. Si elles prennent en compte la traduction organique et fonctionnelle du stress ou de la maladie, ces thérapies tendent à privilégier les causes psychologiques, voire spirituelles. L'être humain étant replacé dans sa globalité, elles se refusent à le morceler afin d'en traiter les différentes parties hors du tout.

Elles utilisent parfois, fort opportunément, outre les principes de la relaxation et de la méditation, une mise en acte symbolique ainsi que des techniques d'expression corporelle. Des praticiens n'hésitent pas à faire appel, alternativement, à différentes ressources thérapeutiques dont la Gestalt-thérapie, le psychodrame, la bio-énergie, le rêve éveillé dirigé (souvent associé au training autogène) ainsi que d'autres techniques de visualisation, mais aussi le zen (zazen), le taï chi-chuan, l'aïkido, le Rebirth, le Rolfing, l'eutonie, la méthode Feldenkraïs, le Trager, la biodynamique et, bien sûr, les multiples formes du yoga[2]. Une fois encore, le candidat devra faire preuve de la plus grande prudence, car un tel succès et une telle diversité ne pouvaient échapper aux prédateurs de la spiritualité qui agissent souvent sous le couvert du *New Age*. Notons que les professionnels qui se revendiquent de ce courant ne sont pas nécessairement de mauvais praticiens, loin de là, mais la grande liberté d'exercice qu'autorise ce label a suscité beaucoup de vocations suspectes.

---

1. Du grec *holos*, qui signifie « entier ». Ces thérapies prennent en charge le patient dans sa globalité psychique et physique.
2. En complément d'information sur ces diverses méthodes, on consultera, outre les publications spécialisées consacrées à chacune d'elles, M. Borrel et R. Mary, *L'Âge d'être et ses techniques*, Presses Pocket, coll. « L'Âge d'être », 1990, et B. Auriol, *Introduction aux méthodes de relaxation*, Privat, 1976. Pour une approche de la visualisation dans une perspective thérapeutique, on consultera Carl et Stéphanie Simonton & James Creighton, *Guérir envers et contre tout*, Épi, 1991.

Cette prudence vaut pour la méditation transcendantale qui semblerait, malgré tout, avoir démontré une certaine efficacité tant sur la psyché que sur le soma. Sa technique de base consiste principalement à répéter mentalement un son, un *mantra*, choisi par le maître selon le profil du pratiquant. L'exercice, d'une vingtaine de minutes à raison de deux séances par jour, se traduit tout d'abord par une diminution progressive du rythme respiratoire. Petit à petit, chez le disciple assidu, la résonance du mantra se modifie et finit par *prendre corps* jusqu'à restaurer et maintenir une parfaite harmonie avec l'esprit. Au fil du temps, on constate une amélioration des problèmes de santé qui avaient pu motiver le recours à cette technique. Plus exceptionnellement, certains pratiquants font part d'une impression de séparation d'avec leur corps qui n'est pas sans évoquer les caractéristiques d'une EHC. Bien évidemment, on relève à l'EEG une prédominance du rythme *alpha*, typique des états de méditation.

Traditions et expériences mystiques

Il serait réducteur et injuste de ramener l'essor des précédentes méthodes thérapeutiques, inspirées de la méditation ou de la relaxation, au seul attrait pour la nouveauté. Tout d'abord parce que leur succès tient à leur efficacité, certes plus ou moins marquée selon les pathologies, les patients ou encore les praticiens. Quant à parler de nouveauté, il apparaît que la plupart de ces méthodes ne font que reprendre à leur compte les vertus d'états modifiés de conscience connus depuis des siècles, que des cultures enracinées dans leurs traditions perpétuent encore à ce jour.

Les théories de la psychologie transpersonnelle, qui visent à rendre compte d'autres dimensions de la conscience[1], ne manquent d'ailleurs pas d'intégrer les enseignements des tradi-

1. Pour une initiation à la psychologie transpersonnelle on aura avantage à lire les ouvrages de Stanislav Grof. On trouvera également une information très dense sur le sujet dans le livre de Pierre Weil, *L'Homme sans frontière*, L'Espace bleu, 1988.

tions les plus anciennes. Celles-ci véhiculent des témoignages dont le contenu est très voisin de celui des EMC de nature transcendante. De ces récits, plusieurs fois centenaires, émerge la même constante : la faculté d'élargir le champ de la conscience et, par là, d'atteindre à un véritable éveil spirituel.

C'est à cet éveil spirituel que vise la retraite contemplative du mystique et sa profonde absorption dans la récitation de prières, de sourates ou de mantras. Des individus « ordinaires » peuvent aussi y accéder fortuitement, dans les circonstances particulières d'une quête de sens, à la suite d'un événement ayant anéanti leur façon de penser antérieure. On a également connaissance d'expériences transcendantes spontanées vécues par de simples adeptes au cours d'un exercice de yoga ou de sophrologie.

Mais que l'on ne s'y trompe pas, car la plupart de ceux qui s'adonnent à la méditation devront se satisfaire des paliers inférieurs de cette transcendance ; et encore s'agit-il des plus chanceux ou des plus motivés. Ce premier stade présente toutefois des traits comparables à ceux de l'état hypnagogique ou de la transe hypnotique légère. Ils évoquent, par-delà l'impression agréable de la relaxation physique, les prémices d'un détachement de la conscience et d'une perception modifiée de la réalité conventionnelle : sentiment d'être léger, de flotter, exacerbation de l'imagerie mentale, accroissement de l'efficience intellectuelle, effacement des repères spatiotemporels…

Les yogis accomplis, de même que les mystiques les plus avancés sur le chemin de la Lumière, ne s'attardent pas à ces prémices. Ils expérimentent des états modifiés de conscience beaucoup plus profonds, parfois comparables aux degrés les plus élevés d'une EMI. Au point que les analogies entre celle-ci et le contenu de certaines expériences spirituelles (lumière, personnages célestes, paix, amour, etc.) laissent à penser, là encore, que les modalités physiologiques de ces techniques de méditation pourraient être de même nature que celles qui président au contexte d'une EMI.

La littérature spécialisée, religieuse en particulier, fait part de témoignages d'anachorètes, de saints ou de simples laïcs qui ont approché la Lumière. L'hypothèse de l'origine des grandes religions, exposée dans mon précédent ouvrage[1], suggérait d'ailleurs que leurs fondateurs avaient reçu la révélation divine au cours d'une expérience mystique analogue, dans le cadre d'une méditation profonde. Mais les meilleures illustrations de la pratique ancestrale de ces états modifiés de conscience proviennent sans doute des traditions de l'Orient, comme on va le voir.

Les extraordinaires pouvoirs de la « kundalini »

Parmi les sciences populaires orientales qui enseignent l'art de la méditation (yoga, zen, taï-chi-chuan, kinomichi, chi kong), certains courants du yoga, en particulier le Raja Yoga ou Yoga de la Voie Royale, utilisent les vertus de la *kundalini*. Enroulée[2] tel un serpent au bas de la colonne vertébrale, la *kundalini* correspond, pour les adeptes de cette forme de yoga, à un formidable potentiel d'énergie tenu en réserve dans la région du sacrum. Ils affirment que sa libération active en un éclair les sept *chakras* (centres d'énergie) situés le long du système céphalo-rachidien, du sacrum au sommet du crâne. Cet éveil de la *kundalini* conduit à l'état de *samadhi (Savikalpa Samadhi)*, état d'expansion illimitée de la conscience.

Yvonne Kason et Kenneth Ring[3] voient dans cet éveil de la *kundalini* le facteur biologique susceptible de rendre compte de la plupart des expériences transcendantes. De leur point de vue, la

---

1. *La Vie à corps perdu*, chapitre VIII, Les 3 Monts, 2001.
2. Dans la préface de son livre, *Yoga de la kundalini* (Épi, 1983), Sri Swami Sivananda précise que *Kundala* signifie « enroulé ». Relevons cependant que « L'image du serpent ne vaut que pour les *kundalini* de type shivaïte ou rattachées à d'autres dieux quelconques, le serpent étant le pouvoir occulte par excellence, celui-là même qui tente l'homme depuis la perte de l'Éden. Les *kundalini* rattachées au Divin lui-même ne présentent pas de serpent en leur sein. » Précisions fournies par Jean-Michel Jutge, dont on lira le témoignage un peu plus loin.
3. Yvonne Kason, *L'Autre Rive,* De Mortagne, Montréal, 1996, et Kenneth Ring, *En route vers Oméga*, Robert Laffont, 1991.

récurrence des descriptions de décorporation, d'expansion de la conscience, de perception d'une lumière indicible, de fusion dans un océan d'amour, etc., de tous temps et dans toutes les cultures, aurait pour dénominateur commun l'activation de la *kundalini*. Quoi qu'il en soit, ce que l'on a souvent désigné ici ou ailleurs comme l'expression du divin, l'une des traditions du yoga l'avait nommé et intégré dans sa pratique depuis fort longtemps.

En guise d'illustration, Kenneth Ring rapporte les propos du savant Hiroshi Motoyama, qui décrivit son expérience d'éveil de la *kundalini* en ces termes :

> Un pouvoir incroyable se précipita à travers ma colonne vertébrale jusqu'au sommet de ma tête... [...] Sous le coup de cette énergie, j'avais l'impression que ma tête allait exploser.
>
> En montant de mon cœur au sommet de ma tête, la *kundalini* devint un blanc brillant et quitta mon corps par le sommet de ma tête. Je m'élevais avec elle dans une dimension beaucoup plus haute...
>
> [...] J'entendis une voix m'appeler. Elle retentissait comme un écho dans une vallée. J'étais rempli d'extase... J'étais tout simplement envahi par un calme paradisiaque... Je me trouvais dans un état de conscience élargie et approfondie ; une conscience d'une dimension plus haute à laquelle on se réfère quelquefois en parlant de supra-conscience[1]. Quand on est dans cet état, on peut voir en même temps le passé, le présent et le futur[2].

Il ne fait pas de doute que plus d'un témoignage d'EMI se superpose à celui de Motoyama. Afin d'expliciter le bouleversement éprouvé par celui qui est parvenu à maintenir la *kundalini* dans le chakra le plus élevé, Gopi Krishna, maître en la matière, tente d'en préciser le caractère ineffable : « Bien que cette expérience soit inexprimable, on peut en tracer un lointain portrait en la décrivant comme la plus haute perfection de grâce, de beauté,

1. J'ai découvert cette référence à la *supra-conscience* longtemps après avoir choisi d'utiliser moi-même cette expression.
2. K. Ring, *En route vers Oméga*, p. 283 et suivantes.

de grandeur, d'harmonie, de paix, d'amour, de ravissement, d'émerveillement et de bonheur, le tout combiné à un tel degré que l'esprit pourrait défaillir sous l'impact prodigieux de l'extase[1]. » Il va de soi que l'Absolu approché dans ces états d'expansion de la conscience n'a rien de commun avec la vision anthropomorphique du Dieu des religions judéo-chrétiennes. Cependant, une telle vision est occasionnellement signalée lors des premières phases de certains EMC, quand les résidus culturels encombrent encore le chemin vers la *Claire Lumière*.

Gopi Krishna explique aussi que la vie de celui qui a connu un éveil de *kundalini* est complètement transformée. C'est également le cas du mystique, bien sûr, de même que celui de l'expérienceur qui a gravi les plus hauts degrés d'une EMI. Cet être éclairé — on comprend mieux le sens de cet adjectif — possède désormais une foi résolue dans l'existence d'une conscience supérieure et dans celle d'une forme de vie par-delà notre réalité ordinaire. Les répercussions de cette prodigieuse expérience spirituelle le conduiront progressivement à une plus grande sagesse, rejetant les conduites égoïstes au profit d'un altruisme compatissant. Dresser l'inventaire des modifications qui succèdent à ce type d'expérience reviendrait à peu de chose près à reproduire, ici encore, la liste des répercussions positives d'une EMI.

Prudence toutefois, car il est dit que pour celui qui entreprend la conquête de la *kundalini* en solitaire, sans un apprentissage adéquat, le chemin vers la transcendance serait périlleux et menacerait de déboucher sur un mirage douloureux. Gopi Krishna, lui-même, s'y est épuisé douze années consécutives, avant de comprendre que sa démarche était erronée. Les profonds bouleversements qu'engendre l'activation de la *kundalini* imposent, en effet, une approche graduelle du phénomène sous la direction d'un maître averti. Selon certains d'entre eux, tenter l'éveil de cette mystérieuse énergie en dehors d'un cadre didactique approprié serait faire preuve d'une grande inconséquence. Les répercussions négatives d'un éveil de *kundalini*, comparables à

1. K. Ring, *En route vers Oméga*, p. 286.

celles d'une EMI infernale, pourraient jeter les plus imprudents dans un profond désarroi.

Un océan d'énergie

À propos du présumé danger de tenter seul l'aventure de la *kundalini*, Jean-Michel, un professeur de yoga du sud de la France est plus nuancé[1]. Et il sait de quoi il retourne puisqu'il a vécu lui-même un éveil de *kundalini* sans aucun soutien extérieur. Ses propres formateurs, auxquels il a rapporté son expérience, refusèrent d'ailleurs de le croire. À leur décharge, accueillir et *domestiquer* une telle énergie, capable de vous consumer l'ego en quelques fractions de seconde, est réputé inaccessible au néophyte. Ce que conteste Jean-Michel qui estime le risque très limité lorsqu'une préparation adéquate est mise en œuvre, soutenue par une attente pure et sincère. Voici le récit qu'il a eu la gentillesse de rédiger à ma demande :

« L'année de mes vingt et un ans, je devais vivre une expérience qui changea radicalement et de manière irréversible la perception que j'avais du monde. Après une séance de Hatha Yoga bien menée, au cours d'une méditation, mon regard plongea à l'intérieur de la colonne vertébrale. Ma vision se concentra sur une sorte de tunnel avec, au fond, une lumière qui fut immédiatement projetée vers moi. Je sentis un picotement très fin s'élever du bas du dos et atteindre la tête en quelques instants. Plus le temps passait, plus le picotement devenait intense, avec pour effet d'augmenter considérablement ma sensibilité. Au-dessus de ma tête, une petite colonne faite d'énergie et de conscience prit forme. Le monde me parut soudain d'une netteté jamais vue et un grand nombre de phénomènes eurent lieu ce jour-là.

1. On trouvera nombre d'informations sur le site Internet de Jean-Michel Jutge http://members.aol.com/jmjutge/kundalini. Il est l'auteur d'un ouvrage, *Intégrer la conscience par le yoga,* destiné aux pratiquants et aux professionnels, à consulter et à commander sur le site.

« En présence d'autres personnes, ou lorsque mon regard se posait sur elles, l'environnement se transformait littéralement sous mes yeux, dans sa forme, ses couleurs, son intensité, dans sa consistance. Il apparaissait alors tel que l'autre le voyait. Pendant plusieurs heures d'affilée, l'énergie devint de plus en plus forte jusqu'à ce que je sois pris dans un océan de lumière et d'énergie, le corps littéralement en feu. Puis ce fut l'embrasement total et je perdis toute conscience de mon corps ; je crus que j'étais en train de mourir. Puis, je n'eus plus conscience que de lumière, une sensation de dilatation infinie, suivie d'une sensation de rapetissement jusqu'à n'être plus rien sinon un point. Au bout d'un certain temps, je repris lentement conscience de mon corps. Il se dessina alors devant mes yeux des volutes lumineuses de grande intensité, de couleur bleue et blanche, animées d'un mouvement de fuite. J'eus soudain comme une révélation sur mon état, je sus quelle était ma destinée et ce que je devais faire.

« Le flot continua d'augmenter, sans cesse, et tout se mit à vibrer, autour de moi et en moi, d'une intensité inimaginable. Au niveau de chaque chakra, et entre eux, se développa une sensation de chaleur, de plus en plus intense. On aurait dit qu'un liquide bouillant les traversait… Devant la violence du phénomène je me mis à prier Dieu, alors que j'étais athée. Je poussai alors un gros soupir. Dès cet instant, toute la situation changea. Immédiatement, un jet de feu bouillant jaillit par le sommet de mon crâne, retombant de chaque côté de mon corps pour l'envelopper d'une "aura" et d'une lumière d'or merveilleuse pendant que, simultanément, coulait dans ma colonne vertébrale toute cette énergie.

« Le monde me paraissait alors merveilleux, le nectar qui coulait dans mon dos était d'une délicieuse jouissance. Mon corps s'était mis à rire et à pleurer de joie, alternativement, à trembler dans une crise qui, de l'extérieur, pouvait ressembler à de l'hystérie. Je me découvrais d'une essence divine, le sentiment d'être réalisé. La suite est trop riche en événements pour être décrite en quelques mots mais, depuis ce jour, ma vie n'a rien de comparable à ce qu'elle était auparavant.

« Si le phénomène en tant que tel, dès l'instant du soupir, est rentré dans un état d'équilibre complet, plus difficile a été son intégration au monde. Je me confrontais à mes proches qui ne comprenaient pas ce qui m'arrivait. Le nouvel être que j'étais se sentait porteur d'une véritable mission à accomplir, sentiment alimenté par les révélations multiples qui ne cessaient d'apparaître. Je venais de naître au monde, et j'avais vraiment l'impression de devoir tout réapprendre avec un nouveau regard.

« La manière dont j'abordais l'existence se faisait avec une conscience inversée, comme si j'avais toujours vécu dans le miroir, et que tout s'était remis à l'endroit. Pendant un peu plus d'une année, j'ai vécu une succession d'expériences et d'états de conscience que je ne contrôlais pas toujours, mais qui rendaient difficile la vie dans laquelle je m'étais engagé jusque-là. Une année d'étude où je fus ballotté entre la découverte d'un monde et d'un univers fascinant et la nécessité d'accomplir un retour vers les tâches qu'exigeaient mes études, les travaux à l'hôpital la matinée, les cours dans les amphithéâtres l'après-midi, les travaux d'étude dans ma petite chambre d'université le soir, ce qui m'occupait à peu près douze heures par jour, et des états de *samadhi* qui saisissaient chaque occasion pour se manifester.

« Même si un éveil de *kundalini* est maîtrisé et pris en charge par le *Divin* comme ce fut mon cas, il ne demeure pas sans conséquence sur la vie d'un individu et peut le rendre "atypique" et inadapté à la vie telle que la société veut nous l'imposer. La recherche de cet éveil ne peut se faire de manière anodine, et le chercheur qui s'engage sur cette voie doit pouvoir en peser à l'avance toutes les conséquences.

« Par ailleurs, les formes de *kundalini* sont multiples, leur développement et leur résultat pouvant varier d'une forme à l'autre. Certaines sont peu recommandables car plus orientées vers le pouvoir de l'esprit, de par leur nature, plutôt que vers le développement de l'*être* ; mais pour un chercheur sincère, développant une qualité pure, les dangers sont peu importants, pas plus que ce qui peut nous arriver quotidiennement. Toutefois, un apprentissage préalable et le respect de certaines règles sont nécessaires.

« Il est difficile de présenter mon cas comme une généralité, car ce ne fut pas un accident, cet éveil a été sollicité par un pouvoir supérieur. C'est pour cela qu'il fut soudain, puissant, complet, et qu'il atteignit son point d'équilibre au bout de huit heures. Toute personne qui le vit ainsi, même si cela déclenche au préalable une grosse frayeur, ne court aucun danger. De même, lorsque je transmets l'énergie pendant un cours de yoga, par exemple, se transmet en même temps la composante divine qui fera en sorte que l'énergie se développera de manière équilibrée. Pas de danger non plus. En revanche, un risque de perturbation importante réside dans une approche forcée par une technique particulière. Tous les désordres physiques, énergétiques ou psychologiques sont alors amplifiés de même que les états positifs, pouvant entraîner exaltation et dépression importante. Le développement de l'énergie est alors sauvage car sans intelligence. »

Cette belle narration n'est pas sans rappeler certains récits d'expérienceurs, autant par le vécu que par les répercussions — d'une persistance exceptionnelle chez Jean-Michel, je peux en témoigner.

D'étonnantes performances physiologiques

Le bouddhisme tibétain utilise lui aussi des techniques de méditation qui, pareillement à l'éveil de la *kundalini*, ouvrent au monde de l'ultra-perception[1]. La préparation y est très longue puisque l'apprentissage de cette discipline de sagesse s'étale parfois sur la durée d'une vie. Sa Sainteté Tenzin Gyatso, le quatorzième dalaï-lama, qui préside aux destinées de ce courant

1. Voir par exemple les ouvrages d'Alexandra David-Neel consacrés aux mystérieuses pratiques du bouddhisme tibétain, en particulier *Mystiques et magiciens du Tibet* (voir bibliographie). Pour une information approfondie, on consultera l'ouvrage, beaucoup plus théorique, de John Blofeld, *Le Bouddhisme tantrique du Tibet*, Éd. du Seuil, coll. « Points », 1976.

bouddhique, incarne cette grande sagesse dont on devine l'origine, au moins pour partie. Remarquons en passant que l'effet de mode actuel pour la spiritualité du bouddhisme tibétain ne sert pas nécessairement sa cause. Pas davantage le déferlement des lamas présumés éveiller l'Occident aux subtilités de la philosophie tantrique.

Pour en revenir au dalaï-lama, voici quelques années de cela il donna son accord en faveur d'investigations scientifiques peu ordinaires. Elles intéressaient en effet la physiologie des états méditatifs de certains moines tibétains. Ces recherches furent conduites par le docteur Herbert Benson, directeur du département de médecine comportementale de l'université de Harvard (États-Unis). Un court passage de l'ouvrage du dalaï-lama[1] nous éclairera sur les étonnantes répercussions physiologiques que releva le docteur Benson :

> Il s'agissait de moines pratiquant le yoga *tum-mo* dans le cadre de certaines disciplines tantriques. En se concentrant sur les *chakra* (centres d'énergie) et les *nadi* (canaux d'énergie), le méditant parvient à contrôler et supprimer temporairement les niveaux de conscience les plus grossiers au profit des niveaux les plus subtils. Selon la pensée bouddhiste, il existe de nombreux niveaux de conscience, dont les plus grossiers correspondent à nos perceptions ordinaires — toucher, vue, odorat, etc. — et les plus subtils à ceux dont on fait l'expérience au moment de la mort. L'un des buts du tantrisme est de permettre de *« faire l'expérience » de la mort, à l'approche de laquelle surviennent les réalisations spirituelles les plus puissantes*[2].
>
> Une fois supprimés les niveaux de conscience grossiers, des phénomènes physiologiques peuvent s'observer. Ses expériences ont ainsi permis au docteur Benson d'enregistrer une élévation de la température du corps pouvant atteindre dix

1. *Au loin la liberté*, Fayard, 1990.
2. C'est moi qui souligne.

degrés. Ce phénomène permettait aux moines de sécher des draps trempés dans de l'eau glacée en s'en enveloppant par des températures inférieures à zéro. Le docteur Benson a par ailleurs constaté que des moines pouvaient passer toute une nuit assis nus dans la neige sans que leur corps se refroidisse. Dans ces occasions-là, ils ne respiraient plus que sept fois par minute environ et leur consommation d'oxygène diminuait d'autant.

Ces extravagances physiologiques, très accessoires dans le registre de la philosophie tantrique — elles ne constituent aucunement l'objectif de la méditation —, n'en sont pas moins déconcertantes. Par ailleurs, le passage mis en évidence dans le texte montre que cette école du bouddhisme a depuis longtemps fait le lien entre l'expérience de la mort, décrite comme une expérience spirituelle fondamentale, et les EMC de nature transcendante auxquels conduit la méditation qu'elle enseigne. Une méditation destinée en quelque sorte à éprouver au plus près le phénomène de la mort, afin de préparer le fidèle à maîtriser, le moment venu, les modalités de l'événement décrété le plus important de son existence. Cet initié ayant appris à *vivre sa mort* parviendra à se libérer de la roue du *samsāra* ou, pour le moins, à choisir plus facilement une nouvelle incarnation. L'hypothèse de l'origine bouddhique du chamanisme sibérien, avancée par certains ethnologues, trouve un appui intéressant dans cette évocation de l'expérience de mort-renaissance vécue par les moines tibétains. En effet, celle-ci est une épreuve capitale de l'initiation de tout futur chaman.

La banlieue du nirvāna où s'aventurent ces yogis tibétains est sans doute voisine des régions que les expérienceurs occidentaux, qui n'étaient pas préparés à vivre ce phénomène, abordent au cours de leur EMI. L'absence d'un véritable modèle de référence, comme celui que propose le bouddhisme, a plongé ces derniers dans un océan d'interrogations auquel ni leur religion ni leur science ne sont en mesure de répondre. Cela étant, pour l'expérienceur autant que pour le méditant bouddhiste, l'existence même de ce monde transphénoménal n'est pas mise en doute et représente bel et bien l'ultime réalité.

Dans l'optique d'une interprétation neurologique, il apparaît que la méditation met progressivement au repos les connexions corticales les plus sollicitées. Celles-ci sont dévolues pour l'essentiel à la gestion permanente des multiples données de la vie de relation et à la maintenance de l'organisme. Pour les précédents moines tibétains, préparés par un autoconditionnement puissant, l'inactivation des centres régulateurs et des capteurs sensoriels permettrait de rendre compte, pour une part, de leur incroyable résistance au froid ainsi que d'autres prodiges physiologiques. Au cours de la forme de méditation qu'ils pratiquent, les circuits neuronaux annexes, au service de la *vie mentale intérieure*, deviennent prioritaires. L'approfondissement de la méditation conduit ensuite, *via* ces réseaux, à la stimulation d'aires cérébrales spécialisées dans la réception d'informations inaccessibles dans l'état ordinaire de conscience. Cette configuration de l'activité cérébrale, où prédomine un rythme d'ondes *alpha*, est à rapprocher de celle du stade hypnagogique du sommeil, de certaines phases de l'hypnose, voire des états de détresse extrême. Sur ce point, la pratique de ces moines bouddhistes montre à l'évidence que leur expertise, en matière de yoga et de méditation, les mène bien au-delà des stades du sommeil profond et de l'hypnose profonde, sans doute aux frontières de la mort clinique comme l'indiquait le dalaï-lama.

Au terme de ce chapitre, retenons que les vécus de décorporation dont témoignent plus d'un adepte de la méditation, dont nous venons de lire quelques récits parmi les plus spectaculaires, plaident incontestablement en faveur de l'hypothèse d'une forme de survie de la conscience. Cette même hypothèse que l'hypnose, abordée dans les prochaines pages, ne manquera pas de vérifier à son tour.

> Compte tenu des difficultés méthodologiques de toute recherche de psychologie relationnelle, on peut penser que la technique hypnotique, comme telle, devrait constituer un instrument de recherche privilégié. [...] L'hypnose, qui s'est avérée si féconde dans le passé, mérite encore l'attention des chercheurs contemporains.
>
> Léon CHERTOK[1]

CHAPITRE IX

L'hypnose

De nos jours, l'hypnose est souvent perçue comme un thème ringard, qui renvoie à un passé duquel émanent les relents sulfureux d'une pratique ténébreuse. On hésite à la classer au rayon de l'illusionnisme de music-hall, dans celui du surnaturel, de l'hystérie ou parmi les superstitions relevant de la pure légende. Pourtant, si les médias ne lui consacrent plus autant d'intérêt que naguère, ce phénomène énigmatique reste d'actualité.

C'est par le nombre des théories qui ont tenté d'en percer le mystère que l'on mesure combien l'hypnose résiste, aujourd'hui encore, à toute explication. Le présent compte rendu, cela va sans dire, n'a pas la prétention de débrouiller l'écheveau de ces théories et d'en désigner la lauréate. L'objectif nous est connu : mettre

1. *L'Hypnose*, Petite Bibliothèque Payot, 1989, p. 215.

au jour les éléments favorables à la capacité de la conscience de s'extraire de la matière, voire de lui survivre.

Avant d'entamer une courte remontée dans le temps, vers les origines récentes de l'hypnose, en voici une brève mais juste définition : « État modifié de conscience transitoire et artificiel provoqué par la suggestion d'une autre personne, dite "hypnotiseur", caractérisé par une susceptibilité accrue à l'influence de ce dernier et un amoindrissement de la réceptivité aux autres influences[1]. »

Un bref historique

Le mot *hypnotism,* du grec *hupnoûn* (endormir), a été créé en 1845 par un chirurgien écossais, James Braid (1795-1860). *Hypnotisme* a progressivement remplacé l'usage du terme *magnétisme* que Franz Mesmer (1734-1815), médecin allemand temporairement établi à Paris, avait mis au goût du jour en 1780. La pratique de Mesmer, dont la carrière parisienne fut de courte durée[2], reposait elle-même sur la théorie du *magnétisme animal* de Paracelse, le célèbre médecin et philosophe suisse (1490 env.-1541). Le marquis de Puységur (1751-1825) et l'abbé de Faria (1756-1819) perpétuèrent quelque temps l'usage du magnétisme. Mais ils s'intéressèrent davantage à la relation verbale que facilitait cette induction au *somnambulisme*, comme on le nommait aussi, se détournant de l'aspect spectaculaire de la *crise convulsive* qui fit le succès de Mesmer et lui valut, à terme, le discrédit. Il convient de préciser que la notion d'*hypnose* recouvre désormais celle d'*hypnotisme* qui désignait le procédé, l'ensemble des techniques, dont la finalité est d'induire l'hypnose. Et dans la terminologie médicale, l'*hypnothérapie* englobe tout procédé thérapeutique utilisant l'hypnose.

---

1. Jacques Postel, *Dictionnaire de psychiatrie et de psychopathologie clinique*, Références Larousse, coll. « Sciences de l'homme », 1993.
2. Franz Anton Mesmer dut quitter la France en 1785, ses thèses et sa pratique du magnétisme ayant été désavouées, l'année précédente, par l'Académie des sciences et par la Société royale de médecine.

Il fallut attendre la seconde moitié du XIXe siècle pour voir Liébeault utiliser la suggestion hypnotique à grande échelle (1866). Outre Bernheim, son collaborateur, d'autres médecins et aliénistes célèbres lui emboîtèrent le pas : Beaunis, Liégeois, Charcot, Janet, Babinski, Lombroso. De même que s'y intéressèrent des scientifiques comme le physiologiste Charles Richet ou l'astronome Camille Flammarion, tous deux *métapsychistes* et passionnés par les manifestations spirites. C'est dire que le mystère qui enveloppait l'hypnose ne laissait pas indifférent le monde scientifique, particulièrement dans sa décennie faste, de 1880 à 1890.

Certains affirmaient qu'elle était d'ordre pathologique et prétendaient en avoir vérifié la composante hystérique (École de la Salpêtrière avec Charcot). D'autres penchaient pour un phénomène psychologique parfaitement naturel (École de Nancy avec Liébeault et Bernheim). D'autres enfin y recherchaient l'expression d'une faculté paranormale qu'on ne tarderait pas à mettre en lumière (Institut métapsychique international, avec Flammarion). Parmi ceux-là, plus d'un estimaient que l'hypnose militait en faveur d'une survie de la conscience. Tel le colonel Albert de Rochas d'Aiglun, administrateur de l'École polytechnique, qui dirigeait des séances de régressions hypnotiques dans de présumées vies antérieures afin de prouver la pertinence de la thèse réincarnationniste[1].

Entamant un déclin rapide à la mort de Jean-Martin Charcot (1893), l'hypnose utilisée dans une optique thérapeutique n'a connu une timide réhabilitation qu'après le dernier conflit mondial. C'est ainsi qu'aux États-Unis, depuis les années cinquante, certains dentistes en ont fait un auxiliaire anesthésique apprécié. Actuellement, hormis quelques applications dans le traitement de la douleur et le déconditionnement tabagique, la pratique thérapeutique fait encore peu de place à l'hypnose. Son

1. Le colonel de Rochas fut un écrivain prolifique en la matière. *Les Vies successives*, paru en 1911 aux Éditions Chacornac, est le plus connu de ses ouvrages.

champ d'application, on le verra, tend cependant à s'élargir depuis les années quatre-vingt, d'autant que l'hypnose contemporaine se veut beaucoup moins directive que par le passé[1].

À l'origine, la psychanalyse elle-même se fondait sur l'hypnose. Freud, alors au terme de ses études, avait été impressionné par l'emploi qu'en faisaient les assistants de Charcot à la Salpêtrière, ce dernier n'hypnotisant jamais en personne. Mais il en abandonna rapidement l'usage, considérant que le procédé était peu efficace. Beaucoup de ses patients développaient d'inutiles résistances, à son goût, et il lui semblait perdre ainsi un temps précieux — quand on sait la durée moyenne d'une cure psychanalytique ! De plus, établissant un parallèle entre la *transe* hypnotique et l'état amoureux, Freud jugeait que la situation transférentielle était marquée par une érotisation excessive, difficile à gérer.

Sans magie

Selon les opinions, l'hypnose passe pour une sorte de léthargie cataleptique résultant de l'influence quasi surnaturelle, pour le moins d'ordre parapsychique, d'un hypnotiseur tout-puissant. Ses pouvoirs sont présumés à ce point extraordinaires que l'hypnotisé ne pourrait s'y soustraire. Pour d'autres, comme on le supposait par le passé, nous aurions affaire à l'expression d'une composante hystérique qui, dévoilée depuis, laisserait place aujourd'hui à la notion de pithiatisme[2]. À moins, prétendent certains, sans nuance, que l'hypnose ne résulte tout simplement de l'exploitation d'une certaine forme de crédulité.

L'ignorance des mécanismes sous-jacents à la transse hypnotique, lui conférant l'apparence d'un phénomène quasi magique,

1. Voir à ce propos l'ouvrage de Jean Godin, *La Nouvelle Hypnose,* Albin Michel, coll. « Idées », 1992.

2. On définit le pithiatisme comme un « ensemble de troubles physiques se manifestant chez un sujet par la suggestion venant d'autrui ou par autosuggestion », Jacques Postel, *op. cit.*

est évidemment la source de ces avis divergents. Entretenant la confusion, des artistes de music-hall ne se sont pas privés d'utiliser, avec grand talent parfois, cette soi-disant crédulité ou autre composante hystérique. Il n'en demeure pas moins que la transe induite par l'illusionniste n'a rien d'une illusion, elle, et ne diffère pas, hormis dans son objectif, de celle produite dans le cadre d'une thérapie par l'hypnose. Et si l'on ignore l'essentiel de ses mécanismes, on sait en revanche que le consentement du sujet en est un rouage fondamental. Sa bonne volonté, en quelque sorte, reste déterminante, que ce soit lors d'une séance d'hypnothérapie ou d'une exhibition publique. Dans ce dernier cas, le groupe, les spectateurs en l'occurrence, par son acquiescement implicite, offre un contexte des plus favorables à l'acceptation individuelle de cet état modifié de conscience.

Mais l'illusionniste n'est-il pas, malgré tout, un peu magicien ? Ne possède-t-il pas une sorte de don particulier ?

Au risque de démythifier ce savoir-faire, on ne peut invoquer de facteur inné pour justifier la maîtrise de la technique elle-même. Elle est à la portée de tout un chacun ou presque, car une part de qualités personnelles se révèle souhaitable. Pour cette raison, l'apprentissage le plus rigoureux ne fera pas nécessairement de monsieur tout le monde un hypnotiseur qualifié. Dans les applications qui touchent à la médecine ou à la psychothérapie, une formation de haut niveau est absolument indispensable. Un équilibre psychique *dans les normes* est également un préalable évident à l'exercice de cet art.

Il n'empêche que, pareillement à tout domaine artistique, les virtuoses y côtoient des individus moins talentueux. Par ailleurs, la prestation pourra être de qualité inégale d'une séance à l'autre. Ce que l'on attribue généralement à la réceptivité fluctuante du patient, en liaison avec l'évolution de sa problématique, mais également à la disponibilité du thérapeute, à sa forme, car la pratique de l'hypnose nécessite un investissement d'énergie important. Cela étant, le taux de réussite d'un hypnotiseur dépend non seulement de sa propre technique mais aussi et surtout, on en jugera plus loin, du prestige dont il jouit, de sa renommée. Ce dernier critère venant renforcer l'hypnotisabilité[1] du sujet.

Nul ne conteste aujourd'hui que la réussite d'une démarche thérapeutique dépend fortement de la motivation confiante du patient. Il ne saurait en aller autrement de l'hypnothérapie, bien au contraire. Aussi, lorsque l'on redoute de se soumettre pleinement à ce type de traitement, pour des motifs personnels qui sont d'ailleurs autant d'indicateurs précieux, son efficacité en sera diminuée d'autant. À terme, si l'on n'est guère disposé à *succomber* aux pouvoirs qu'on lui suppose, il vaut mieux renoncer.

Chacun, bien évidemment, peut espérer bénéficier des vertus thérapeutiques de l'hypnose. Toutefois, d'après Léon Chertok nous ne serions pas tous égaux devant le phénomène : « Il y a d'une part des sujets qui peuvent être hypnotisés par tous, ce sont d'excellents somnambules [...] et, d'autre part, des sujets qui ne seront jamais hypnotisables. Ce sont des réfractaires absolus. Entre ces deux catégories, il y a des sujets plus ou moins hypnotisables, qui pourront être hypnotisés par certains praticiens et pas par d'autres[2]. »

D'aucuns, on l'a évoqué plus haut, soupçonnent une composante hystérique d'être une modalité essentielle de la suggestibilité hypnotique. La connotation péjorative de l'étiquette hystérique — désormais on évoque plus volontiers un fond pithiatique ou une propension à la spasmophilie — ne facilite pas la validation de ce critère. De toute façon, cette opinion d'un lien hystérique est loin d'être partagée de tous. Léon Chertok, par exemple, stipule que les patients présentant des troubles névrotiques marqués développent des résistances qui rendraient

1. L'hypnotisabilité, terme un peu alambiqué, désigne la sensibilité d'un individu à la suggestion hypnotique. Je lui ai préféré, dans la suite, le mot « suggestibilité ».

2. L. Chertok, *L'Hypnose*, p. 79. Léon Chertok, psychiatre, psychanalyste et hypnothérapeute réputé, enseigne à la faculté de médecine Lariboisière-Saint-Louis et dirige un laboratoire de recherche sur l'hypnose et les influences sociales.

difficile, voire impossible, toute espèce de relation transférentielle et, par conséquent, en font des réfractaires à l'hypnose.

Notons encore que le mot *hypnose* est par lui-même porteur de significations ambiguës et de craintes refoulées. S'y ajoute ce préjugé qui investit l'hypnotiseur de pouvoirs surnaturels. Pour ces raisons, beaucoup ne consultent un hypnothérapeute qu'en dernière instance. Ils redoutent, semble-t-il, de devoir lâcher prise et de renoncer à des symptômes profondément enkystés, ultimes et sans doute *utiles* défenses. Ils préféreront différer ce genre de thérapie à laquelle ils ne consentiront, finalement, qu'après avoir épuisé les alternatives médicales plus conventionnelles.

Dans une démarche thérapeutique, l'hypnose orientée vers la réduction de comportements névrotiques peut aider à la mise au jour de leurs causes refoulées. Cette pratique suppose de la part de l'hypnotiseur une bonne capacité de gestion de l'abréaction[1] que ces révélations de l'inconscient peuvent déclencher. Aussi est-il recommandé d'être prudent dans le choix du thérapeute auquel on s'adressera. Un titre ronflant sur une plaque de cuivre n'est pas un gage de compétence ni de probité. Mieux vaut choisir un professionnel, psychothérapeute ou médecin, dont la qualification et la compétence sont reconnues par les instances médicales spécialisées[2].

1. L'abréaction est une « décharge émotionnelle par laquelle un sujet se libère de l'affect attaché au souvenir d'un événement traumatique, lui permettant ainsi de ne pas devenir ou rester pathogène. L'abréaction, qui peut être provoquée au cours de la psychothérapie, notamment sous hypnose, et produire alors un effet de catharsis [effet thérapeutique de l'abréaction], peut aussi survenir de manière spontanée, séparée du traumatisme initial par un intervalle plus ou moins long » (Laplanche et Pontalis, *Vocabulaire de la psychanalyse*, PUF, 1990).

2. Hors les différents conseils de l'ordre des médecins départementaux, on peut se renseigner auprès de l'institut Milton Erickson ou de l'Association française pour l'étude de l'hypnose médicale, organismes dont le siège est à Paris.

Les indications thérapeutiques

Si le recours à l'hypnose reste assez marginal, la liste de ses indications thérapeutiques s'est étendue au fil du temps. La plupart des troubles modérés du comportement, d'allure non psychotique, qui relèvent habituellement d'une forme quelconque de psychothérapie, trouvent une indication dans l'hypnose. Certaines affections y sont toutefois plus sensibles, de même que certains patients y sont plus réceptifs. Parmi les pathologies du comportement ou les symptômes qui réagissent plutôt bien à l'hypnose, on citera la dépression, l'autodévalorisation, l'insomnie, l'éthylisme, le tabagisme et les autres formes de toxicomanie. On y ajoutera une bonne efficacité sur des symptômes et troubles fonctionnels, sans causes organiques avérées, tels que les énurésies, les constipations et diarrhées rebelles, les colites, les cystites, l'hypertension artérielle, l'herpès, l'eczéma, les verrues, le psoriasis, etc. Le domaine de la psychosomatique lui est d'ailleurs particulièrement désigné, ainsi que celui des diverses expressions de la douleur.

Ce rang privilégié dans l'arsenal thérapeutique antidouleur est d'actualité, surtout pour les formes aiguës (phase terminale de certains cancers et pathologies opportunistes associées au sida) lorsque tous les recours aux antalgiques, y compris les opiacés, ont été épuisés. L'hypnose est également créditée de vertus analgésiques pour les cas de douleurs dentaires, de migraines chroniques, de brûlures profondes ou étendues, de zonas, de suites opératoires, etc. Son champ d'application s'étend aussi à l'obstétrique, la stomatologie, l'ophtalmologie, la dermatologie, la petite chirurgie. L'une des grandes qualités de l'hypnose est son innocuité absolue comme le démontre l'absence complète d'effets secondaires.

Par l'utilisation de la suggestion hypnotique j'ai moi-même obtenu des résultats significatifs sur diverses affections. Ce fut le cas pour une jeune patiente de onze ans qui bénéficia d'une guérison spectaculaire. Depuis quelques semaines, la plante de ses pieds s'était couverte de verrues qui, peu à peu, avaient formé de larges plaques pour ne plus laisser, lorsque je la traitais, le moindre espace de peau saine. Outre le désagrément esthétique, la marche lui était devenue très douloureuse.

Dès le lendemain de l'unique séance de suggestion directe, qu'elle fit suivre d'une méthode d'autosuggestion que je lui avais indiquée, chaque verrue présenta un petit point noir central ; il y en avait plusieurs dizaines à chaque pied. Dans les jours suivants, les points noirs s'agrandirent et, en moins d'une semaine, des plaques entières de verrues commencèrent à se détacher. À la fin de la deuxième semaine, la peau de la plante de ses pieds était entièrement renouvelée, parfaitement lisse et rose, sans aucune séquelle. Depuis huit ans elle n'a connu aucune récidive.

Profondeur de la transe hypnotique

L'objet de ce chapitre, on l'a spécifié, n'est pas d'apporter une information exhaustive sur le thème de l'hypnose, mais de relever dans la transe hypnotique, à l'instar des précédents EMC, les indices qui militent en faveur d'une forme d'autonomie de la conscience.

De même que le sommeil, dont nous savons qu'il est composé de plusieurs stades, la transe hypnotique comporte plusieurs degrés ; il en va pareillement, d'ailleurs, de tout état modifié de conscience. On distingue grosso modo trois types de transes : légère, moyenne et profonde, qui s'échelonnent de la relaxation physique légère jusqu'au stade de suggestibilité le plus élevé, le *somnambulisme hypnotique* dans une terminologie un peu désuète. L'appréciation de la profondeur de la transe se fonde sur la qualité de la réponse faite aux suggestions de l'hypnotiseur. Celui-ci la vérifiera également grâce à certains signes objectifs : analgésie, catalepsie, amnésie posthypnotique.

Cette notion de profondeur de la transe fut étudiée par Charles Tart, que l'on ne présente plus, qui utilisa les capacités peu ordinaires d'un étudiant nommé William. Celui-ci, sujet hypnotique extrêmement doué, était d'ailleurs capable de l'évaluer par lui-même. Sa propre expérience de la méditation et des drogues hallucinogènes n'y était sûrement pas étrangère. Grâce à une échelle chiffrée, il put fournir des indications précises sur les différents degrés de profondeur de la transe hypnotique et sur ses propres performances.

Parvenant habituellement au niveau 90 sur l'échelle d'évaluation, il atteignit dans l'une des séances dirigées par Tart un score de 130. Jusqu'à 25, il ne signala qu'un approfondissement progressif de la relaxation physique. Au-delà de 50, il eut l'impression d'abandonner son corps :

> [...] au-delà de « 50 », William ne s'identifie plus à son corps, qui est, dit-il, « quelque chose que j'ai laissé derrière moi ». [...] le champ visuel de William devient rapidement noir et il entre dans une « nuit » totale au fur et à mesure qu'il progresse dans la transe. [...] William éprouve une « sensation de paix » qui augmente de manière linéaire approximativement jusqu'à 60.
>
> [...] Le « Je » prend ses distances et joue avec le monde, il se met en position d'observateur ironique de ce qui se passe en lui et autour de lui. Tart rappelle à ce propos que l'humour est « un effet que connaissent ceux qui ont expérimenté les drogues psychédéliques[1]. »

On se rappelle qu'une composante humoristique est également présente dans certains récits d'expérienceurs (voir chapitre IV, stade 9 du descriptif de l'EMI, p. 74). Ces derniers attribuent l'origine de cet humour à la puissante source lumineuse qu'ils ont rencontrée lors de leur EMI, ce que l'on vérifiera à nouveau dans un prochain témoignage. Charles Tart poursuit en indiquant qu'autour de 50, William a « conscience d'un son ou d'un chant quelconque ». La transe s'approfondissant, il s'identifie à « une onde amusante et infiniment petite à l'extrême limite d'un océan infini de conscience » et perd toute notion du temps qui passe.

1. Georges Lapassade, *Les États modifiés de conscience*, PUF, coll. « Nodules », 1987, p. 102 et suivantes.

Simultanément, il ressent un sentiment d'unité et d'harmonie avec l'univers avant de perdre, entre 70 et 130, toute conscience de son corps. Cependant, une certaine conscience de son identité persiste et Tart d'ajouter : « Et c'est toujours le "paradoxe" de la transe : au milieu d'un apparent naufrage de la conscience une identité persiste, un "je suis, j'existe" se maintient chez ce rêveur éveillé. »

Intemporalité, sensation de paix, conscience d'un son ou d'un chant, océan infini de conscience, sentiment d'unité, d'harmonie avec l'univers... Il s'agit bien là de caractéristiques énumérées par un certain nombre de sujets ayant connu des EMI transcendantes ou des phénomènes paroxystiques d'expansion de la conscience. On aura relevé que plus William s'enfonce dans la transe hypnotique, à la découverte d'un autre domaine de la réalité, plus les similitudes avec ces formes d'EMC sont manifestes. Ce qui atteste, à nouveau, que les expériences de mort imminente se situent très haut dans la hiérarchie des états modifiés de conscience ; certainement au degré le plus élevé, celui qui précède la mort.

Manu et le décor des Incas

Nous venons d'évoquer les EMI en relation avec le thème de l'hypnose, voici une parfaite illustration du lien qui unit ces deux états modifiés de conscience.

Manu a découvert le thème de ma recherche, en 1999, grâce au site Internet que j'avais alors consacré aux expériences de mort imminente. Il m'a fait parvenir le magnifique témoignage de son EMI vécue sous hypnose dans une supposée vie antérieure. Son compte rendu captivant, unique par son ampleur dans ce contexte-là, est soutenu par une fine analyse des faits.

« Je m'appelle Manu, j'ai trente ans, j'habite en France, où s'est déroulée cette petite histoire il y a environ neuf ans. Voici une description aussi fidèle qu'humainement possible de ce qui m'est arrivé.

« Cela faisait plusieurs années que je m'intéressais aux phénomènes paranormaux et l'un d'eux me touchait particulièrement : la possibilité de revivre sous hypnose des événements d'une vie antérieure… J'ai cherché, et je suis tombé sur une personne, une dame très gentille et souriante, réputée pour être capable de faire beaucoup de choses : de la guérison à l'hypnose, en passant par le magnétisme et les régressions dans des vies passées.

« À ce stade, je dois vous dire que malgré mon intérêt pour le paranormal, j'étais assez sceptique et j'avais quand même du mal à croire en "tout ça".

« Ma curiosité était néanmoins suffisante pour tenter le coup. Surtout que, quelques mois avant, j'avais lu un livre intitulé *La Vie après la vie* de Raymond Moody. Il y était fait très souvent allusion à un être de lumière fabuleux dont la réalité dépasse l'entendement humain. Et si j'en profitais, si cela marchait, bien sûr, pour revivre une mort dans une vie passée ?

« Rien de très spirituel dans ma démarche d'origine, je dois le reconnaître, mais cette dame était d'accord pour tenter l'expérience.

« "Détendez-vous, écoutez votre respiration, sentez votre corps qui s'alourdit, et bla-bla, et bla-bla…" Toujours aussi sceptique, je tâchais tout de même de faire de mon mieux. Une bougie allumée dans la pénombre de la pièce était là pour symboliser la lumière et la vie, pour protection par sa simple présence.

« "Une lumière bleue d'une grande pureté apparaît dans la région de votre cœur. Cette lumière, ressentez-la, voyez-la grandir tout doucement. Elle est douce et protectrice. Elle englobe maintenant tout votre corps. Doucement. Voilà qu'elle dépasse les limites de votre corps physique et fait comme un cocon bleuté autour de vous. Ce cocon, seuls des êtres très évolués pourront le pénétrer au cours de notre expérience. Il est votre protection absolue." Là, je dois admettre que je me sentais plutôt bien et à l'aise. Très agréable.

« "Un mouvement comme une sorte de tourbillon se dessine autour de vous, très lent. Ce léger tourbillon vous entraîne doucement. Vous êtes détendu, vous flottez dans le tourbillon. Le mouvement s'accélère maintenant et vous êtes toujours entraîné. Vous voyez le centre du tourbillon, il vous attire irrésistiblement, de plus en plus vite. Quand vous serez aspiré par l'œil du tourbillon, vous émergerez dans une vie passée, n'importe laquelle, quelques instants avant votre mort. Vous allez de plus en plus vite, le tourbillon vous emporte toujours vers son centre, plus vite, plus vite, très vite ! Vous ne voyez plus que ce centre et vous tombez dedans MAINTENANT ! Vous ÊTES au centre du tourbillon ! Que voyez-vous ? Dites-moi ce que vous voyez !"

« Alors là, je ne rigolais plus du tout ! Son coup du tourbillon, c'était phénoménal ! Arrivé au centre, j'ai failli crier ! Et là, bref instant de noir, sensation de flotter une demi-seconde... Et me voilà qui émerge dans un paysage tout à fait inconnu, entouré par des gens inconnus à une époque... pas si inconnue que ça ! Je suis quelque part comme en Amérique centrale, à l'époque des Mayas, Aztèques et autres Toltèques. Je suis prisonnier de guerre, une des tribus en conflit m'a capturé. Allongé sur une grande pierre plate, je suis attaché, bras et jambes écartés. Au-dessus de moi, le grand sorcier du coin brandit une pierre pointue et aiguisée. Nous dominons tout le reste de la tribu qui semble en proie à une grande agitation...

« Drôle de sensation. J'étais à la fois conscient d'être sur un canapé confortable avec la dame qui me dirigeait, et à la fois en train de regarder, de dedans et de dehors (c'est vraiment difficile à expliquer...) ce personnage allongé sur sa pierre. Aucun doute, c'était moi, allongé là, mais je pouvais me voir, à travers le temps, depuis mon canapé...

« Mon sorcier n'était pas bien beau, comme dans les livres ou à la télé. Peinturluré de toutes les couleurs, il grimaçait et hurlait afin d'entretenir l'excitation de l'assemblée. Puis, est arrivé ce qui devait arriver. Il leva très haut sa grande pierre aiguisée et me l'enfonça droit dans le cœur.

« Pas terrible, comme mort, n'est-ce pas ?

« Mais tout cela n'est que du détail, le meilleur reste à venir. D'ailleurs, je me demande toujours, presque dix ans plus tard, si ce n'est pas mon imagination qui m'a monté toute cette magnifique mise en scène. Je la connais, elle est largement assez riche pour ça… Par contre, la suite, je suis persuadé que mon imagination n'y est pour rien, mais alors rien du tout ! Pourquoi ? Tout simplement parce que, cette fois-ci, elle aurait été bien incapable, et de loin, d'inventer ne serait-ce que le centième de ce que j'allais vivre.

« Instantanément, je flotte au-dessus de mon corps. Tout ça pour voir le sorcier m'extirper le cœur de la poitrine et le brandir à ses fidèles au comble de l'excitation. Mais ce n'est pas cela qui m'intéresse, car je suis aussi dans mon canapé et je sais ce que je cherche. La distance "temporelle" agit comme un filtre et je peux facilement me sentir très "spectateur" de tout ce que je vois, bien qu'il s'agisse de ma propre douleur…

« Je détourne les yeux (ou plutôt l'équivalent de l'organe de la vue étant donné mon état désincarné) et je scrute autour de moi. Une présence ! C'est évident. Une présence tourne autour de moi et cherche à me contacter. Mais je sens qu'elle n'y arrive pas. Il s'agit manifestement d'un autre désincarné. M'attendant à la rencontre avec l'être de lumière, je cherchais sa présence dans cette présence flottant autour de moi. Puis, je me souviens avoir murmuré à la dame, mon guide : "Ce n'est pas lui." La pauvre ne comprenait pas grand-chose de ce que je vivais, car je ne lui racontais que brièvement mes découvertes, occupé que j'étais à les revivre… Je m'apprêtais à le lui expliquer un peu mieux quand un point de lumière apparut au loin… Venu de nulle part, il emplit soudain tout l'espace. Le temps que je me demande de quoi il s'agissait, Il était là ! Instantanément ! Cette fois, c'était Lui, l'Être de lumière ! Là, le doute n'était plus permis. Quelle puissance ! Quelle beauté ! Quel Amour infini ! Quelle compassion ! Quelle compréhension ! Je suis aussitôt tombé à genoux (j'avais donc des genoux ?), "bras" écartés, incapable de faire un autre geste. La présence m'absorbait, m'englobait, me chérissait, m'aimait, me comprenait, m'expliquait, me montrait, me guérissait, me pardonnait et… me faisait rire ! Aux éclats ! Oui, Elle était aussi la manifestation de l'humour ! Et tout ça sans échanger un seul “mot”. Sa simple présence comportait tout ce que j’ai cité. En fait, la communication est attachée à “l’état d’être”. Elle fait partie de nous car nous existons. Et c’est ce mode direct qu’utilise l’Être… (Que les mots sont inadéquats !)

« Je vais essayer de décrire l’Être encore mieux — constatez la majuscule au mot “Être” : je ne peux m’empêcher de la mettre, car rien ni personne sur cette terre ne me semble mériter mieux ce signe de respect. Imaginez le soleil (l’image est quasi parfaite), mais celui-ci quitte sa position dans le ciel et… vient vers vous ! Maintenant, remplacez sa présence (la vue que vous avez de lui) par de la PUISSANCE. À l’état brut et absolu. Il peut tout, rien ne lui est étranger dans cet univers, rien n’existe hors Lui. Il EST. Ensuite remplacez la chaleur du soleil par de l’AMOUR. L’Amour absolu, celui qui ne calcule pas, celui qui guérit, pardonne, dilate, qui ne juge pas, qui réchauffe, qui est inconditionnel, qui compatit… L’Amour puissance des milliards ! À la limite de ce que vous pouvez supporter sans que votre conscience ne fonde en essayant de hurler de bonheur. Indescriptible ! Pour finir, remplacez la lumière du soleil par de la CONNAISSANCE. Bizarre, non ? La connaissance de tout ce qui est, de tout ce qui a été et de tout ce qui sera. La connaissance absolue de tout, tout, tout. Avec vous au milieu, soudain capable d’envisager une telle omniscience. Pis, l’Être ne connaît pas, il EST la connaissance ! Le savoir final, le pourquoi de toute chose, le Début et la Fin.

« La gentille dame m’a dit par la suite que mon visage semblait transfiguré de bonheur. Je la crois sans problème ! Même un ver de terre aurait été transfiguré par une telle présence…

« Comme redoutant ce qui pouvait advenir (du genre que je ne veuille plus revenir…), c’est justement la dame qui m’a commandé, ordonné, de faire cesser mon expérience. Impossible de s’arracher à La présence ? Pas du tout. La pensée, votre pensée est bien plus puissante que vous ne l’imaginez, surtout décorporée… Une pensée, une seule, a suffi pour que l’Être disparaisse instantanément de ma vue.

« Est-ce que, depuis, je regrette son absence ? C’est évident. Toutefois, l’Être de lumière qui m’est apparu ce jour-là ne m’a jamais vraiment quitté. *Je dirais même qu'il avait toujours été avec moi et qu'il le sera désormais encore plus, conscient que je suis devenu de son existence*[1]. Peut-être comprenez-vous un peu mieux maintenant ce que j'ai voulu dire en écrivant, un peu plus haut, que mon imagination aurait été incapable d'inventer le centième de ce que j'allais vivre. Et je persiste ! À quiconque essaiera de me démontrer que j'ai rêvé, halluciné ou quoi que ce soit, je répondrai : "Désolé, je ne sais pas vraiment l'expliquer, mais je sais que ce que j'ai vu, je l'ai vu."

« La suite ? La vie m'a emporté à 200 à l'heure et, trop jeune, je n'ai jamais pu remercier suffisamment la gentille dame ; mais je la retrouverai. Ma recherche spirituelle ne connaît pas de bornes aujourd'hui et je la poursuis sans relâche. Hors de toute religion établie mais sans en renier aucune. Avec la conscience claire que toutes sont des chemins différents menant au même Dieu. Ma notion de Dieu est désormais bien plus claire qu'avant : je sais aujourd'hui notre petitesse et notre vanité d'humains à vouloir le tutoyer ou, pis, à vouloir nous passer de Lui… »

On ne manquera pas d'être frappé, dans ce témoignage, par le réalisme du vécu et les répercussions de cette EMI induite par la régression hypnotique, en tous points comparable au schéma d'une EMI *classique*. Un constat riche de promesses pour de futures recherches. Remarquons encore que Manu différencie nettement ce qui est susceptible de relever de son propre imaginaire, la scène du sacrifice en l'occurrence, de l'épisode transcendant qui semble appartenir à un autre versant de la réalité : « Mon imagination aurait été incapable d'inventer le centième de ce que j'allais vivre. » Cette distinction laisse à penser que la partie transcendante de tout EMC est un épisode indépendant du contexte qui en dessine les premières phases.

1. C'est moi qui souligne, tant cet aspect du témoignage confirme le sentiment de la présence, en chacun de nous, d'une parcelle divine qui nous lie à la Supra-Conscience et nous rattache les uns aux autres, en dépit des apparences — trompeuses, comme on le sait.

« Nouvelle hypnose » et autonomie de la conscience

Les applications thérapeutiques de l'hypnose éveillent parfois la capacité supposée de la conscience à l'autonomie. Nous en jugerons dans le récit d'un cas rapporté par le psychiatre américain Milton H. Erickson (1910-1980), l'inspirateur de la *nouvelle hypnose,* puisque la technique utilisée met en évidence la séparation « objective » corps/conscience. La compétence mondialement reconnue de Milton Erickson, qui fut président de l'Association américaine d'hypnose, l'amena à exercer de nombreuses responsabilités universitaires. Il fit également partie des premiers animateurs de la fameuse école de Palo Alto, fondée en Californie dans les années soixante par Gregory Bateson. Ce mouvement sera le fer de lance de la recherche sur les *systèmes* de communication (la cybernétique) et leurs applications dans le domaine de la thérapie de groupe, dite *systémique* (thérapie familiale en particulier).

Dans l'exemple qui suit, Milton Erickson nous démontre l'efficacité de l'hypnose sur la sédation d'une forme extrême de la douleur, grâce au recours à la *dissociation psychologique*. Le cas de cette femme, atteinte d'un carcinome primitif de l'utérus, a été évoqué par Erickson lors d'une conférence. La patiente endurait d'atroces douleurs dans tout le corps, le cancer ayant métastasé dans la moelle épinière et dans les hanches. Milton Erickson lui avait rendu visite à la demande de son médecin traitant. Celui-ci constatait que les analgésiques les plus puissants, même la morphine, étaient désormais inefficaces alors que le pronostic laissait encore espérer quelques mois de vie.

Erickson fut accueilli fraîchement par la malade qui considérait l'hypnose comme un *truc de foire* et ne souhaitait aucunement coopérer. En revanche, sa fille de dix-huit ans, Jane, assise à l'écart, semblait particulièrement attentive et visiblement inquiète de l'évolution de la maladie de sa mère. Afin de persuader celle-ci de l'efficacité de l'hypnose, il proposa de lui en faire la démonstration en hypnotisant Jane, qui montrait de toute évidence une *énorme disponibilité à la réponse*. La technique employée, qui vise à distraire l'attention du sujet afin d'induire chez lui un certain degré de confusion, aboutit rapidement chez Jane, à la dissociation recherchée, propice à l'entrée en transe.

Une fois Jane sous hypnose, Erickson lui demande d'ouvrir les yeux et de se projeter mentalement de l'autre côté de la pièce, de se sentir assise là-bas comme si elle y était réellement et de le regarder ; puis elle est invitée à refermer les yeux. Aussitôt il lui assène une forte claque sur la cuisse, tandis que la mère le poignarde du regard. À la question du psychiatre de savoir s'il lui a fait mal, Jane l'interroge en retour en lui demandant à propos de quoi il aurait pu lui faire mal. La mère interloquée reçoit une deuxième confirmation de l'anesthésie induite par dissociation lorsque Erickson renouvelle sa claque sur l'autre cuisse de Jane. Cette fois la patiente est convaincue et accepte aussitôt d'être hypnotisée.

Erickson lui suggère alors que ce serait très agréable pour elle, lorsqu'elle pressentira l'imminence d'une crise douloureuse, de laisser son corps dans son lit habituel pour se projeter dans cet autre lit, installé dans le côté opposé de la pièce. Quelques jours plus tard, un matin assez tôt, il passe rendre visite à la malade :

> « Que faites-vous ? », ai-je demandé à ma patiente.
>
> « Oh, dit-elle, je sentais venir une attaque de douleur, aussi j'ai pris ma tête et mes épaules, je me suis installée dans la chaise roulante pour venir ici dans le salon, afin de regarder un programme de télévision. » Et là, elle regardait un programme de télévision, psychologiquement, alors que son corps souffrant était resté dans la chambre. [...]
>
> En d'autres termes, vous pouvez utiliser la dissociation hypnotique afin d'induire indirectement une anesthésie pour des patients qui ne peuvent pas l'apprendre par suggestion directe. Faites-les simplement se déplacer dans une autre partie de la pièce, en laissant leur douleur là où ils étaient, et vous pouvez obtenir une anesthésie indirecte[1].

1. M. Erickson, *L'Hypnose thérapeutique – Quatre conférences*, Éd. ESF, 1986, p. 163 et suivantes.

Auriez-vous soupçonné d'aussi formidables ressources en vous ? Capables d'annihiler la plus vive sensation douloureuse en déconnectant la conscience de ses attaches avec une partie du système sensoriel pour l'expédier hors du corps, en toute lucidité. Ce qu'il y avait d'exceptionnel avec un personnage comme Milton Erickson, outre ses fantastiques compétences en matière d'hypnothérapie, c'était son humour et son formidable talent de conteur. Avec lui tout paraissait étonnamment simple et facile à mettre en pratique.

Mysticisme et stigmates

La transe hypnotique résulte, on vient de le voir, de l'intervention d'un tiers, l'hypnotiseur, qui emploie une technique plus ou moins directive selon les écoles. Mais il n'en est pas de même pour certaines formes de méditation qui reposent sur une autosuggestion de type hypnotique. Dans ce cas, schématiquement, le maître se limite à énoncer les principes de la méditation, à donner des conseils et à répondre de façon ponctuelle, souvent métaphorique, aux interrogations du disciple. Ce dernier se soumettra à un entraînement progressif, en partie fondé sur un mécanisme d'autosuggestion afin de perfectionner sa pratique de la méditation, en qualité et en profondeur. À charge pour lui de vérifier les enseignements du maître avec, pour objectif, peut-être, de connaître une authentique expérience d'expansion de la conscience, voire un éveil de *kundalini* s'il a choisi cette voie. Bien évidemment, pour que l'élève puisse partager le même type d'expérience que le maître, l'adhésion à sa philosophie est indispensable.

Mais le disciple pousse parfois le zèle bien au-delà des prescriptions du maître. Dans une perspective étendue de ce schéma de la méditation autosuggestive, le cas de certains grands mystiques chrétiens illustre cette tendance à un mimétisme outrancier. On peut faire l'hypothèse que dans leurs pratiques méditatives ces fervents adorateurs se sont complètement identifiés au personnage du Christ. Quelques-uns, allant jusqu'à *christalliser* son calvaire dans leur propre chair, ont enduré à leur tour les souffrances que le maître modèle, ou le maître miroir, a lui-même vécues.

L'hypothèse d'un mécanisme d'autosuggestion, essentiellement de nature inconsciente, à l'origine des stigmates n'est pas toujours bien reçue. Comme en tout domaine, la virulence de la contestation est proportionnelle au degré de croyance dans le phénomène incriminé. Il se rapporte ici à une manifestation décrétée d'origine divine, les stigmates christiques, qui vaut certificat de miracle et peut venir sanctifier son récipiendaire. Situées sur l'autre versant de ces répercussions d'ordre psychosomatique que produit l'identification à un modèle idéal, les guérisons qualifiées de miraculeuses relèvent d'un processus analogue.

En effet, si l'on conçoit que le psychisme est impliqué dans l'apparition d'un stigmate, d'une maladie ou d'une infirmité, il est fondé de supposer que la guérison emprunte les mêmes voies, fussent-elles les voies du Seigneur ; après tout, chacun est libre de ses croyances. En d'autres termes, une cause psychique est à même d'annihiler ce qu'une cause de même nature a déterminé[1]. On retrouve dans cet axiome le principe de base de toute relation psychothérapique. Dans le cas du miracle il s'agit plutôt d'une *autothérapie*, une démarche intérieure, conditionnée par une foi qui stimule les facultés naturelles d'autoguérison[2].

En guise d'illustration, je peux prendre ce cas de complète cécité dont j'ai moi-même été le témoin visuel, si je puis dire. Elle

1. À comparer avec ce commentaire du traducteur de *Guérir envers et contre tout* : « Tout comme on peut faire une maladie psychosomatique, quelqu'un de malade peut prendre l'autre direction et rétablir une bonne santé psychosomatique » (Simonton et Creighton, L'Épi, 1991, p. 33).

2. À propos de ces facultés naturelles d'autoguérison, un pharmacien de Nancy, Émile Coué, avait compris dès le début de ce siècle les avantages que l'on pouvait obtenir de l'autosuggestion dans le domaine de la santé. La méthode qu'il préconisait, inspirée de l'école d'hypnotisme de Nancy, a d'abord connu un accueil mitigé, puis une considération attentive avant de disparaître, entraînée par le reflux de l'hypnose et l'emprise croissante du positivisme. La mémoire collective en a fait un objet de dérision, en dépit des efforts méritoires d'un dernier carré de partisans qui œuvrent à en réhabiliter les principes.

est apparue spontanément un matin au réveil, sans cause apparente, chez un homme d'une cinquantaine d'années, catholique pratiquant et très croyant. Outre d'avoir consulté un ophtalmologue, qui s'était perdu en conjectures, ne découvrant aucune cause organique ou fonctionnelle à cette brutale infirmité, il avait amplement recouru à la prière. Peu de temps après, la vue lui est revenue progressivement et il s'est complètement rétabli en une dizaine de jours, sans la moindre séquelle et sans plus d'explication. On pourrait rapprocher cet exemple des guérisons d'aveugles dont les Évangiles font état[1] et pour lesquels il est tout aussi légitime d'invoquer l'hypothèse d'une symptomatologie pithiatique.

De plus en plus, la communauté médicale, sensible à l'accroissement des troubles psychosomatiques, met en cause l'incidence prépondérante du facteur environnemental. C'est déjà là un grand progrès. Mais la plupart des médecins sont plus réservés quant à la responsabilité d'une autosuggestion inconsciente ou même d'une suggestion directe. Ce à quoi Raymond Moody, parmi d'autres, oppose des arguments qui montrent que la prééminence de l'esprit sur le corps est difficilement contestable : « On sait bien que si l'on conduit un sujet à l'état de transe profonde et qu'on lui dit qu'on lui met un objet brûlant sur la peau, la suggestion fera apparaître des cloques[2]. » Inversement, dans le même registre, une multitude de guérisseurs *enlèvent le feu* (brûlures et autres coups de soleil), vérifiant à nouveau le précédent axiome, étendu dans le cas présent à des causes traumatiques. Le même auteur fait référence, lui aussi, à des applications thérapeutiques de l'hypnose, tel le cas de cette maladie congénitale dont le processus de guérison a été enclenché par la suggestion :

> La littérature médicale relate le cas célèbre d'un enfant atteint d'ichtyose et qui a été soigné par hypnose. L'ichtyose est une maladie congénitale qui donne à la peau un aspect noir et écailleux. Un médecin hypnotisa l'enfant et lui suggéra que

1. Voir par exemple Matthieu 9, 27, Luc 18, 35 et Jean 5, 2 et 9, 2.
2. *Voyages dans les vies antérieures*, Robert Laffont, 1990, p. 89.

les lésions disparaissaient. C'est ce qui se passa dans les quelques jours qui suivirent la séance.

On pourrait encore citer bien d'autres exemples qui démontrent amplement que les émotions peuvent entraîner des transformations physiques étonnantes.

Ces transformations physiques étonnantes, la méditation contemplative, que l'on peut assimiler à une forme particulière d'autohypnose, les met donc en œuvre chez certains mystiques. Leurs émotions, pour reprendre le mot de Moody, sont liées à des mécanismes d'autoconditionnement parmi lesquels celui de l'identification au maître ; cet *idéal du Moi,* dans la terminologie de la psychanalyse. Le respect scrupuleux des préceptes que le maître a édictés représente pour ces méditants la seule raison de vivre… et de mourir. Mais d'abord de mourir à soi-même puisque la personnalité propre doit s'estomper, puis disparaître pour laisser la place à celle, idéalisée, sublimée, du maître. Ce sont évidemment les mystiques stigmatisés, très majoritairement des femmes, qui s'approchent au plus près de ce modèle.

Il convient de préciser que ce n'est pas tant le côté extraordinaire de la reproduction des blessures du Christ dans un corps *caisse de résonance* qui importe, que la relation entre ce corps, le psychisme et le niveau transpersonnel, spirituel donc, de la conscience du stigmatisé. L'extase mystique, le ravissement, dépend davantage de ce dernier niveau, alors que la survenue de stigmates relève plutôt des deux autres composantes, *psyché* et *soma.* De sorte qu'un stigmatisé peut très bien ne jamais s'être connecté au niveau transpersonnel et n'avoir jamais connu d'expériences extatiques profondes.

Le cas célèbre du padre Pio, l'un des rares hommes ayant reçu les stigmates complets du Christ, témoigne des répercussions physiques extraordinaires que peut susciter un mécanisme d'identification. Celui-ci, dans le cas présent, a été entretenu par un processus d'autosuggestion posthypnotique au long cours, particulièrement efficace, comme l'indique Moody :

En 1918, alors qu'il disait la messe, le padre Pio tomba dans une sorte de transe puis s'évanouit. Les médecins présents l'examinèrent et trouvèrent des blessures aux mains, aux pieds et au côté.

Au début, même le Vatican resta sceptique quand le padre Pio affirma que ses blessures étaient un « acte de Dieu ». Mais les blessures ne guérirent jamais. Elles ne cessèrent de saigner, imbibant parfois plusieurs pansements par jour.

Finalement, après plusieurs années de saignement (et d'observation pour être sûr qu'il ne se blessait pas lui-même), le Vatican reconnut officiellement les stigmates du padre Pio comme étant d'origine divine. Pour beaucoup de chercheurs médecins le cas du padre Pio est un simple cas d'accomplissement de désir, rendu possible par autohypnose[1].

Outre la traduction psychosomatique du phénomène d'identification autohypnotique, la plupart des mystiques ont fait l'épreuve de sa dimension transpersonnelle. Celle-ci, au vu de ce que nous savons désormais des capacités de la conscience, apparaît comme le lieu d'expression de la parcelle divine inhérente à tout être humain. De ce point de vue, l'origine divine des stigmates du padre Pio est une probabilité que l'on ne peut écarter. Il aurait ainsi accédé à la source même de cette parcelle divine, la Supra-Conscience, à l'instar d'autres mystiques de toutes confessions. Il a connu un éveil de *kundalini* aurait-on dit ailleurs. Mais au plan intellectuel, il ne pouvait relier ses stigmates qu'à un seul modèle, dont sa religion a fait le symbole emblématique, le Christ mort sur la croix pour racheter les fautes de l'humanité. Le corps de ce prêtre italien, sa dimension physique, n'avait aucune raison de se soustraire aux contraintes que lui imposait sa dimension

1. R. Moody, *Voyages dans les vies antérieures*. Les phénomènes extraordinaires du mysticisme, dont les stigmates, sont la matière de plusieurs livres. Voir, par exemple, Hélène Renard, *Des prodiges et des hommes,* Philippe Lebaud, 1987, et Pierre Jovanovic, *Enquête sur l'existence des anges gardiens,* Filipacchi, 1993. À noter que, sous la pression des fidèles, le padre Pio a été canonisé en mai 1999.

spirituelle, fortement motivée par la nécessité d'une souffrance rédemptrice conforme à celle qu'avait endurée le Moi idéal.

Lorsque le padre Pio mourut en 1968, les stigmates qu'il portait depuis cinquante ans disparurent. Le lien entre la nature psychosomatique du saint homme et le niveau transpersonnel de sa conscience, sa nature spirituelle, s'était définitivement rompu. D'une autonomie relative, sa conscience avait choisi l'indépendance.

Les ténèbres initiales étaient remplacées par une lumière brillante, qu'il était capable d'approcher et dans laquelle il réussit à se fondre. Les sentiments qu'il décrivit à propos de l'expérience de la lumière furent ceux du sacré et d'une paix intérieure profonde.

S. GROF et J. HALIFAX[1]
(Témoignage d'un patient « traité » au LSD)

CHAPITRE X

Les hallucinogènes

Afin de mieux comprendre le témoignage d'une expérience de mort imminente recueilli en 1984, ma recherche s'était d'abord orientée vers les substances hallucinogènes. Au cours de mes lectures, les descriptions de vécus induits par certaines drogues hallucinogènes m'avaient intrigué au plus haut point. Quelques-uns de ces états modifiés de conscience présentaient nombre de traits communs avec les EMI, venant au surplus étayer l'hypothèse d'une forme d'autonomie de la conscience.

Les analogies relevées au fil de l'investigation étaient parfois si manifestes que la responsabilité, ou pour le moins la coresponsabilité, d'un facteur biochimique dans le processus inducteur de

1. *La Rencontre de l'homme avec la mort*, Éd. du Rocher, 1990, p. 232.

l'EMI faisait peu de doute. Et il devait en aller de même pour tous les états modifiés de conscience, quelle qu'en soit la nature, que la substance incriminée soit naturelle ou synthétique.

Par ailleurs, nous savons que les molécules hallucinogènes en cause neutralisent, ou perturbent profondément, le fonctionnement des circuits corticaux sollicités dans l'état de conscience ordinaire. Ce qui induit à penser que certaines zones profondes du cerveau, libérées des « parasitages » générés par la couche neuronale supérieure, pourraient amplifier la connexion au domaine habituellement inaccessible de la *réalité transphénoménale.*

Dans un premier temps, considérons les substances hallucinogènes d'origine naturelle, dont certaines sociétés traditionnelles perpétuent encore l'usage. L'accent portera essentiellement sur les éléments de comparaison avec les vécus d'états modifiés de conscience à connotation transcendante. Des éléments qui plaident, nous le savons, en faveur de l'hypothèse *autonomiste* de la conscience. C'est dans cette même optique que nous jugerons, dans la deuxième partie, des effets du LSD utilisé dans le cadre d'une thérapie expérimentale d'accompagnement des malades en fin de vie.

Le cannabis

Le principe actif du cannabis, le *tétrahydrocannabinol* (THC), est extrait des pieds femelles du chanvre indien *(Cannabis indica)*, du chanvre européen *(Cannabis sativa)* ou de variétés récentes issues de croisements. Il se consomme sous différentes formes et appellations :

— l'*herbe* à fumer, composée des feuilles et des sommités fleuries de la plante, contient, après séchage, 10 à 15 % de THC. On la désigne sous différents termes[1] : marijuana, marijeanne,

1. Les dénominations sont pléthoriques, tombent rapidement en désuétude, désignent parfois indifféremment l'herbe ou la résine, et varient d'un groupe de consommateurs à l'autre, d'un fournisseur à l'autre, d'une région à l'autre, voire d'un quartier à l'autre d'une même ville.

ganja, gandia, weed (prononcer *ouide*), beu, kif, pote, takrouri, macoñha...

— la *résine,* obtenue en mélangeant le suc extrait par raclage des feuilles avec de la poudre de plants séchés. Le tout est ensuite compressé en unités d'un kilo découpées, pour la revente, en plaques (100 ou 200 g) ou en *savons* (250 g). Son taux de THC se situe autour de 40 %. Elle est couramment dénommée *haschich,* mais les usagers lui donnent de multiples noms : hasch, shit, teuch, teuchi, zetla, chocolat, tagga, chira... Incorporée au tabac, elle se fume, comme l'*herbe*, dans une pipe ou, dans les pays occidentaux, sous la forme du fameux joint (pétard, tarpé, buzz, chichon...). Elle y est plus rarement consommée en mélange avec des aliments, surtout des amuse-gueule et des pâtisseries.

— l'*huile*, enfin, peu utilisée dans ces mêmes pays, est extraite par pression de la résine et avoisine 60 % de THC.

Les effets du cannabis, plus ou moins puissants selon la dose de THC absorbée, la personnalité du sujet et le contexte, correspondent peu ou prou à ceux de la plupart des hallucinogènes psychédéliques. Parmi les plus habituels on relève une altération de la perception de l'environnement, parfois du schéma corporel, qui, à dose élevée, aboutit à le voir se déformer, onduler ou se morceler. L'acuité visuelle et auditive est augmentée, les couleurs et les sons bénéficient d'un gain esthétique. La notion de durée s'estompe, le temps s'écoule lentement. Un sentiment d'euphorie prédomine. À terme, le sujet sombre dans un profond sommeil.

Les derniers éléments de cette description sont proches du tableau de l'anxiolytique idéal. Et surtout naturel ! ajouteraient les adeptes dont, à titre indicatif, je ne suis pas. Quelques-uns des rares effets secondaires signalés sont d'ailleurs équivalents à ceux de la plupart des anxiolytiques. À savoir, pour certaines catégories de consommateurs, le risque d'une certaine accoutumance psychologique, de même que le développement progressif, pour les plus intoxiqués, d'une paresse physique et intellectuelle, ainsi que de troubles de la mémoire et de l'attention. Toutefois, ces effets secondaires sont souvent reliés à la personnalité du sujet.

Carl von Linné, le célèbre naturaliste du XVIIIe siècle, introduisit le cannabis dans sa classification en 1753 sous le nom de *Cannabis Sativa.* Son utilisation est cependant beaucoup plus ancienne, puisqu'il était déjà connu dans l'Antiquité pour posséder des vertus médicinales. Ces vertus étaient mises à profit par les apothicaires du Moyen Âge, et la plante servait aussi, dans le cadre des pratiques de sorcellerie de cette époque, à préparer élixirs et autres philtres dotés de pouvoirs surnaturels[1]. D'ailleurs, vers le milieu du XVIe siècle, dans son *Tiers Livre,* François Rabelais[2], qui était aussi médecin, évoque le cannabis qu'il baptise *Pantagruelion* en référence à son célèbre personnage. On le redécouvre, en France, au début du XIXe siècle, dans la foulée de la campagne napoléonienne au Proche-Orient (Égypte et Syrie) par l'entremise de médecins et de militaires du corps expéditionnaire.

En 1851, Baudelaire décrit les effets du cannabis, dans *Du vin et du haschich*, de façon analogue à ce que nous savons aujourd'hui de certains EMC d'allure transcendante : « La personnalité disparaît… toute douleur a disparu… vous planez dans l'azur… quelque chose d'indescriptible… béatitude calme et immobile… tous les problèmes philosophiques sont résolus… le temps avait complètement disparu. » Ces correspondances se retrouvent aussi, on le verra, dans les transes induites par d'autres hallucinogènes psychédéliques.

Signalons enfin que l'état modifié de conscience qui résulte de l'intoxication cannabinique dépend essentiellement, si l'on excepte les réponses idiosyncrasiques, de trois critères : la teneur en THC de l'échantillon, le contexte dans lequel celui-ci est consommé et les effets qu'en attend le sujet. En d'autres termes, les propriétés de l'inducteur chimique, le rôle suggestif de l'environnement et celui de l'autoconditionnement, en accord avec les

---

1. La légende du vol des sorcières, à califourchon sur un balai, est probablement inspirée du récit de leurs transes induites par de mystérieux onguents agissant par voie transcutanée. Voir M. Harner, *Hallucinogènes et chamanisme*, chap. VIII.
2. *Le Tiers Livre*, Éd. A. Colin, Paris, 1962.

valeurs partagées par le groupe, sont des facteurs dont la synergie influera sur la qualité de la transe. Plus largement, ce sont des paramètres communs à l'induction de toutes les transes psychédéliques.

L'ayahuasca

Les Indiens *Shuar* (Jivaros) de la forêt équatorienne appellent *ayahuasca* le breuvage hallucinogène doté de pouvoirs magiques, présumé leur ouvrir les portes de la *vraie réalité*. Cette boisson est élaborée à partir d'au moins deux plantes qu'on ne rencontre qu'en Amazonie, mais sa composition, souvent réservée aux chamans, peut intégrer un nombre d'ingrédients beaucoup plus élevé[1]. La première plante est la *chacruna (psychotria viridis)* qui contient une puissante molécule hallucinogène, la DMT *(diméthyltryptamine)*. La DMT, qui est par ailleurs une neurohormone naturelle, est aussi présente dans l'*epená*, extrait de l'une des multiples espèces de *virola*, et dans le *yopo (anadenanthera peregrina)*, tous deux utilisés pour leurs vertus hallucinogènes par divers peuples indiens (Yanomami, Kogui, Guarani, Waika, Piarca...). L'autre plante qui entre dans la préparation du breuvage est une *malpighiacée (banisteriopsis caapi)* qui en Équateur et au Pérou donne son nom, *ayahuasca* (du quechua, *liane de l'âme*), à la préparation hallucinogène ; elle est aussi dénommée, selon les régions et les ethnies, *yajé, yagé, caapi, mihi, kahi, natema, pindé, dápa...* Parmi les alcaloïdes identifiés dans l'ayahuasca on trouve l'*harmine,* l'*harmaline* et la *tetrahydroharmine*, des *inhibiteurs de la monoamine oxydase* (IMAO). Si l'on sait que la monoamine oxydase (MAO) est une enzyme digestive qui dégrade la DMT, on comprend que le rôle de cette deuxième

1. Schultes et Hofmann recensent près d'une trentaine d'additifs, parmi les plus utilisés, susceptibles d'entrer dans la composition de l'ayahuasca selon les effets recherchés. La liste est détaillée à la page 134 de leur ouvrage, *Les Plantes des dieux,* Éd. du Lézard, 2000.

plante est donc de permettre son assimilation en s'opposant à l'activité de la MAO. Pour cette raison, dans la préparation du breuvage hallucinogène les deux plantes sont indissociables. On peut se demander, au vu de la diversité des espèces végétales amazoniennes (80 000 plantes supérieures répertoriées), de quelle façon les Indiens ont acquis une *science* botanique aussi pointue. Cette énigme interpelle au plus haut point les ethnobotanistes qui se sont penchés sur la question. D'autant plus lorsque les indigènes stipulent que c'est la plante elle-même qui leur a enseigné de tels secrets !

Pour clore cette brève présentation de l'ayahuasca, j'ajouterai que ses effets sont particulièrement étonnants, voire fantastiques, et que les vertus paranormales de l'EMC qu'induit cette *médecine* sont encore utilisées par quelques peuples amazoniens. Ainsi, des chamans indiens disent sortir hors de leur corps et bénéficier, alors, d'un don de clairvoyance leur permettant de percevoir des événements qui se déroulent à grande distance parfois. Au cours de leur « vol », ces *hommes-médecines* peuvent repérer un objet égaré, un enfant perdu dans la forêt, un ennemi se préparant à attaquer le village, un individu soupçonné d'un délit ou d'un meurtre, un chaman se livrant à une sorcellerie maléfique, etc. Les facultés paranormales que l'on prête à l'ayahuasca les autoriseraient, également, à diagnostiquer des maladies et à en prescrire les remèdes adéquats. Par ailleurs, curieusement, nombre d'expérimentateurs occidentaux, à l'instar des Indiens d'Amazonie, évoquent des visions similaires d'animaux : tigres, jaguars, anacondas, etc.

Sur ce point, il est peu probable que ces visions récurrentes d'animaux symboles obéissent exclusivement à un mécanisme neurochimique. Aussi est-il permis de postuler l'existence d'un stock archétypal de symboles susceptibles de se révéler lors d'EMC induits par ce type d'hallucinogène (c'est d'ailleurs l'opinion de Claudio Naranjo, ethnologue spécialiste des Indiens d'Amazonie). Tout individu, quelle que soit sa culture, accéderait de la sorte à ce méta-registre transpersonnel dont la théorie de l'*Inconscient collectif* de C. G. Jung posait l'existence, que

Jeremy Narbi attribue, lui, à l'ADN[1], et pour lequel j'ai proposé la notion de Supra-Conscience.

Par-delà les supputations théoriques, l'interprétation de ces visions symboliques ne présente pas, quant à elle, un caractère universel comme le précise Jean-Patrick Costa : « L'interprétation de ces effets, qui seraient communs à tous les hommes, reste soumise au crible de la culture. En cela, les visions des Amérindiens se démarquent toujours de celles des Occidentaux. Les Indiens ne voient pas la forêt comme nous, si bien que la réalité cachée à laquelle ils accèdent sous EMC recèle une autre signification pour eux[2]. »

L'iboga

L'*ibogaïne*, principe actif extrait des racines de l'arbuste tropical *Tabernanthe iboga*, possède des vertus hallucinogènes extrêmement puissantes. L'une de ses particularités distingue toutefois cette substance des autres psychédéliques. En effet, utilisée au Gabon dans l'initiation *Bwiti*, elle permettrait au néophyte de faire l'expérience de la mort. Rien de moins ! Sa consommation n'est d'ailleurs pas sans danger puisque des décès par doses létales ont été signalés. L'expérience de la mort vécue au cours de la transe induite par l'iboga présente parfois de nettes similitudes avec le schéma d'une EMI. De même que pour la transe sous ayahuasca, l'idée d'une autonomie de la conscience, d'un périple dans une autre dimension de la réalité, y est clairement évoquée.

De telles similitudes n'ont pas échappé à Évelyne-Sarah Mercier, la fondatrice de IANDS-France. Dans le cadre de sa

---

1. Jeremy Narby (*Le Serpent cosmique,* Georg Éditeur, coll. « Terra Magna », 1999), on le verra au chapitre suivant, relève dans les visions sous ayahuasca une forte prédominance des visions de serpents, symboles des mythes de création, qu'il associe à l'omniprésence sur la planète de la molécule d'ADN, perçue comme un entrelacement serpentiforme.
2. Communication personnelle.

formation anthropologique, couplée à sa recherche sur les EMI, elle a voulu vérifier en personne, fort courageusement, les effets de l'iboga. Pour ce faire, elle s'est rendue sur place, au Gabon. Grâce à l'intercession d'amis gabonais et français résidents, elle a pu participer à une initiation *Bwiti* organisée par des Fangs, l'ethnie majoritaire.

Le *Papa*, chargé de superviser la cérémonie, et la *Maman,* la responsable principale de l'initiation, lui ont donné diverses instructions. Après avoir mastiqué et avalé l'écorce broyée de racines d'iboga, le bois sacré, d'une amertume insupportable, Évelyne-Sarah a vécu une profonde expérience d'expansion de la conscience :

> Pourtant, je ne vois personne. Je traverse comme un avion des mondes inconnus. Mais cette fois, j'en ai la conviction, il ne s'agit plus d'hallucinations. Ces mondes sont d'un autre ordre. Je comprends la sensation de « bascule », de tourbillon, la nature du tunnel et le déplacement de la conscience dans les différentes réalités.
>
> Arrivent alors sur moi, dans un « travelling » qui ne semble pas avoir de fin, des forêts de sapins verts, bruns et dorés. Des mondes autoluminescents, d'une beauté de légende. Je survole des espaces bâtis, totalement incongrus : des villes aux architectures diaphanes, aériennes, translucides, incomparablement plus belles que toutes les images de la science-fiction.
>
> [...] Ce n'est pas qu'à ce niveau de réalité il n'y a plus rien, puisqu'il y a tout, mais un tout qui n'a plus rien d'humainement concevable, plus aucun sentiment humain, plus aucun sens humain. L'énergie créatrice et son antagoniste, la destructrice, paraissant se confondre[1].

Le lendemain matin, au chant du coq, l'initiateur demande à Évelyne-Sarah quel est son *nkombo*. Il s'agit de la formule clé qu'elle est censée avoir rapporté de sa visite sur *l'autre rive*, la preuve formelle de son initiation. Hélas ! elle ne sait quoi dire...

1. E.-S. Mercier, *Le Voyage interdit*, Belfond, 1995, p. 242 et suivantes.

Malgré ses efforts pour retrouver trace du précieux sésame dans sa mémoire, elle ne se souvient d'aucun message.

Soudain, cette situation lui semble absurde. Tout cela n'est pas pensable, l'information demandée a sûrement dû lui être fournie de vive voix au cours de l'initiation. Aussi choisit-elle d'en appeler à la raison et de faire une proposition réfléchie, en fait une reconstruction rationnelle de son expérience hallucinogène, car rien de tout ceci ne lui revient en mémoire. Proposition rejetée ! Elle tente une deuxième réponse. Son guide, surpris et inquiet, la refuse également. L'initiation n'étant effective qu'après l'énonciation du *nkombo*, il lui faut donc repartir à sa recherche et convenir que c'est bien *de l'autre côté* que l'information lui a été donnée[1].

Mais comment y retourner ? Il n'y a pas de portes, comme on le dit dans certains écrits occultistes... Alors Évelyne-Sarah demande de l'aide, s'en remet à ce que ses initiateurs appellent les esprits. Après plusieurs heures à chercher intérieurement, les visions reprennent. Débute alors une terrible introspection qu'on nommerait en *langage NDE*, un panorama de la vie. Cette introspection se limitera toutefois aux aspects les plus signifiants de son existence passée.

C'est à l'issue de ce face à face avec elle-même que le signe se dévoile enfin. Mais il est en dialecte fang et elle n'en saisit pas le sens. Son unique certitude est de l'avoir trouvé, dans une évidence intérieure qui ne se discute pas et prend la forme d'une sérénité totale. La *Maman* comprend ce dialecte et valide enfin son *nkombo*, car elle a reconnu *la signature de l'invisible*. Plus tard, le *Papa* lui en donnera la traduction. Le signe s'est manifesté ainsi :

---

1. « Mes deux suggestions se voulaient convaincantes, mais par le détour d'une rationalisation compliquée. Je refusais alors de croire que cela venait effectivement de l'autre côté. *Idem* pour le prix de l'initiation à payer. On m'avait dit que c'était de l'autre côté qu'on me le dirait, mais je n'y croyais pas davantage. Je pensais qu'on me l'avait suggéré de vive voix dans mon initiation. La suite me prouva qu'il n'en était rien. Rappelée à l'ordre par la *Maman*, qui était mon guide, j'ai demandé et j'ai vu, sortant d'un puits, un paquet de billets avec un chiffre écrit dessus... » (Communication personnelle.)

> […] Un cœur d'or massif apparaît. Et il en sort des sortes de flammes-rubans de couleur blanche sur lesquelles est écrit mon *nkombo* en lettres noires. Un grand calme se fait en moi. Je n'ai plus besoin de chercher. […] Une sensation inconnue se manifeste au plexus solaire. Cela vibre. Une incroyable douceur est là, en moi. Je peux dialoguer avec elle...
>
> […] Je comprends que cette douceur est de l'amour. De l'amour à l'état pur. J'ai trouvé la réponse, la seule qui compte. Cette fois, c'est fini, je suis initiée…

Les transes psychédéliques de Carlos Castaneda

Commencée il y a plus de quarante ans, en 1960, la recherche de Carlos Castaneda (1926-1998) a passablement agité les milieux de l'anthropologie et de l'ethnobotanique. Il faut dire que les succès de librairie de ses nombreux ouvrages n'ont pas toujours été du goût d'un *establishment* scientifique habitué à des comptes rendus ethnologiques beaucoup plus conventionnels. Ses détracteurs les ont souvent dénoncés comme des œuvres de fictions, relevant de l'imposture. Des adeptes du New-Age y ont puisé généreusement, ce qui n'a pas manqué d'ajouter à la confusion, afin de teinter leurs thèses d'une couleur scientifique peu résistante à l'usage. Car nombre de griefs adressés à Castaneda reposent sur des éléments difficilement contestables, comme le montrent ces extraits du dernier livre de Jean-Patrick Costa :

> Dès 1960, il expérimente le peyotl en Arizona. Il s'inscrit alors à la faculté d'ethnologie de Los Angeles en prenant pour sujet d'étude « l'emploi des plantes hallucinogènes au Mexique », ce qui lui permet de rééditer chaque été des voyages en territoire yaqui dans le désert de Sonora. En 1968, il soutient sa thèse intitulée « Les enseignements de Don Juan », qu'il publie aussitôt sous le titre *L'Herbe du diable et la Petite Fumée*.
>
> […] Son travail est fort mal vu par les ethnologues : les éléments concernant la vie des Indiens sont pratiquement

absents alors qu'une large place est laissée à ses voyages oniriques. Mais ce n'est pas tout ; vers 1960, il n'existait déjà plus aucun village yaqui. Don Juan Matus serait un vieux sorcier métissé qui vivait en Arizona jusqu'en 1962 avant de se retirer au Mexique. Personne, excepté Castaneda, n'a pu rencontrer cet homme insaisissable. Dans une interview donnée lors de la sortie de son livre, Castaneda affirme qu'il ne le reverra plus pendant un bon moment, le temps de digérer ses enseignements, puis il se contredit quelques minutes après : « Je le visite fréquemment, je le vois même tout le temps »... Un mythe est lancé[1].

À lire ce bref extrait on se demande si un autre mythe, celui de Lobsang Rampa[2], n'aurait pas inspiré Castaneda... Sans entrer dans la polémique, mais au vu du précédent tableau, il est hors de question d'offrir ici un certificat de conformité à la démarche anthropologique de Castaneda. Cela étant, en dépit des controverses, ce dernier a incontestablement expérimenté, à diverses reprises, les hallucinogènes traditionnels des Indiens d'Amérique centrale. C'est donc à ce titre que nous examinerons quelques récits de Castaneda, sur la foi des descriptions de ses transes hallucinogènes plutôt que sur ses véritables compétences d'ethnologue.

Car du côté expérimental, Castaneda a fourni quantité de données portant sur les effets de la *scopolamine* et de l'*hyoscyamine,* les principes actifs de la *datura (datura inoxia).* De même pour la *mescaline* (la *triméthoxyphényléthylamine* pour les

---

1. *Les Chamans, hier et aujourd'hui*, Flammarion, 2001, p. 97 et 98.

2. À la fin des années cinquante, ce prétendu lama tibétain enchaînait les succès d'édition. Ceux-ci enthousiasmèrent des millions de lecteurs de par le monde, participant probablement à faire le lit de la vogue lamaïste actuelle. Or il s'avéra que ce personnage, de son vrai nom Cyril Hoskins, n'était absolument pas lama, pas davantage bouddhiste, et n'avait jamais mis les pieds au Tibet. Il possédait en revanche une bonne connaissance livresque des us et coutumes de ce pays. Un peu moins du sien puisque, pour échapper au fisc anglais, il s'expatria au Canada où il mourut en 1978 d'une crise cardiaque, laissant derrière lui une renommée quasi intacte. De fait, à ce jour encore, ses ouvrages sont présentés comme ceux d'un lama tibétain. (Informations empruntées à l'ouvrage de Henri Broch, *Le Paranormal*, Éd. du Seuil, coll. « Points », 1989.)

intimes !) et la *psilocybine*, les alcaloïdes respectifs du cactus *peyotl (lophophora williamsii)* et du champignon *psilocybe (psilocybe mexicana)*. Ces hallucinogènes étaient consommés par les Indiens d'Amérique centrale lors de rituels magiques, thérapeutiques ou initiatiques. Ils les considéraient comme de précieux conseillers et de fidèles protecteurs pour qui savait les utiliser dans le respect des rites ancestraux.

Si la réalité consensuelle est affaire de raison, pense-t-on, les récits de Castaneda bousculent sérieusement notre façon de l'appréhender. De fait, interprétées dans le registre de la réalité ordinaire, ses descriptions de transes sont complètement invraisemblables ; et c'est peu dire. Il faudrait, à la rigueur, en décrypter le symbolisme afin de pouvoir se projeter mentalement dans la *réalité* fantastique que nous décrit l'auteur, toute tentative de rationalisation étant superflue. Une telle clé de lecture nous est d'ailleurs fournie par la première phrase de l'avant-propos de son ouvrage : « Ce livre est à la fois ethnographique et allégorique[1]. » C'est donc en connaissance de cause, bien que la démarche de Castaneda ne soit pas jugée *scientifically correct*, que des extraits de ses propres transes psychédéliques serviront de support à cet exposé.

Au préalable, situons rapidement le mouvement qui a permis, dans les années soixante, le défrichement de ces nouveaux domaines de la recherche anthropologique et de l'expérimentation des hallucinogènes traditionnels. Domaines dans lesquels, simultanément à la démarche de Timothy Leary[2], l'idéologue

1. *L'Herbe du diable et la Petite Fumée*, Christian Bourgois, 1968 (rééd. 1984). Il s'agit de la première phrase de l'avant-propos rédigé par Walter Goldschmidt. Le livre décrit l'enseignement délivré à Castaneda par Don Juan Matus, concernant l'usage et les effets des plantes hallucinogènes traditionnelles ; un enseignement qui servit de toile de fond à sa thèse d'anthropologie.
2. À noter une anecdote insolite, digne de ce bouillant professeur de psychologie de l'université Harvard. Selon ses dernières volontés, les cendres de Timothy Leary furent placées dans deux urnes mises en orbite autour de la planète. Faut-il y voir un ultime pied de nez à ses détracteurs ? Toujours est-il que le chantre de la *beat generation* est allé au bout de ses idées et plane désormais pour l'éternité !

emblématique de la contestation des valeurs de la société nord-américaine, s'inscrivait l'investigation de Castaneda :

> À ce moment-là, dans le contexte de la contre-culture américaine, une nouvelle génération de psychologues et d'anthropologues fait l'expérience des substances hallucinogènes et engage des recherches sur le terrain. Au cours de l'été 1960, Timothy Leary consomme à Cuernavaca (Mexique) des champignons hallucinogènes, fait ainsi un voyage mystique, le décrit, engage des recherches en laboratoire sur l'expérience hallucinogène et propose une « politique de l'extase » à la nouvelle génération (Leary, 1979)[1].

Lors de ce même été 1960, en Arizona, Carlos Castaneda rencontre Don Juan Matus, un vieil Indien originaire de l'État de Sonora (Mexique). Il souhaite obtenir de ce chaman yaqui des informations sur les rites qui président à la consommation des plantes hallucinogènes traditionnelles, sur leur choix, leur préparation et leurs effets. Don Juan, après s'être assuré de sa motivation, lui propose une véritable initiation tout en lui laissant le temps de la réflexion. Castaneda ne commencera d'ailleurs à bénéficier de l'enseignement de Don Juan qu'à partir de l'été suivant.

Le *Mescalito*, entité mythique de la culture des Indiens yaqui du Mexique, est supposé se manifester au cours de la transe induite par le peyotl, en mâchant les boutons cueillis au sommet de la plante ; un test qui impressionna fortement Castaneda. Il expérimenta aussi la *petite fumée*, l'alliée de Don Juan, une préparation à base de psilocybes et de plantes. Puis vint le tour de la datura, que les Indiens nomment *l'herbe du diable*, à laquelle il donna sa préférence. La réalisation de son mélange hallucinogène répond à un cérémonial et à une chronologie très stricts, imposant une préparation fastidieuse. Outre une décoction buvable, cette mixture soigneusement pilée et malaxée, composée des divers

1. Georges Lapassade, *Les États modifiés de conscience*, PUF, coll. « Nodules », 1987, p. 6.

segments de la plante (racines, tiges, feuilles), produit une pâte épaisse. Celle-ci est étalée et frottée sur différentes parties du corps selon la *sorcellerie* envisagée.

Castaneda prétend avoir expérimenté alternativement les trois plantes hallucinogènes, à plusieurs reprises et à des intervalles de temps plus ou moins espacés. Quelques descriptions de ses transes psychédéliques, particulièrement la composante autoscopique, présentent évidemment un lien direct avec le thème des EMC transcendants. Mais l'intérêt réside également dans les aspects paranormaux qui émaillent ses récits. On ne s'étonnera pas, dès lors, qu'une certaine mouvance New-Age ait trouvé en lui un guide tout désigné.

— *La puissance du Mescalito.*

L'ultime rencontre de Castaneda avec le Mescalito, lors d'un rituel organisé par ses amis indiens, débute par la mastication des boutons de peyotl. Il accède très vite à un EMC psychédélique qui s'achève sur une rencontre bouleversante dans une autre dimension de la réalité :

> Soudain, j'ai vu mon père debout au milieu du champ de peyotl. Mais le champ avait disparu : j'étais chez moi, dans la maison de mon enfance. Nous étions, mon père et moi, debout à côté d'un figuier. J'ai pris mon père dans mes bras et je me suis dépêché de lui dire des choses que jamais auparavant je n'avais été capable de lui dire[1].

— *La petite fumée*

Mélange poudreux à base de champignons psilocybes et de plantes, la *petite fumée* se consomme dans une pipe. Voyons comment son inhalation participe à la découverte de l'étrange inconsistance de la matière et de l'indéfinissable légèreté de l'Être :

1. Toutes les descriptions des EMC psychédéliques de Castaneda proviennent de son ouvrage initial *L'Herbe du diable et la Petite Fumée*.

J'étais libre, je me déplaçais avec une extraordinaire légèreté, à la vitesse de l'eau ou de l'air. Je nageais comme une anguille, j'ai fait des tours sur moi-même, je pouvais monter ou descendre comme je voulais. Un vent glacial soufflait tout autour de moi, et je me suis mis à flotter comme une plume, avant de m'enfoncer de plus en plus profondément.

Difficile de se faire une opinion sur la nature de ce genre de vécu. S'agit-il d'épisodes strictement hallucinatoires procédant de l'effet de la psilocybine ? Ou, laissant de côté toute tentative de rationalisation, de perceptions imputables à une *réelle* séparation corps/conscience ? Une conscience néanmoins manipulée par la drogue.

— *Les prodigieux pouvoirs de l'herbe du diable.*

Don Juan profite de la longue et minutieuse préparation de la racine de datura, d'une ordonnance rigoureuse, pour fournir diverses explications à Castaneda. Dans l'initiation à laquelle il va le soumettre, elles vont l'aider à éprouver ses capacités de perception extrasensorielles. Le chaman tend une tasse de liquide brûlant à son jeune disciple qui, tout en écoutant les dernières recommandations, ingurgite péniblement la décoction. Voilà, il sera aidé par deux lézards, des assistants soigneusement préparés : on a cousu la bouche de l'un et les paupières de l'autre. Ils lui serviront, pour le premier, à recueillir une information précise et, pour le second, à lui communiquer celle-ci. Cette *sorcellerie* lui permettra, par exemple, de « voir » le coupable présumé d'un vol de livres commis à la bibliothèque de son université.

Lors d'une nouvelle expérimentation, la datura lui procure une autre forme de transe présentant nombre de similitudes avec certains témoignages d'EHC et de rêves lucides.

La nuit est tombée. Après avoir bu la décoction de racines de datura, préparée par Don Juan, Castaneda marque un instant d'hésitation devant ce qui lui est demandé. Pressé de s'exécuter, il se déshabille et enduit différentes parties de son corps avec le mélange pâteux, issu de la même préparation de datura, ainsi que le lui prescrit son guide. Son corps lui semble subir une transformation et il s'élève soudain au-dessus du sol :

> J'ai fait un autre pas qui m'a semblé encore plus long et plus élastique que le précédent. Et là, j'ai pris mon essor. Je me rappelle être redescendu une fois ; j'ai poussé des deux pieds et je suis reparti en arrière, en vol sur le dos. Je voyais le ciel sombre au-dessus de moi, je passais à côté des nuages.

La datura est également à l'origine d'une acuité visuelle peu commune, qui n'est pas sans évoquer une forme de *vision quantique*. Comme si, lors de ces états modifiés de conscience, l'agitation des particules subatomiques était perceptible à l'œil humain, ou plutôt à celui d'un oiseau. En effet, sous l'emprise de la drogue, Castaneda s'identifie à un corbeau dont il possède pour la circonstance les facultés visuelles.

> Don Juan lui dit : Le corbeau voit des millions de choses qui s'agitent avec leur lumière à elles[1], et c'est cela qu'un corbeau aime voir : c'est un spectacle inoubliable.

Lumière et mouvement varient, conformément aux lois de la physique quantique, selon la forme d'organisation de la matière, selon que les *choses* appartiennent ou non à la matière vivante. Faut-il entendre que cette différence proviendrait de ce que ces *choses* sont, pour les unes, pourvues de conscience[2] ?

Après quatre années d'apprentissage, Castaneda, qui éprouve parfois « de brefs éclairs de dissociation, des états peu profonds de réalité non ordinaire », estime devoir prendre ses distances

1. Ces *millions de choses qui s'agitent avec leur lumière à elles* inspirent la comparaison avec les changements d'orbites des électrons (sauts quantiques) donnant lieu à autant d'émissions de photons.
2. Question particulièrement intéressante lorsqu'on sait que l'ADN est un formidable producteur de photons, à son échelle, comme le signale J. Narby dans *Le Serpent cosmique* (p. 110 et note p. 180).

avec les hallucinogènes qui, à force, pourraient compromettre sa santé mentale. Il met un terme à son initiation.

Ce bref résumé d'une extraordinaire aventure n'offre qu'un mince aperçu des transes psychédéliques que Carlos Castaneda affirme avoir vécues[1]. L'expérimentation des substances qu'il y décrit est fortement déconseillée car, outre que ces toxiques sont prohibés, leurs répercussions sur la santé mentale sont loin d'être anodines.

Malgré ce risque, et justement en toute connaissance de celui-ci, il pourrait cependant être intéressant d'expérimenter avec des hallucinogènes dans un but thérapeutique, sous le contrôle de professionnels qualifiés. En particulier dans le cadre restreint de l'accompagnement de patients proches de la mort, comme nous le découvrirons dans les prochaines pages.

Le LSD : un puissant inducteur

L'acronyme LSD, de l'allemand *Lysergic Saüre Diethylamid,* désigne le diéthylamide de l'acide lysergique ou acide lysergique diéthylamine. Il s'agit d'un dérivé chimique de l'*ergonovine*, un alcaloïde du champignon *Claviceps purpurea*, parasite du seigle, plus connu par son petit nom d'*ergot de seigle*[2]. Le LSD est une substance hallucinogène d'un usage extrêmement délicat. Son activité psychédélique, puissante et polymorphe, s'accompagne d'effets durables, quelquefois récurrents. Dans ce dernier cas, appelé *flash-back*[3], ces effets surgissent inopinément, parfois long-

1. Le lecteur désireux de compléter son information consultera les autres ouvrages de Castaneda, dont quelques-uns sont cités dans la bibliographie.
2. Ce champignon microscopique donne son nom à la maladie cryptogamique, l'*ergot de seigle*, qui affecte la céréale. Un autre de ses alcaloïdes, l'ergotamine, sans effet hallucinogène, est un vasoconstricteur utilisé dans diverses spécialités pharmaceutiques.
3. Sorte d'*effet rebond,* aussi appelé *remontée d'acide* lorsqu'il s'agit de LSD, qui produit un effet similaire à celui de l'hallucinogène utilisé initialement.

temps après l'absorption du LSD ; dans les jours, voire les semaines qui suivent le *trip* (voyage) initial. Le sujet peut alors connaître une expérience hallucinogène du même ordre que lors d'une prise d'*acide*, quoique généralement d'ampleur plus modeste.

La dangerosité du LSD est particulièrement notable par le fait qu'il abaisse fortement le seuil de l'inhibition suicidaire, conduisant à des passages à l'acte imprévisibles. Son potentiel hallucinogène, pour une quantité de produit équivalente, est cent fois plus puissant que celui de la psilocybine et cinq mille fois plus puissant que celui de la mescaline. Sa dose efficace moyenne est de l'ordre de 200µg, soit 0,0002 gramme !

Le LSD a été synthétisé pour la première fois en 1938 par les chimistes Stoll et Hofmann, dans un laboratoire du groupe Sandoz, en Suisse. Ce n'est que beaucoup plus tard qu'ont été dévoilées ses propriétés hallucinogènes, expérimentées par Albert Hofmann lui-même. En effet, la firme pharmaceutique suisse a préféré attendre la fin de la guerre pour en publier les descriptions, craignant l'utilisation que les nazis auraient pu en faire.

Georges Lapassade complète notre information en nous livrant les commentaires de Hofmann qui, ayant purifié le LSD, testa le résultat de sa manipulation. Il vécut à cette occasion une violente expérience psychédélique, accompagnée d'un phénomène autoscopique, qui lui causa une vive inquiétude :

> « Je perdis toute notion du temps. Je remarquai avec épouvante que tout ce qui m'entourait subissait des changements progressifs. Tout semblait étrange et j'avais les plus grandes difficultés à m'exprimer. Mon champ visuel vacillait et toutes les choses semblaient déformées comme dans un mauvais miroir. Je fus envahi par la peur de devenir fou. Ce qui était le plus pénible c'est que je me rendais parfaitement compte de mon état. Ma capacité d'observation demeurait complète[1]. »

La description se poursuit par l'évocation d'une sortie hors du corps, au cours de laquelle Hofmann eut l'impression de se voir

1. G. Lapassade, *Les États modifiés de conscience*, p. 63 et 64.

étendu sur un divan. Outre cette décorporation, l'état modifié de conscience induit par le LSD présente une tout autre pertinence avec notre thème. En particulier lorsqu'il s'inscrit dans le contexte, très délicat, d'une psychothérapie en faveur de malades proches de la mort. C'est dans cette perspective qu'un couple de thérapeutes a entrepris d'expérimenter le LSD. Le compte rendu de cette approche, peu conventionnelle s'il en est, apporte quantité d'éléments en faveur de l'hypothèse d'une forme d'autonomie de la conscience.

L'incidence des conduites toxicomaniaques sur la recherche scientifique dédiée aux hallucinogènes appelle préalablement un bref commentaire. Ces comportements posent des problèmes auxquels à ce jour on n'a pas vraiment trouvé de solutions. De manière que le cadre juridique réglementant la détention et l'usage des stupéfiants constitue un frein sérieux à leur étude. Ce constat explique que la connaissance des EMC induits par les hallucinogènes doit davantage aux récits anecdotiques et autobiographiques — on a cité Baudelaire, Castaneda et Hofmann[1] —, qu'aux véritables observations scientifiques. C'est malgré tout dans ce dernier registre que se situe l'étude, tout à fait exceptionnelle, dont il est fait état maintenant.

La thérapie psychédélique au LSD

L'expérimentation sauvage, même si elle peut aboutir à des récits autobiographiques de qualité, n'est pas la démarche idéale pour étudier de façon scientifique les effets du LSD. Une procédure expérimentale à grande échelle, coordonnée par des spécialistes, semblerait beaucoup plus adaptée à cette mission. Les récits de volontaires ayant testé une substance hallucinogène identique y feraient l'objet d'une évaluation phénoménologique et statistique autrement plus fiable.

---

1. Voir aussi l'expérimentation de la mescaline faite par A. Huxley, évoquée dans *Les Portes de la perception*, 10-18/Éd. du Rocher, n° 1122, 1999.

Si la réglementation sur les stupéfiants rend un tel projet peu réaliste, cette procédure expérimentale a néanmoins été agréée par les autorités américaines, pour une phase probatoire, au début des années soixante-dix. L'objectif initial des chercheurs qui avaient sollicité cette autorisation intéressait, il est vrai, un épineux problème de santé publique. Par la suite, Stanislav Grof et Joan Halifax[1] utilisèrent ce cadre, dans une perspective qui relevait du meilleur humanisme, pour mettre sur pied un gigantesque programme portant sur plusieurs centaines de sujets.

Grof, psychiatre d'origine tchèque, possédait déjà de solides connaissances sur les effets thérapeutiques du LSD lorsqu'il était venu rejoindre l'équipe du Spring Grove Hospital de Baltimore, en 1967. Depuis plusieurs années, dans les pays de l'Est, en Tchécoslovaquie en particulier, l'étude expérimentale du LSD était orientée vers le traitement de certains troubles psychiatriques. Les chercheurs avaient noté que l'activité de cette drogue débouchait souvent sur un processus de mort/renaissance, avec des répercussions considérables sur les comportements ultérieurs des patients. Grof, qui avait participé à ces protocoles et constaté des améliorations spectaculaires, mit en évidence quantité de faits significatifs :

> De nombreuses personnes ayant vécu cette expérience de mort/re-naissance, parfois accompagnée de sensation d'unité cosmique, sont unanimes à affirmer que leur attitude face à la mort, ainsi que la conception qu'ils en avaient, se sont trouvées profondément remises en question suite à ces séances psychédéliques. *La peur de leur mort physiologique diminua, ils s'ouvrirent à l'idée d'une conscience existant après la mort*[2]. De ce fait, celle-ci perdait son caractère d'ultime désastre biologique et devenait une simple aventure dans l'existence de la conscience. Les chercheurs qui travaillèrent sur cette étude furent assez surpris de découvrir des processus

1. Joan Halifax, psychologue de formation et spécialiste des hallucinogènes traditionnels, était l'épouse de S. Grof.
2. C'est moi qui souligne.

rappelant étrangement les rites d'initiation mystique ou d'assister à des séances empiriques paraissant issues, en ligne directe, du Livre des morts tibétain ou égyptien[1].

Aguerri à cette *psychothérapie psychédélique* depuis 1956, Grof décroche une bourse lui valant de poursuivre ses travaux outre-Atlantique, au Spring Grove Hospital, dans l'État du Maryland. Cinq ans plus tard, en 1972, il y prend la tête de l'équipe de recherche expérimentale sur le LSD. Comme à Prague, celle-ci était initialement orientée vers le traitement des pathologies mentales. Il s'agissait, dans ce cas précis, de favoriser la mise en œuvre d'une psychothérapie à court terme, grâce à l'activité du LSD, sur des patients alcooliques et névrosés. Elle se révélait particulièrement efficace contre la dépression et l'angoisse.

Cependant, à la suite d'un événement dramatique, ce choix thérapeutique avait été détourné, en 1965, avant l'arrivée de Grof, vers l'assistance aux malades atteints de cancers avancés. En effet, on avait diagnostiqué un carcinome de la poitrine chez Gloria, membre de l'équipe du Spring Grove. Le protocole expérimental, dans ce tout premier cas, avait donné des résultats encourageants. La patiente était certes décédée — le LSD ne prétendait pas guérir le cancer —, mais l'épisode final de la maladie avait été l'occasion d'un travail de deuil très positif, dans le sens de l'acceptation d'une mort à brève échéance. Les thérapeutes avaient donc choisi de persévérer dans cette forme peu habituelle de soutien aux malades en phase terminale.

C'est ainsi que fut mis en place le programme élaboré par Grof et Halifax, particulièrement ambitieux au plan de la dimension de l'échantillon. Il impliquait une sélection rigoureuse des candidats potentiels, qui devaient correspondre, schématiquement, au profil suivant : un certain degré de douleur physique ; un état de dépression, de tension, d'angoisse ou d'isolement psychologique associé à la malignité de la maladie ; une espérance de vie d'au

1. Cette citation ainsi que les suivantes sont extraites de S. Grof et J. Halifax, *La Rencontre de l'homme avec la mort,* Éd. du Rocher, 1982.

moins trois mois ; pas de troubles cardio-vasculaires graves ; pas de psychopathologies graves ; pas de métastases cérébrales.

En dépit de ces critères restrictifs, des centaines de candidatures furent retenues. Le patient signait d'abord un formulaire d'acceptation, puis se conformait à une période préparatoire comportant plusieurs entretiens étalés sur deux à trois semaines. La qualité des rapports qui devaient s'établir entre les malades et les thérapeutes était jugée prépondérante, ces derniers s'employant à créer un climat harmonieux. Ce délai était également l'occasion d'un travail psychothérapique qui portait sur « les problèmes d'acceptation du diagnostic, du pronostic et de la mort, ainsi que les conflits intrapsychiques majeurs mis en évidence par la thérapie. On discutait en détail des problèmes relatifs à la mort en mettant l'accent sur la vie et l'intérêt de sa plénitude ».

La seconde phase était la séance avec drogue (200 à 600 microgrammes selon les sujets) pendant laquelle le patient était accompagné d'un thérapeute et d'un cothérapeute. Il y avait toujours un homme et une femme dans l'un des rôles. En dernier lieu étaient réalisés plusieurs entretiens ayant pour objet de faciliter l'assimilation de l'expérience psychédélique et de collecter les données qui participeraient à la synthèse finale.

La longue pratique de Stanislav Grof donnera matière à de nombreuses publications portant sur la thérapie psychédélique. Ses travaux seront un apport décisif à l'exploration des nouveaux territoires de l'inconscient. Et plus particulièrement dans l'élaboration d'une théorie déduite de la découverte des mécanismes psychodynamiques en œuvre aux derniers instants de la vie. Cette théorie, en partie fondée sur les rapports de plus de 3 800 séances de thérapie psychédélique, jouera un rôle de premier plan dans l'essor de la psychologie transpersonnelle[1].

Ce travail de défrichement des nouveaux domaines de l'inconscient permit à Grof de mettre au jour les caractéristiques

---

1. Voir par exemple, du même auteur, aux Éditions du Rocher, *Les Nouvelles Dimensions de la conscience*, *La Psychologie transpersonnelle* et *Royaumes de l'inconscient humain*.

propres à chacun d'eux. Il leur trouva une correspondance dans les quatre phases principales de la transe induite par le LSD. Dans l'ordre progressif de leur impact thérapeutique ce sont :

— les expériences abstraites et esthétiques ;
— les expériences psychodynamiques ;
— les expériences périnatales ;
— les expériences transpersonnelles.

Dans la perspective de notre hypothèse d'une forme de survie de la conscience, il est essentiel de faire mieux connaissance, de façon succincte, avec les éléments qui caractérisent les quatre phases de la transe psychédélique vécue par ces malades en fin de vie. Certains ont parcouru successivement chacune des quatre étapes, d'autres en ont vécu une partie seulement, de façon plus ou moins marquée selon les sujets.

1 — Les expériences abstraites et esthétiques.

On y retrouve les traits habituels de la transe psychédélique. Ces traits, figurés pour l'essentiel par des orgies visuelles, ne sont que les expressions les plus superficielles de l'activité du LSD. Les visions, qualifiées de féeriques ou magiques, sont incroyablement belles et sensuelles, parfois même comiques. Les témoignages insistent sur la richesse des couleurs aux nuances indescriptibles et sur les changements dans la perception des formes. Hors leurs caractéristiques esthétiques, ces visions n'ont pas vraiment d'impact bénéfique durable. Cependant, de temps à autre, Grof a pu remarquer, à ce premier niveau déjà, un soulagement inattendu de la douleur physique.

2 — Les expériences psychodynamiques ou autobiographiques.

Elles se concrétisent par la résurgence de situations émotionnelles parmi les plus marquantes de la vie passée. L'incidence positive de cette remémoration est telle qu'on a parfois l'impression d'avoir affaire à une cure psychanalytique en raccourci. Certains sujets, à l'instar des expérienceurs, assistent à une sorte de panorama de leur vie qui les prépare à en faire le deuil.

3 — Les expériences périnatales.

Elles mettent l'accent sur des problèmes existentiels majeurs liés « à la naissance biologique, à la douleur physique, à l'angoisse, à la maladie, à la décrépitude, à la vieillesse et à la mort ». On y relève également nombre de similitudes avec les aspects de nature transcendante des états modifiés de conscience les plus profonds. Parfois, le patient est transfiguré :

> Il perçoit l'univers sous un jour nouveau et extatique. Il se sent purifié et même purgé. L'individu parle, alors volontiers, de rédemption, de salut ou d'union avec Dieu.
>
> [...] Les individus ayant souffert durant une expérience de mort/renaissance, acceptent néanmoins, bien volontiers, l'idée de *l'existence indépendante de la conscience hors du corps physique et par-delà la mort*[1]. Cette optique peut être très différente — voire opposée — à leurs conceptions philosophiques et religieuses.

4 — Les expériences transpersonnelles.

Les expériences transpersonnelles, enfin, nous paraîtraient totalement aberrantes si, au préalable, nous n'avions connaissance d'expériences du même ordre, au rang desquelles les EMI. Car il n'est pas facile d'accepter l'idée d'un potentiel transformateur, inhérent à la nature humaine, aussi puissant et mystérieux que celui que révèlent les descriptions d'expériences transpersonnelles. Bien entendu, il faut le souligner une fois encore, vivre par soi-même un tel phénomène reste sans doute la meilleure façon d'en percevoir la portée, de mesurer à quel point la dimension dans laquelle évolue habituellement notre conscience n'est que la partie émergée de l'iceberg de la réalité. Ainsi que le confirme ces commentaires de Grof :

> La conscience semble donc être une caractéristique essentielle de l'existence — précédant la matière et d'essence supérieure — plutôt qu'induite par des processus physiolo-

1. C'est moi qui souligne.

giques du cerveau. Donc, on peut admettre l'hypothèse selon laquelle *la conscience est indépendante de la matière (corps et cerveau) et qu'elle survit à la destruction physique*[1]. Cette alternative est vécue de la même façon que la perception de la réalité hors des états habituels de la conscience.

Il est inutile de revenir sur des similitudes qui nous apparaissent désormais avec une grande évidence. Elles vérifient à nouveau, si besoin était, que ce type de transe produite par le LSD et celle qui est vécue lors de certains EMC transcendants, dont les expériences de mort imminente au premier chef, procèdent d'une catégorie analogue. Elles témoignent en outre de la faculté de la conscience de se libérer de la matière.

En dépit de résultats particulièrement positifs, Stanislav Grof dut interrompre son programme en 1973, en raison des passions que soulevait l'usage des hallucinogènes. Le mouvement psychédélique était alors à son apogée et les accidents imputables à l'autoexpérimentation de ces drogues étaient régulièrement dénoncés. Cette médiatisation, alimentée par les méfaits de la consommation illicite et sauvage, conduisit les pouvoirs publics à accroître la répression. Au point que la seule évocation des mots *hallucinogène* ou *psychédélique* mettait les autorités en état de… transe. Dans un tel contexte, l'étude expérimentale de Stanislav Grof ne fut pas épargnée. Il n'était pas imaginable de laisser ce chercheur continuer à *shooter* ses patients au LSD, même — et surtout — sous le prétexte de les aider à mieux mourir[2] !

Tirant les conséquences de ce climat peu favorable à la poursuite du programme de thérapie psychédélique, Grof eut recours, par la suite, à un équivalent non pharmacologique. Sa *thérapie holotropique*[3], fondée sur une technique de contrôle de la respira-

1. C'est moi qui souligne.

2. De récentes informations laissent entendre que la recherche sur les vertus thérapeutiques du LSD pourrait être relancée aux États-Unis.

3. En complément de cette technique de respiration, Grof utilise une musique « relaxante », divers procédés sonores ou encore des exercices de visualisation mentale. Voir *Les Nouvelles Dimensions de la conscience*, Éd. du Rocher,1989.

tion, parvint à des résultats aussi encourageants, en définitive, que la thérapie expérimentale au LSD. Ce qui montre à nouveau qu'une technique d'autosuggestion est à même d'activer ce potentiel à la transcendance propre à tout être humain.

Hors du contexte expérimental

On a souligné plus haut le rôle de premier plan que revêt le contexte de la consommation des substances hallucinogènes. Pour conclure ce chapitre, accordons quelques lignes à la différence des vécus en fonction de ce contexte. Il apparaît en effet, par rapport à celui des expériences induites dans un but thérapeutique par des praticiens chevronnés, que le contexte de la consommation dite *sauvage* engendre une transe moins réaliste et moins riche en éléments spirituels. Une telle comparaison est particulièrement pertinente lorsqu'elle provient d'utilisateurs de LSD qui ont vécu une expérience de mort imminente. Deux courts extraits de témoignages, qui m'ont été faits par des expérienceurs ayant pu comparer les deux phénomènes, confortent cette opinion. À la suite de son EMI, le premier avait consommé divers hallucinogènes, parmi lesquels du LSD. Alors que le second, lui, faisait un usage régulier de cette drogue quelques mois encore avant de vivre la sienne.

1 — « Plus tard, j'ai pris du LSD, de la mescaline, et je ne sais quoi encore, à plusieurs reprises, peut-être pour essayer de retrouver quelque chose de semblable. Dans tous les cas, j'ai toujours été “spectateur” et jamais dupe de mes “hallucinations” qui n'étaient en fait que des illusions. »

2 — « Durant les jours qui ont suivi, certaines images me revenaient de cet étrange voyage. J'avais pensé qu'il pouvait s'agir d'un *flash-back*. Mais le contenu et la densité de l'expérience n'avaient rien de comparable aux visions hallucinogènes que j'avais connues plusieurs mois auparavant. Contrairement à la confusion et à l'irrationnel, qui caractérisaient les échappées hallucinogènes, cette expérience était indéniablement imprégnée

d'ordre, de clarté, d'une dimension et de l'émergence de valeurs qui n'appartenaient pas au délire. Il en ressortait une "urgence de changement" (orientation vers les valeurs essentielles) dans ma vie, ainsi qu'une impression de "paix et de sérénité" qui ne pouvaient être le fruit des hallucinogènes[1]. »

1. Le récit intégral des deux témoignages est reproduit dans D. Maurer, *La Vie à corps perdu,* Les 3 Monts, 2001.

> Il s'en suit que l'ordre déplié et manifesté de la conscience n'est pas en fin de compte distinct de celui de la matière en général. Fondamentalement, ils sont essentiellement des aspects différents d'un ordre plus général.
>
> David BOHM[1]

CHAPITRE XI

Des théories hors normes

Comme nous l'avons souligné au fil des chapitres, la perception d'une autre dimension de la réalité relève de modalités particulières de la conscience. L'option survivaliste va plus loin en suggérant non seulement que la conscience n'est pas subordonnée aux frontières corporelles, mais que cette autre dimension de la réalité et l'au-delà ne font qu'un. De sorte que le lieu d'élection de la conscience, dégagée des contraintes de la matière, reste à tout jamais un univers inaccessible aux lois scientifiques.

Nous avions d'ailleurs convenu d'emblée que le cadre de la science n'était pas apte à traiter de la question. Quelques scientifiques, pourtant, se sont affranchis de ce cadre pour échafauder des alternatives théoriques du meilleur intérêt. Mais avant d'y venir, résumons notre approche. Partant des données fournies par les états modifiés de conscience, nous postulons que la réalité

1. *La Plénitude de l'univers*, Éd. du Rocher, 1987, p. 213.

accessible à nos sens est fragmentaire. Que nous lui imposons, par je ne sais quelle filtration cérébrale ou conditionnement, de nous apparaître telle qu'elle n'est pas fondamentalement. Que nous la rendons, en somme, conforme au modèle de réalité auquel notre cadre de référence nous contraint.

Résultat de cet apprentissage : notre cerveau, dans l'état ordinaire de conscience, est incapable d'accéder à une réalité qui, en toute objectivité, n'existe pas pour lui. Elle n'existe pas car les éléments qui en trahiraient la présence n'ont pas été intégrés dans le programme de traitement des signaux de notre système sensoriel. À moins que l'Évolution ait rendu ce dernier moins performant, comme nous le suggérions. Nous en revenons donc à la question formulée dans l'avant-propos : nos sens ne seraient-ils pas les complices involontaires d'une sorte de trompe-l'œil portant sur la nature du réel ?

Sensibles à cet aspect de la question, des scientifiques ont franchi les limites du paradigme. Parmi eux, certains ont élaboré des théories susceptibles d'ouvrir diverses voies à la compréhension de cette face cachée de la réalité dont procéderait la conscience. C'est le cas de la théorie de la cinquième dimension du docteur Jean-Pierre Jourdan, brièvement exposée dans mon précédent ouvrage[1]. J'écrivais alors qu'il s'agissait à ce jour du « travail conceptuel le plus élaboré dans la réflexion sur les paramètres “physiques” de l'EMI ». Cette opinion reste d'actualité, d'autant que les cinq théories exposées dans les pages suivantes, même si elles abordent la question sous un angle différent, ne sont pas incompatibles avec celle du docteur Jourdan.

Si le lecteur est peu coutumier des prochains thèmes, il me semble utile de le mettre en garde contre leur apparente complexité. Qu'il ne se décourage pas, sa persévérance sera vite récompensée. La lumière est au bout du tunnel, n'est-ce pas ?

---

1. *La Vie à corps perdu*, chapitre IX, Les 3 Monts, 2001.

Une conscience impliée

Pionnier de la mécanique quantique, que l'on appelle aussi la physique des particules, David Bohm, un physicien américain, est encore un jeune élève d'Einstein lorsque, dans les années cinquante, il met au point le protocole expérimental qui devait aboutir à démontrer le comportement paradoxal des particules élémentaires. Jusqu'alors du domaine théorique, cette curiosité, sur laquelle nous reviendrons, était loin de faire l'unanimité. Ce comportement paradoxal était d'ailleurs contesté par Einstein en personne qui en rejetait la nature aléatoire : Dieu ne joue pas aux dés, avait-il décrété, pour signifier que l'organisation de la matière, même dans ses composants ultimes, ne pouvait dépendre de mouvements erratiques. Le père de la relativité[1] jugeait qu'il y avait nécessairement une loi qui régissait cette organisation de l'infiniment petit. N'en allait-il pas ainsi partout ailleurs dans l'univers ?

Avant d'en venir à la théorie de David Bohm il nous faut faire un petit détour, en quelques paragraphes, par l'expérimentation qui, beaucoup plus tard, allait montrer que l'intuition de l'élève supplantait les certitudes du maître. Car Einstein s'était bel et bien trompé en affirmant que les équations de la physique quantique conduiraient irrémédiablement à une contradiction. Il n'en démordait pas et ne se privait pas de critiquer les thèses des plus brillants physiciens des quanta, les hérétiques de l'école de Copenhague, dont Planck, Bohr, Heisenberg, Pauli, De Broglie.

Leurs relations furent souvent orageuses et engendrèrent de célèbres polémiques, mais la désapprobation d'Einstein ne modifia pas d'un iota la détermination des théoriciens des quanta. Ceux-ci continuèrent à soutenir l'idée « saugrenue » d'une

1. Rendons au très discret mathématicien Henri Poincaré ce qui n'appartient pas à Albert Einstein. En particulier l'antériorité des arguments constitutifs de la théorie de relativité restreinte, jusqu'à la fameuse équation $E = mc^2$ dont la démonstration remonte à 1899, six ans avant sa (re)découverte par Einstein. Les travaux et le génie de ce dernier restent toutefois sans comparaison en ce domaine.

influence de l'expérimentateur sur la valeur des paramètres de la particule qu'il s'aviserait de mesurer. En bref, selon ces rebelles, le seul fait d'observer un événement quantique en modifiait le déroulement. Le principe même d'une réalité intangible était carrément mis en doute, puisqu'un élément de cette réalité échapperait toujours à l'observateur. De tels arguments étaient inadmissibles pour les partisans de l'orthodoxie, qui défendaient une vision déterministe de la nature. Ils ébranlaient tout l'édifice scientifique, remettant en cause les fondements mêmes d'une méthode justement basée sur l'observation. Alors, pensez donc, si l'on ne pouvait plus se fier à celle-ci ! Pis encore, quelques-uns de ces non-conformistes allaient jusqu'à affirmer que les particules élémentaires communiquaient entre elles de façon instantanée. À l'encontre du principe inviolable, énoncé par Einstein lui-même, selon lequel nul objet ne pouvait aller plus vite que la lumière (environ 300 000 kilomètres à la seconde dans le vide).

Sur ce dernier point, il existait à coup sûr, pensait Bohm, se souciant peu des critiques, un moyen indirect d'observer l'énigmatique comportement des particules. Sa pugnacité lui vaudra d'en réussir la description théorique. Mais pour des raisons d'ordre technique, il faudra attendre l'invention du laser ; la vérification expérimentale ne sera menée à bien qu'en 1975, puis perfectionnée en 1982, dans le laboratoire du physicien français Alain Aspect[1], à l'Institut d'optique d'Orsay.

Les implications de cette expérimentation sont d'une portée exceptionnelle. Deux objets, ici des particules élémentaires, qui ne se sont rencontrés qu'une seule fois, sont à même de conserver la mémoire de ce contact unique, infiniment bref. Ces deux particules synchroniseraient ensuite leur comportement grâce à une espèce de communication d'informations qui défie les lois de l'espace et du temps de la réalité ordinaire. Tentons d'expliquer cela de la manière la plus claire possible.

---

1. Alain Aspect, fondateur du groupe d'optique atomique de l'Institut d'optique d'Orsay, est professeur à l'École polytechnique et directeur de recherche au CNRS.

L'expérimentation d'Aspect met en scène deux photons[1] nés d'une même collision de particules, en l'occurrence des électrons d'un atome de calcium. Elle fait apparaître que ces deux photons restent en contact, bien que s'éloignant l'un de l'autre dans deux directions opposées, chacun à la vitesse de la lumière. Un peu comme si un lien télépathique les unissait à travers l'espace, sans considération du temps nécessaire à parcourir cet espace. Autrement dit, la transmission d'une certaine forme d'information s'effectue, dans le cas présent, en un temps nul et en toutes directions.

Lorsque l'expérimentateur décide de modifier la polarisation[2] de l'un des photons, la polarisation de l'autre particule se trouve dans l'instant même en parfaite corrélation et présente la valeur attendue. Ou plutôt la valeur inattendue dans le cadre de la physique classique. Car pour celle-ci, un effet dépend nécessairement d'une cause, ce qui veut dire qu'aucune modification ne peut affecter le photon qui n'est pas manipulé. Et pourtant, dans le cas présent, cette façon d'adapter son comportement laisse à penser que celui-ci est informé sans délai de la polarisation imposée à son alter ego s'éloignant, comme lui, à la vitesse de la lumière.

Une telle observation remet profondément en question notre façon d'appréhender la réalité. L'histoire de ces deux photons qui réagissent comme si aucune distance ne les séparait, comme s'ils ne faisaient qu'un, suggère que l'information dont ils sont porteurs circule en tous sens, instantanément, dans tout l'univers. En généralisant cette interprétation, toute notion d'espace et de temps semble abolie au niveau des particules subatomiques, qui sont les composants fondamentaux de toute la matière de l'uni-

1. Le photon est une particule de masse nulle au repos, issue du rayonnement, et qui se déplace à la vitesse de la lumière. « Selon l'énergie qu'elle porte, la particule peut être, par ordre d'énergie décroissante, un photon gamma, X, ultra-violet, visible, infrarouge ou radio » (Trinh Xuan Thuan, *La Mélodie secrète*, p. 366 [glossaire], Gallimard, coll. « Folio », 1991). Voir aussi l'annexe en fin d'ouvrage.
2. Très schématiquement, il s'agit d'une propriété du photon qui permet de déterminer l'orientation du rayonnement émis.

vers — dont nous faisons partie. Au vu des implications de l'expérience d'Alain Aspect on peut se demander à nouveau où se situe la réalité. Ne vivons-nous pas, sans en avoir pleine conscience et comme l'insinuent les bouddhistes ou les Indiens d'Amazonie, dans un monde d'illusions ?

David Bohm s'est sans doute interrogé, lui aussi, en ces termes. Et une fois ses prédictions vérifiées par les travaux d'Alain Aspect, il a tenté de fournir une réponse. Sa réflexion l'a conduit à supposer, et nous en venons à sa propre théorie de la conscience, que les particules élémentaires, dont celles qui nous composent, sont soumises aux lois d'un autre ordre de l'espace/temps : l'ordre impliqué ou implié, un univers bien différent de celui que nous appréhendons habituellement avec nos sens. Ce dernier, le domaine de la réalité ordinaire, n'est en fait que l'ordre expliqué ou déplié d'une réalité infiniment plus vaste, que Bohm se représente en perpétuel mouvement. Chacune des parties de la réalité impliée contiendrait l'information du Tout et lui serait intimement liée. En bref, le thème central de sa théorie de l'holomouvement, sorte d'hologramme[1] cosmique, défend l'idée d'un ordre implié de l'univers, d'une conscience dans la matière, et d'un ordre déplié seul perceptible à nos sens.

La conscience individuelle procéderait en partie de l'ordre implié surtout, semble-t-il, au niveau de sa fonction de filtre émotionnel. Mais nous sommes bien en peine de le vérifier car, selon Bohm, notre activité sensorielle ordinaire édifie un barrage presque infranchissable à la perception de la nature profonde de l'autre versant de la réalité, avec son espace/temps si particulier.

En vertu de l'interrelation de tous les éléments de l'univers, sa théorie amène à une vision très critique de notre responsabilité

1. L'holographie permet d'obtenir une image en relief, donc en trois dimensions, grâce à un procédé fondé sur l'éclairage des ondes d'interférence par un générateur de lumière cohérente (Laser). Il est intéressant de constater qu'en éclairant ensuite, de la même manière, un simple morceau de l'hologramme on obtient l'image de l'objet dans sa quasi-totalité. Si le principe de l'holographie fut mis en évidence en 1947 par Denis Gabor, son application à la création d'une image en 3D dut attendre l'invention du laser, en 1960, par l'américain Théodore Maiman.

dans les situations de crises répétées que traverse l'humanité : guerres, terrorisme, génocides, atteintes aux droits de l'homme, famines, violences écologiques, etc. Un court passage d'une interview du savant, réalisée par Patrice Van Eersel, donne la mesure de son questionnement. « Où ces recherches nous mènent-elles ? » interroge le journaliste :

> La réponse est terriblement préoccupante, bien que connue depuis la nuit des temps. Mais chaque époque doit la reformuler à sa façon. Pour ma part, je dirais que c'est une illusion assez grossière que de voir en chaque humain une réalité indépendante. À un certain niveau nous relevons tous d'une seule et unique entité. L'oublier, c'est s'exposer à une sérieuse confusion de tous les sens, et donc à de graves périls.
>
> [...] Malheureusement, nos contemporains ne semblent pas du tout prendre le chemin qui mène à la compréhension de cette évidence. Aussi la planète court-elle de réels et graves dangers[1].

La philosophie bouddhiste, en se référant à la plénitude du vide et à l'aspect illusoire de la réalité, ne s'appuie pas sur les théories de la physique quantique. Pourtant, depuis des siècles, à l'instar de la plupart des religions, elle délivre un message proche de celui de Bohm dans lequel l'interdépendance de tous les êtres conscients tient une grande place.

L'ordre implié de l'univers, espace de mémoire infinie et de pure conscience, désigne-t-il cette réalité qui échappe à nos sens ? S'agit-il de cet au-delà fascinant que l'imaginaire philosophique et religieux s'évertue à baliser depuis la nuit des temps ? Il est peu probable que nous puissions le vérifier ici-bas, dans notre traversée de la réalité ordinaire. Sauf à considérer que lors d'un état modifié de conscience nous n'existons plus, justement, dans cette réalité-là. La théorie de l'holomouvement dévoilerait alors toute sa pertinence.

---

1. P. Van Eersel, *La Source noire*, Grasset, Le Livre de Poche, 1986, p. 326.

Une conscience « holographique »

Neurochirurgien américain d'origine tchèque, Karl Pribam est le concepteur d'une théorie du fonctionnement cérébral et de la nature de la conscience qui a la faveur de spécialistes des EMC, parmi lesquels son compatriote Stanislav Grof.

Dans les années 60-70, cherchant une solution à l'énigme de la mécanique cérébrale, Karl Pribam se passionne pour les microchamps électriques que génèrent les influx nerveux au niveau des synapses (points de connexion entre les neurones). Rendue possible grâce à la mise au point de microélectrodes, la découverte d'infimes charges électriques au cœur des neurones, à l'origine de ces microchamps, valut le prix Nobel de médecine à John C. Eccles en 1963. Peu après, Pribam s'intéresse à l'holographie ; l'invention du laser vient de la ramener opportunément sur le devant de la scène scientifique. Son investigation, fondée sur ces deux découvertes, débouchera sur une théorie originale du fonctionnement du cerveau et, parallèlement, de celui de la conscience.

Pour Pribam, les mécanismes cérébraux, la pensée ou la mémoire par exemple, procéderaient davantage d'un fonctionnement global, holistique, du cerveau que de celui de multiples aires spécialisées travaillant de façon plus ou moins autarcique. Ce qui, bien que l'existence d'aires spécialisées ne soit pas contestée, amène à nuancer les thèses exclusivement localistes encore en vigueur. Pribam estime en effet qu'attribuer des fonctions précises à des aires cérébrales ne permet pas de rendre compte de la complexité d'ensemble des processus psychiques. Ceux-ci dépendraient essentiellement d'une stimulation globale, mettant en jeu des mécanismes bioélectriques fondés sur le principe holographique. Il cite l'exemple de ces patients qui ont subi des destructions irréversibles, généralement d'origine traumatique, affectant diverses aires cérébrales. Certains parmi eux ont malgré tout récupéré les fonctions qui étaient initialement dévolues à ces zones précises. Cette plasticité adaptative du cerveau constitue incontestablement un argument en faveur de son hypothèse.

Puisqu'il existe au niveau cérébral des microchamps électriques qui génèrent des interférences, une théorie holographique, justement fondée sur le principe des interférences, semble plutôt bien adaptée à expliquer non seulement la mécanique psychique, mais aussi les phénomènes de la conscience. Et de fait, la réalité ordinaire, celle qui nous est directement accessible par la vue ou par l'ouïe, relève exclusivement de fréquences électromagnétiques. Une telle évidence ne pouvait que conforter Pribam dans son opinion d'un cerveau travaillant à la façon d'un analyseur de fréquences. Et l'on se rend compte que sa théorie, à l'instar de celle de Bohm, réhabilite en quelque sorte le modèle, un peu moins technique il est vrai, du filtre cérébral avancé par Bergson en son temps.

Une analyse approfondie de la théorie de Pribam exigerait des développements excessifs et fastidieux. Retenons simplement qu'elle recoupe en certains points l'hypothèse de David Bohm qui fait d'ailleurs, lui-même, référence aux travaux de Pribam[1]. Celui-ci, à la différence du physicien, n'entend pas poser les bases théoriques d'un autre modèle d'univers, « seulement » celles qui permettraient de rendre compte de notre incapacité à le percevoir. Pourtant, selon le modèle de la conscience holographique, notre cerveau serait en mesure d'analyser des informations issues de champs de fréquences situés à des niveaux de réalité infiniment supérieurs à celui de notre espace/temps habituel.

Mais de la théorie à la pratique il y a un grand pas, voire un abîme, et d'après Pribam nous ne pouvons pas accéder à ces champs de fréquences, dans l'état de conscience ordinaire, pour la simple raison que toutes les informations sont préalablement traitées, ici encore, par cet énigmatique filtre cérébral. Par exemple, notre appareil sensoriel ne nous permet pas, en état de conscience ordinaire, d'exister simultanément dans le passé et dans le futur ou d'être à la fois ici et là-bas. Ce qui, en revanche, serait possible dans certains états modifiés de conscience, dévoilant ainsi le fonctionnement holographique du cerveau.

1. *La Plénitude de l'univers*, p. 200.

En définitive, le plan de la réalité qui intéresse la théorie de Pribam n'est guère éloigné de celui de l'ordre implié de Bohm. D'ailleurs, le neurochirurgien reprend à son compte les arguments du physicien et se demande si la spiritualité et la science, dans leur conception de la conscience, ne se seraient pas finalement rejointes :

> Le domaine de la fréquence n'a de rapport qu'avec la densité des événements ; le temps et l'espace sont effondrés. Les limites ordinaires de l'espace et du temps, telles que n'importe quelle espèce de lieu, disparaissent [...]. D'une certaine manière, tout se produit en même temps, synchroniquement. Mais on se trouve à même de discerner ce qui se passe par l'interprétation de diverses coordonnées, dont l'espace et le temps sont les plus utiles à notre perception du domaine ordinaire des apparences.
>
> [...] En tant que moyen de concevoir la conscience, la théorie holographique est très proche des mystiques et des philosophies orientales. Il faudra un certain temps avant que l'on se familiarise avec un ordre de réalité différent de celui du monde des apparences. Il me semble que certaines des expériences mystiques décrites depuis des millénaires commencent à paraître scientifiquement vraisemblables [1].

À l'évidence, notre conception de l'au-delà coïncide avec cet *ordre de réalité différent de celui du monde des apparences.* Pribam soutient que la fonction holographique qui en permettrait la perception reste conditionnée par des modalités neurochimiques particulières. Il y a fort à parier que ce sont justement celles qui régissent les états modifiés de conscience, que l'on peut dès lors considérer comme de véritables échappées dans l'au-delà...

Une conscience morphogénétique

Brillant biologiste britannique, Ruppert Sheldrake collabore aux travaux d'une unité de recherche de l'Institut international

1. Cité par K. Ring, *Sur la frontière de la vie*, Robert Laffont, 1982, p. 265.

d'Hyderabad, en Inde. Il ne cache pas avoir été influencé au cours de ses études par les idées vitalistes. Que ce soit la philosophie du Français Bergson, celle de l'Allemand Driesch ou encore la pensée de l'Anglais Whitehead. De bien mauvaises lectures puisqu'elles ont participé à lui faire appréhender certaines lois de la nature d'une manière nettement différente, pour ne pas dire hérétique, de celle que l'on s'était évertué à lui enseigner. En effet, ces influences philosophiques, tout de même ajoutées à une solide formation scientifique, l'ont conduit à développer une thèse peu compatible avec le point de vue de la science orthodoxe. Et si la plupart de ses pairs n'y voient guère mieux qu'un retour à l'antique monde des idées de Platon, d'autres en revanche accordent un grand intérêt à la théorie de cet iconoclaste de génie.

Il faut dire que celle-ci bouleverse quelque peu notre façon de concevoir l'ordre des choses. Même, et surtout, si elle possède un air de famille avec le modèle platonicien ; les théories les plus simples ne sont pas les moins fécondes. D'après Sheldrake, l'explication de tout phénomène, dans le domaine du visible comme de l'invisible, tient en une formule : causalité formative. Il énonce sa théorie[1] en partant du constat que la science actuelle est dans l'incapacité de fournir une argumentation cohérente et vérifiable de la morphogenèse[2]. Le plus grand mystère règne en effet sur l'origine et la reproduction des milliards et des milliards de formes qui peuplent l'univers, dont celui de notre quotidien.

1. Ruppert Sheldrake, *Une nouvelle science de la vie*, Éd. du Rocher, 1985.

2. La morphogenèse humaine, le développement des différents organes d'un embryon en conformité avec un modèle *standard*, reste en effet aujourd'hui encore très mystérieuse. On a bien identifié certains groupes de cellules souches qui vont, à un stade donné du développement, se différencier pour former tel ou tel organe. Mais on ne sait pas, entre autres énigmes, d'où proviennent les instructions qui interviennent à un moment précis et pas à un autre. Et surtout pourquoi la *poussée évolutive* de ces cellules-là aboutit exactement aux formes que nous connaissons si bien. Pour quelles raisons les gènes de deux graines en apparence semblables donneront pour les uns un plant de courgette et pour les autres un plant de concombre ? Et puis, à nouveau, *Qui* leur impose de s'arrêter lorsque cette forme est achevée, qu'elle correspond au modèle de l'espèce ?

Dans le domaine du vivant Sheldrake, ne nie pas, pour autant, l'influence de la biochimie et de la génétique. Mais il situe leur intervention en aval, à une étape postérieure à celle qui préside à la création du modèle et à la reproduction de sa forme. Tout commence donc par cette causalité formative soumise à l'influence d'un champ d'ondes de forme, « le champ morphogénétique : structure ayant des effets morphogénétiques sur des systèmes matériels », affirme-t-il. Et d'ajouter, ce qui est encore plus intrépide, que ce champ ne serait pas seulement à l'origine des formes de la matière, mais qu'il interviendrait également dans la genèse des comportements instinctuels et appris.

Cette théorie entend rendre compte, ainsi, de la stabilité des caractéristiques morphologiques des trois règnes de la nature : minéral, végétal et animal, autant que de leurs comportements, processus de la conscience inclus pour les espèces les plus développées. Il faut encore préciser que la structure évoquée ici, le champ morphogénétique, est immatérielle et serait constituée d'ondes dépourvues d'énergie mesurable[1]. Ces ondes n'en dessineraient pas moins une empreinte durable, une sorte de moule invisible, dans lequel se développerait la forme spécifique à venir.

« Un type donné de morphogenèse, indique Sheldrake, suit en général une voie de développement particulière ; cette voie canalisée est nommée chréode[2]. » Plus cette chréode, que l'on peut comparer à une matrice immatérielle, est mise à contribution dans l'élaboration du modèle qui lui est propre, plus il lui sera facile par la suite d'en reproduire la forme. En effet, ce modèle est caractérisé par sa résonance spécifique puisque nous avons affaire, bien que l'on ne puisse en apprécier les paramètres physiques, à un champ d'ondes. De sorte que cette résonance morphique renforce la chréode à mesure que se répète la création de la forme dont celle-ci est le moule. Sheldrake précise :

1. Ce qui n'est pas sans évoquer l'hypothétique graviton, qui nous reste inaccessible mais dont nous subissons pourtant la loi.
2. *Une nouvelle science de la vie*, p. 127, Le Rocher, 1985.

Plus un modèle spécifique de comportement est reproduit, plus forte sera la résonance morphique. Ainsi la répétition d'un comportement instinctif tendra-t-elle à fixer de plus en plus les instincts. En revanche, si les modèles de comportements varient d'un individu à un autre, la résonance morphique n'engendrera pas de chréodes bien définies ; ce qui explique que le comportement sera moins stéréotypé. Et plus la variété de comportements sera vaste, plus l'étendue pour la variation dans les générations futures sera vaste. Ce type d'évolution dans une direction permettant l'émergence de l'intelligence est intervenue dans une certaine mesure chez les oiseaux, chez les mammifères dans une mesure plus importante, et plus encore chez l'homme[1].

La théorie de Sheldrake pourrait servir de cadre explicatif à une étonnante histoire, bien connue des milieux de l'éthologie et de l'ornithologie. Il y a quelques années de cela, au Royaume-Uni, des passereaux avaient découvert un moyen très économique de prendre leur petit déjeuner : ils perçaient de leur bec les capsules des bouteilles de lait déposées de bonne heure par le livreur devant la porte des abonnés. Au début, ce comportement ne mettait en scène qu'un nombre limité d'oiseaux et de maisons dans un seul village, donc dans une zone bien circonscrite. Puis, conformément à la théorie de Sheldrake, ce goût pour un breakfast bon marché se répandit progressivement dans tout le comté et devint un comportement normal pour l'ensemble de ces passereaux.

Au vu des données précédentes, l'existence des champs morphogénétiques signifierait que l'information se rapportant à tout est immanente au Tout, comme le suggéraient déjà Bohm et Pribam avec des formalismes différents. Cette information proviendrait d'une mystérieuse structure conservant la trace de la vibration caractéristique, la fameuse résonance morphique, de toute chose, comportement ou événement existants ou ayant

1. *Une nouvelle science de la vie*, p. 209.

existé. Elle porterait même en elle, dans des germes morphiques, les potentialités de toutes les créations à venir.

De surcroît, les implications de la théorie de Sheldrake apportent un éclairage nouveau aux curieuses simultanéités dans le temps de découvertes faites à grande distance les unes des autres, à des milliers de kilomètres parfois. Mais aussi à la fameuse et controversée loi des séries, à la plus grande facilité de certains apprentissages comparativement aux générations antérieures (utilisation de la bicyclette, conduite automobile ou, plus récemment, manipulation de matériels électroniques et informatiques), à la succession des records sportifs (particulièrement en athlétisme), aux phénomènes de synchronicité[1], etc.

Ces implications pourraient également concerner la question des expériences de mort imminente. Ne serait-ce que d'expliquer l'apparente recrudescence du phénomène. Cette recrudescence serait indirectement liée à la répétition des interventions de réanimation qui, elles-mêmes, et selon la théorie, deviendraient de plus en plus efficaces comparativement à ce que l'on aurait pu attendre du seul progrès technique.

La résonance morphique des répercussions positives d'une EMI, concernant un nombre croissant d'individus, devrait logiquement conduire à une augmentation significative de comportements sociaux nettement plus positifs. Grâce en quelque sorte au renforcement de la chréode « modifications positives du comportement de l'espèce humaine ». Ce qui rejoindrait d'une certaine façon la perspective d'une évolution de l'humanité vers le point Oméga dans laquelle Teilhard de Chardin mettait ses espoirs[2]. Malheureusement, la violence et les passions destructrices qui prolifèrent sur notre planète, dont la responsabilité est autant individuelle que collective, viennent tempérer l'éventualité d'une progression rapide. C'est même à se demander si la résonance morphique ne bénéficie pas actuellement aux forces contraires !

---

1. La synchronicité concerne ces curieux événements, souvent attribués à un mystérieux hasard, qui relient deux faits *signifiants* mais n'ayant aucun lien de causalité.

2. Voir *Le Phénomène humain*, Éd. du Seuil, coll. « Points », 1970.

Sheldrake s'attache à trouver une explication à des causes subtiles ayant des effets tangibles, physiques et comportementaux, auxquelles la science n'apporte pas de réponse satisfaisante. Si la démonstration ne fait intervenir aucune notion d'au-delà, les champs morphogénétiques qui en forment l'ossature n'en relèvent pas moins d'un autre domaine de la réalité. L'intention créatrice qui l'anime témoigne de la présence d'une forme de conscience infinie, celle-là même qui est perçue lors de certains états modifiés de conscience.

Une conscience superlumineuse

Régis Dutheil, un médecin français disparu récemment, nous propose, en collaboration avec sa fille Brigitte, un modèle du fonctionnement de la conscience qui n'est pas moins téméraire que les précédents[1].

La théorie de la relativité, nous l'avons souligné, pose comme principe absolu que rien, aucun objet, homme ou particule, ne peut se déplacer au-delà de la vitesse de la lumière. Cette vitesse, peu importe celle de l'observateur, reste constante : 300 000 kilomètres par seconde, à quelque chose près[2]. Ce qui signifie, par exemple, que le faisceau de lumière des phares d'une voiture lancée à 180 kilomètres à l'heure, soit 50 mètres par seconde, ne franchira pas en une seconde une distance de 300 000 050 mètres (distance parcourue par la lumière des phares + celle de la voiture). La vitesse de la lumière étant invariable, les deux vitesses ne peuvent s'additionner et la lumière des phares ne dépassera donc jamais les fatidiques trois cents millions de mètres en une seconde. Cela peut sembler curieux, mais il en est ainsi dans le domaine de la réalité accessible à nos sens et surtout,

1. *L'Homme superlumineux*, Sand, 1991. Régis Dutheil était également professeur de physique et de biophysique. Sa fille Brigitte, professeur de lettres classiques, est spécialisée dans l'étude des problèmes d'histoire et de philosophie posés par la conscience et la mort.
2. La plus récente (1996) mesure de la vitesse de la lumière indique 299 743 kilomètres/seconde.

dans le cas présent, à nos instruments de mesure, ces prothèses dont nous les munissons à l'occasion.

À la conception de l'univers qui prévalait depuis Newton, Einstein a ajouté une quatrième dimension, le temps[1]. Désormais, les lois de la physique ne s'appliquent plus à un espace tridimensionnel mais à un espace-temps à quatre dimensions. L'introduction de ce paramètre met en exergue la notion de relativité de la vitesse de l'observateur dans son incidence sur la mesure de l'espace-temps. Mais dans certaines interprétations des équations d'Einstein, ce référentiel permet des extravagances conceptuelles assez cocasses, particulièrement à propos des valeurs temporelles. Régis et Brigitte Dutheil nous en proposent un exemple bien connu dont on peut trouver nombre d'équivalents dans divers ouvrages de vulgarisation :

> Cette modification du temps avec une vitesse proche de la lumière a très bien été mise en évidence par le classique paradoxe de Langevin qu'un physicien a remis au goût du jour il y a une trentaine d'années. Des astronautes, embarqués à bord d'une fusée animée d'une vitesse inférieure à celle de la lumière, atteindraient en quelques mois les étoiles les plus proches de notre galaxie, en 21 ans le centre de notre galaxie [...] et en 28 ans la galaxie d'Andromède (un million et demi d'années-lumière) et reviendraient au bout de 56 ans, ce qui est déjà bien long. Mais pendant ce voyage, la Terre, elle, aurait vieilli de 3 millions d'années. C'est dire que la théorie de la relativité impose une limite à tout rêve d'exploration et de conquête de la galaxie[2].

---

1. L'introduction de cette quatrième dimension, le temps, a fait l'objet de la première théorie d'Einstein dite de la *relativité restreinte* (1905). La théorie de la *relativité générale* (1915), beaucoup plus précise que la théorie de la gravitation de Newton, qui prévalait jusqu'alors, allait permettre, comme son nom l'indique, d'étendre ce principe de relativité à tout l'univers.
2. *L'Homme superlumineux*, p. 42. Des exemples équivalents sont proposés par Hubert Reeves (*Patience dans l'azur*, Éd. du Seuil, coll. « Points-Sciences », 1988, p. 200 et suivantes) et par Trinh Xuan Thuan (*La Mélodie secrète*, Gallimard, coll. « Folio », 1991, p. 85).

Voici qui apparaît en effet comme une limite rédhibitoire, du moins dans le cadre de la relativité einsteinienne. Mais les Dutheil proposent précisément de réexaminer ce cadre en postulant que la vitesse de la lumière ne serait pas une limite absolue. Leur théorie ne remet pas en cause l'œuvre d'Einstein mais préconise seulement de l'ajuster en tenant compte de la donnée superlumineuse. Ils relèvent d'ailleurs que le dogme de la vitesse de la lumière est discuté par d'autres physiciens. L'Américain Feinberg, par exemple, tout en préservant lui aussi la mécanique relativiste, suggère l'existence, de l'autre côté du mur de la lumière, de champs de particules qui vont plus vite que celle-ci, jamais en deçà. « En se basant sur les formules habituelles de la relativité, écrivent-ils, il montre que de telles particules auraient une énergie et une quantité de mouvement (impulsion) réelles, donc mesurables par un physicien. » En somme, puisque les équations de la relativité l'autorisent, il n'y a aucune raison de refuser *a priori* l'existence de particules superlumineuses.

Ces particules, les tachyons, n'ont pas encore pu être mises en évidence de façon certaine[1]. Mais sur ce point on sait que la physique quantique postulait l'existence des neutrinos[2] vingt ans avant leur découverte ; Wolfgang Pauli, célèbre précurseur en la matière, était à l'origine de cette hypothèse. C'est également avec

---

1. On trouve toutefois dans la contribution des Dutheil à l'ouvrage collectif de IANDS-France, *La Mort transfigurée* (Belfond/l'Âge du Verseau, 1992), une information assez optimiste : « Si les expériences sur les tachyons, après les publications de Feinberg, Sudarshan et d'autres, ont toutes été négatives entre 1967 et 1971, il semble bien que J. Steyaert (Institut de physique nucléaire de l'Université Louvain-la-Neuve, Belgique) ait mis en évidence, depuis 1986, des paires de tachyons (effet tachyo-électrique) de masse de l'ordre de 200 KeV environ et qui seraient des monopoles magnétiques » (KeV = Kilo-électron-Volt). Depuis, d'autres mesures effectuées par Jacques Steyaert ont permis de préciser la masse du tachyon, qui serait en fait de 418 KeV. Pour plus d'informations, se reporter à la communication personnelle du professeur J. Steyaert à l'annexe de fin d'ouvrage.

2. Particule élémentaire sans charge électrique, de masse hypothétique ou tout au moins négligeable, interagissant peu avec la matière. Chaque seconde, ce sont des milliards de neutrinos qui traversent, à une vitesse fantastique, le moindre centimètre carré de la planète et de notre propre corps.

beaucoup de scepticisme que la communauté des physiciens accueillit, en 1905, cet article consacré à une théorie plutôt loufoque dite de la relativité restreinte, signé par un nommé Albert Einstein, sombre expert technique de 3e classe du Bureau fédéral des brevets de Berne. Peu à peu, Einstein gagna à sa cause les plus grands noms de la physique, ce qui rendit plus acceptable le deuxième volet de ses travaux, dix ans plus tard, lorsqu'il étendra les principes de la relativité à tous les phénomènes gravitationnels de l'univers. Mais là encore, il fallut attendre l'éclipse de Soleil de 1919 pour que l'Anglais Arthur Eddington procède à la première vérification de l'une des prédictions de la relativité générale, la courbure de l'espace-temps sous l'effet d'un puissant champ gravitationnel, en l'occurrence celui du Soleil. Le thème des découvertes théoriques recense bien des faits du même ordre, plus ou moins connus, parfois durement contestés jusqu'à ce qu'ils soient vérifiés.

Régis et Brigitte Dutheil, pour leur part, considérant le mur de la lumière comme une simple frontière, ont avancé l'hypothèse de l'existence conjointe de trois formes d'univers. Chacun de ces univers posséderait son propre espace-temps : l'univers sous-lumineux, le nôtre, constitué de bradyons, des particules dont la vitesse est inférieure à celle de la lumière ; celui de la lumière avec ses luxons, particules dotées d'une vitesse égale à celle de la lumière ; et enfin l'univers superlumineux des tachyons.

Pour les auteurs, la conscience serait formée de matière superlumineuse et participerait de ce champ tachyonique aux propriétés spatio-temporelles radicalement distinctes de celles de notre univers sous-lumineux, seul perceptible à nos sens. De façon très résumée, dans cet espace-temps superlumineux, exclusivement constitué d'information et de signification à l'état pur, la notion de distance disparaîtrait et le temps ne s'écoulerait plus. C'est un temps où les notions de passé, présent et futur se mêleraient dans une sorte d'instantanéité absolue.

Faisant référence à Eccles et à Pribam, les Dutheil pensent que le cortex ne serait qu'une sorte de détecteur fonctionnant sous l'impulsion de signaux venus de la conscience superlumineuse.

Mais, ainsi que pour les champs morphogénétiques de Sheldrake, ces signaux ne seraient pas accessibles, pour le moment, à nos appareils de mesure.

Englobant la théorie holographique de Pribam dans le modèle de la conscience superlumineuse, Régis et Brigitte Dutheil consacrent un chapitre de leur ouvrage à une explication des différentes phases de l'EMI. L'argumentation reprend point par point le descriptif classique de Moody et la thèse d'un champ superlumineux d'information et de signification, largement mise à contribution, apporte une réponse à chacune des étapes de l'EMI[1]. Il serait trop long d'entrer dans le détail de ces réponses, mais relevons par exemple que les auteurs interprètent la rencontre avec l'être de lumière en faisant le lien avec la théorie holographique de Pribam, de même qu'avec un principe énoncé dans le *Bardo-Thödol* « d'après lequel la pensée du défunt crée son environnement après la mort ».

Les implications de la théorie superlumineuse permettent, elles aussi, de rendre compte de certains phénomènes paranormaux (télépathie, clairvoyance). Mais les explications des Dutheil offrent avant tout une réponse originale, à défaut de pouvoir être vérifiée, à l'hypothèse de la survie d'une forme de conscience. À la mort du sujet, celle-ci traverserait le mur de la lumière, une sorte de frontière composée exclusivement de luxons, pour (ré)intégrer l'univers de l'espace-temps superlumineux des tachyons. Un univers que les profanes en physique théorique nommeront tout simplement « au-delà ». Notons enfin, au terme de cette analyse succincte, que les deux auteurs ont également contribué à une approche médicale holistique inspirée de la théorie superlumineuse[2].

Évidemment, tributaires du progrès, nous devrons attendre la réalisation de l'instrument capable d'enregistrer les manifestations objectives de ces mystérieux tachyons. Et à cet égard on peut se demander si notre technologie qui relève de l'univers

1. *L'Homme superlumineux*, p. 144 et 145.
2. *La Médecine superlumineuse*, Sand, 1992.

sous-lumineux, celui de la réalité ordinaire, sera un jour capable de nous offrir l'accès à un domaine qui n'est pas celui des sens qui en auraient conçu l'instrument d'observation.

Une conscience dans l'ADN

Le dernier modèle théorique qui retiendra notre attention relève de la biologie, plus exactement de la biologie moléculaire. On le doit à Jeremy Narby, un Suisse d'une quarantaine d'années, qui a passé son doctorat d'anthropologie à l'université Stanford, en Californie. Lors d'un séjour d'étude de plusieurs mois en Amazonie, au contact des Ashanincas du Pérou, son intérêt s'était porté vers les plantes utilisées en médecine traditionnelle par les *curanderos* (guérisseurs) et vers celles, aux effets hallucinogènes, employées par les chamans dans leur mystérieux commerce avec les esprits. Ces mêmes chamans certifiaient qu'elles étaient la source du savoir indigène relatif aux propriétés pharmacologiques des végétaux de la forêt amazonienne, entre autres enseignements.

Lui-même avait eu l'occasion d'éprouver les effets de l'ayahuasca. Ce qu'il expérimenta, au cours de son incursion dans la vraie réalité des Indiens ashanincas, ne cessera de l'intriguer des années durant. Après une succession de visions hétérogènes, il se trouva cerné par deux gigantesques boas de douze à quinze mètres de long, une « hallucination » récurrente dans la transe induite par l'ayahuasca :

> Ces serpents énormes sont là, j'ai les yeux fermés et je vois un monde spectaculaire de lumières brillantes, et au milieu des pensées brouillonnes, les serpents commencent à me parler sans mots. Ils m'expliquent que je ne suis qu'un être humain. Je sens mon esprit craquer, et dans la faille, je vois l'arrogance sans fond de mes *a priori*. Il est profondément vrai que je ne suis qu'un être humain, et que la plupart du temps, j'ai l'impression de tout comprendre, alors qu'ici, je

me retrouve dans une réalité plus puissante que je ne comprends pas du tout et que je ne soupçonnais même pas, dans mon arrogance, d'exister[1]...

Ce rappel à l'humilité de notre condition humaine servira de déclencheur à une longue quête. Quelle est l'origine de ses serpents, de leur omniscience ? Car en effet, d'après les Indiens, c'est bel et bien de leur esprit que provient la connaissance des vertus médicinales des plantes de la forêt.

Épurant les bibliothèques, contactant à l'occasion les spécialistes des domaines qu'il explore au fil de ses lectures, Narby se lance dans un long travail de recherche. L'étude des mythes lui rappelle que le serpent est un animal-symbole universel. On le retrouve dans les mythes de création qui ont vu naître la plupart des civilisations : des aborigènes d'Australie aux Grecs de l'Antiquité, des dynasties égyptiennes aux Incas. Le serpent est partout présent, sur tous les continents, même dans les régions où ce reptile n'est pas répertorié dans la faune locale. Mais plus encore, on en rencontre souvent une représentation double : deux serpents entrelacés, comme on le relève aujourd'hui encore dans certaines images du caducée médical.

Narby constate par ailleurs que les chamans évoquent quasi systématiquement, en guise de lien entre eux et les esprits, des échelles, des lianes, des cordes célestes... Toutes choses en rapport étroit avec la notion d'*axis mundis* (l'axe du monde) de Mircea Eliade, qui permettent d'accéder à l'au-delà et au savoir chamanique. C'est alors qu'il se souvient de son séjour au Pérou, lorsque l'un des chamans lui avait affirmé que la nature parlait par signes, laissant entendre qu'il fallait s'attacher à débusquer les correspondances au niveau de la forme. Et s'il le prenait au mot ?

Un double serpent enroulé, une échelle de corde... À quoi cela pouvait-il faire penser ? Peu à peu la forme se dévoile et soudain c'est le déclic ! Il s'agit là, c'est l'évidence, de représentations symboliques de la double hélice d'ADN, présente dans le noyau

1. J. Narby, *Le Serpent cosmique*, Georg Éditeur, coll. « Terra Magna », 1999, p. 14.

des cellules de tous les êtres vivants. Et il n'avait même pas relevé, jusque-là, que la Banisteriopsis caapi elle-même, la principale plante qui entre dans la composition de l'ayahuasca, était une liane double, torsadée, localement baptisée Échelle vers la Voie lactée ou Liane de l'âme. Sa forme figurait sans conteste, elle aussi, la double hélice d'ADN.

L'anthropologue se laisse happer par ses réflexions :

> « Dans leur transe, les chamans arrivent en quelque sorte à réduire leur conscience au niveau moléculaire. C'est ainsi qu'ils apprennent à combiner des hormones cérébrales avec des inhibiteurs de monoamine oxydase, ou qu'ils découvrent quarante sources différentes de paralysants musculaires alors que la science n'a su qu'imiter leurs molécules. Quand ils disent que la recette du curare leur a été donnée par des êtres créateurs de la vie, ils parlent littéralement. Lorsqu'ils disent que leur savoir vient des êtres qu'ils voient dans leurs hallucinations, leurs mots signifient exactement ce qu'ils veulent dire. »

Plus déterminé que jamais, Narby s'initie aux arcanes de la biologie moléculaire afin d'y rechercher les points d'ancrage susceptibles de conforter son intuition. Il sait déjà que la molécule d'ADN est présente dans tous les règnes du vivant. Il sait également que ses constituants, son mode de réplication et sa fonction essentielle, fabriquer les protéines nécessaires à la vie de l'organisme, sont identiques quelle que soit l'espèce considérée. Il découvre surtout que cette longue molécule est infiniment plus complexe qu'il ne l'imaginait. Bien trop complexe pour avoir émergé toute seule du chaos initial, de cet environnement hostile de la genèse de notre planète. Comme d'autres, il se laisse séduire par l'idée d'une origine cosmique, conformément à la théorie de la panspermie de Francis Crick, codécouvreur de l'ADN, qui prône un ensemencement terrestre par des acides aminés et des molécules d'ADN primitif déjà élaborés quelque part dans l'univers. D'ailleurs, la complexité de cette double hélice est telle que pas un seul calcul de probabilité ne lui laisse la moindre chance d'apparaître sur notre planète en un intervalle de temps aussi bref

— environ six cents millions d'années tout de même — que celui qui sépare le refroidissement suffisant du magma terrestre de l'apparition des premières formes de vie bactérienne.

Peu à peu, Narby se persuade que l'ADN n'est pas seulement le socle du vivant, mais qu'il en est aussi la mémoire intégrale. En effet, seuls les gènes, une très faible partie de la molécule — 1 à 3 % selon les estimations —, sont pourvus d'une fonction bien définie. Que renferme alors tout le reste, ces longues suites de bases non codantes dont on trouve de nombreuses répétitions (introns) à l'intérieur même des gènes ? Sinon une gigantesque banque de données relative à l'ensemble du vivant ? Intuition assez logique, finalement, puisque toutes les espèces partagent cet ADN en commun, tel un catalogue exhaustif des formes de vie de la nature, dont chacune n'utilise explicitement que la partie qui la concerne.

L'origine du savoir indigène devient plus compréhensible encore si l'on s'intéresse de près aux principes actifs de certains hallucinogènes. Quelques-uns, en effet, possèdent un air de famille avec des neurotransmetteurs connus pour stimuler l'activité de l'ADN, comme la sérotonine par exemple. Ainsi, plusieurs types de récepteurs sérotoninergiques, présents à la surface des cellules, captent les molécules de DMT (diméthyltryptamine), un des alcaloïdes majeurs de l'ayahuasca. Sous l'influence de la DMT, des passages habituellement non codants de l'ADN pourraient alors révéler leur secret et dévoiler un champ de conscience d'une dimension insoupçonnée.

Sachant aussi que cette molécule de la vie est un formidable émetteur-récepteur de photons, toute proportion gardée, l'accès à cette présumée conscience de l'ADN se traduirait forcément par une vision de couleurs et de lumières particulièrement intenses et du meilleur réalisme. Ce que vérifient, en ce cas, nombre de descriptions d'états modifiés de conscience. D'autre part, l'ADN, qui se comporte comme un système électromagnétique de faible intensité, émet un rayonnement de fréquence élevée. Dans un passé relativement récent, partant de cette propriété, certains biologistes n'avaient d'ailleurs pas hésité à évoquer l'idée d'une biocommunication reliant toutes les cellules d'un organisme, voire divers organismes entre eux, plantes ou animaux. Si l'on fait l'hypothèse que les chamans indiens, grâce à la DMT, parviennent à se mettre en phase avec la longueur d'onde de la « conscience » moléculaire de l'ADN, comme le suggère Narby, l'origine de leur connaissance de la pharmacopée amazonienne pourrait relever également de cette biocommunication.

Il va sans dire que ce bref exposé reste des plus schématiques alors que le travail de Jeremy Narby, en revanche, est solidement argumenté et documenté. Le propos aura cependant permis de mesurer la portée exceptionnelle de l'étude de cet anthropologue audacieux ; une étude sur laquelle les secteurs compétents de la science (génétique, biologie moléculaire, biophotonique, etc.) seraient bien inspirés de se pencher.

Dans une perspective élargie du modèle de Narby, l'immanence d'une telle forme de conscience, présente dans chaque parcelle de matière vivante, conforte l'idée d'une Intelligence qui nous agit à la fois de l'extérieur et de l'intérieur. Elle suppose que la Vie, contrairement aux présupposés de la science, relève d'une intentionnalité. Celle-ci, inaccessible dans l'état de conscience ordinaire, ne se révélerait qu'à celui qui, par la « grâce » d'un état modifié de conscience, pénètre le dedans des choses, la molécule d'ADN en l'occurrence, ou, selon les auteurs : la réalité impliée, holographique, morphogénétique, superlumineuse… Jamais autant d'indices concordants, accumulés au fil des précédents modèles théoriques, n'ont été si proches d'apporter la preuve de cette réalité, celle de l'au-delà.

Les ressources de la pensée humaine sont intarissables et il ne fait pas de doute que dans un avenir proche elles nous offriront de nouvelles théories de la conscience. À cet égard, la patrie de Descartes n'est pas en reste. La relativité d'échelle de Laurent Nottale[1] semble extrêmement prometteuse pour échafauder une

---

1. Le principe de la relativité d'échelle est une extension du principe de la relativité d'Einstein qui pose que « les lois de la nature doivent être valides dans tout système de coordonnées, quel que soit son état de mouvement et d'échelle » (Laurent Nottale, *La Relativité dans tous ses états*, Hachette Littérature, coll. « Pluriel », 1998).

théorie de la conscience relative, adaptée à un système de coordonnées précis. De même pour la théorie de la métaréalité proposée par Michel Lemuset, elle-même inspirée de la théorie de la relativité complexe du physicien français Jean Charon[1]. On citera aussi les travaux d'Edward Lorenz, un météorologue américain plus écouté qu'Alfred Wegener[2], son infortuné confrère allemand du début du siècle. Sa théorie du chaos connaît un grand succès et ne manquera sans doute pas d'inspirer les théoriciens de la conscience dans les années à venir. Cette appréciation s'inspire du fait que le chaos, venant démontrer le rôle primordial de la contingence, s'oppose lui aussi à l'idée d'un déterminisme rigide qui présiderait aux destinées de notre univers[3].

En dépit de leur singularité, les cinq théories ci-dessus résumées sont davantage en complémentarité qu'en opposition. Chacune détient probablement un fragment de réponse à la question de la conscience et de sa survie. En tout cas, à partir de constructions intellectuelles développées dans le cadre de leur propre spécialité, leurs concepteurs ont le mérite d'avoir contribué de façon originale aux questions qui nous occupaient : La conscience est-elle prisonnière du corps ? Sous quelle forme et dans quel au-delà pourrait-elle survivre à la mort de l'organisme ? Quels éléments confortent l'hypothèse de l'omniprésence d'une conscience supérieure dont nous dépendons tous ? Etc.

D'une conscience cosmique à une conscience quantique

Le principe de non-séparabilité, vérifié par les travaux d'Alain Aspect, remet profondément en question notre façon d'appréhender la réalité. On s'en souvient, les deux photons impliqués dans la

1. Quelques-uns de ses ouvrages sont cités dans la bibliographie.
2. Théoricien de la dérive des continents (la tectonique des plaques).
3. Voir par exemple *Le Chaos et l'Harmonie*, de Trinh Xuan Thuan, Fayard, 1997, où l'on se persuadera que le chaos est créatif, pas nécessairement destructif.

célèbre expérimentation réagissent comme si aucune distance ne les séparait, comme s'ils ne faisaient qu'un. L'information dont ils sont porteurs est présumée circuler en tous sens, instantanément, dans tout l'univers. De sorte que les notions d'espace et de temps propres à la réalité ordinaire n'ont plus cours au niveau des particules subatomiques, ces composants fondamentaux de toute la matière de l'univers — dont nous-mêmes sommes constitués.

Reprenons l'hypothèse de la Supra-Conscience de ce point de vue quantique. On pourrait ainsi postuler que convergent vers ce réservoir universel d'informations, à considérer comme un métasystème, les indications relatives à toutes les consciences qui auront été en contact, même une seule fois, au cours de leur incarnation terrestre. D'autres considérations s'ensuivent. Prenez par exemple le cas des milliards de molécules qui pénètrent, à chaque inspiration, dans notre appareil respiratoire. Ces milliards d'assemblages d'atomes interagiront dans notre organisme et s'imprégneront au passage des données propres à celui-ci, avant d'être rejetées puis capturées à nouveau par un autre organisme. Une incommensurable masse d'informations particulaires passe ainsi d'un individu à l'autre depuis les origines, reliant l'ensemble des êtres vivants à travers l'espace et le temps. Et nous ne sommes plus ici dans le seul domaine de la spéculation, mais dans celui d'une réalité physique, certes subtile, mais difficilement contestable.

Cet échange d'informations, mettant en cause les particules que nous absorbons et que nous éliminons, intéresse aussi, d'une façon différente, la question du métabolisme. Dans le cadre d'un processus autonettoyant d'une extrême efficacité, les moindres déchets sont évacués en permanence, les plus petites parcelles de notre organisme sont remplacées régulièrement. De façon que la matière dont nous sommes constitués est presque entièrement renouvelée en l'espace de quelques semaines, quelques jours selon l'organe en cause. Ainsi, un ami que vous n'avez pas vu depuis six mois aura vraiment changé au plein sens du terme. Et vous de même ! Pourtant, les souvenirs qui vous relient à cet ami seront toujours présents, et il en ira de même pour lui.

N'est-il pas extraordinaire que cette mémoire soit conservée, malgré le remaniement moléculaire qu'a subi entre temps ce que l'on présume être son support physique, le neurone[1] ? Changez donc le disque dur de votre ordinateur par un disque neuf, puis vérifiez si ce dernier vous restitue les informations que vous aviez stockées sur le précédent. Ce genre de comparaison, dont il ne faut pas abuser, illustre le fait que la mémoire, au même titre que les phénomènes de la conscience, pourrait relever des propriétés quantiques de certaines particules pérennes. Celles-ci conserveraient la trace de toute information, en dépit des modifications affectant le tissu cérébral. À moins que ces particules ne soient en contact permanent avec un énigmatique réservoir d'informations, où seraient conservées les données propres à chaque individu. Mais il tombe sous le sens qu'un agencement complexe de neurones reste nécessaire au traitement et à l'interprétation des événements quantiques considérés.

Par ailleurs, imaginons qu'à la limite extrême de la matière, les milliards de particules cosmiques qui nous traversent et nous relient en permanence, tels les fameux neutrinos, soient l'un des modes d'expression de la Supra-Conscience. Ces particules ont nécessairement interagi dans leur totalité, une fois au moins, étant nées d'une même explosion initiale, le fameux big bang. Aussi, dans une application généraliste du principe de non-séparabilité,

---

1. Jean-François Dortier indique que l'on a découvert depuis peu « qu'il existe une neurogenèse permanente dans le bulbe olfactif et dans l'hippocampe, zone du cerveau impliquée dans la mémoire » (*Les Sciences humaines*, Éd. Sciences Humaines, 1998, p. 215). Il faut savoir que l'hippocampe est également une région du cerveau concernée par les processus d'apprentissage. Ce qui fait dire à Olivier Robin, neurologue à l'hôpital Cochin (Paris), en relation avec la précédente découverte due à un chercheur américain, Fred Gage : « Ce phénomène prouve que le cerveau, à la différence de tous les autres organes, est apte à apprendre. Et cet apprentissage se traduit par des modifications dans les connexions entre les neurones — c'est le phénomène bien connu de la plasticité synaptique — mais aussi, comme semble le démontrer l'étude de Fred Gage, par des changements dans la structure du cerveau » (*Sciences et Avenir*, décembre 1998, p. 43). Bien belle machine, n'est-ce pas ? On comprend que la tentation de la créditer d'une aptitude à engendrer la conscience démange nombre de neuroscientifiques...

validé par l'expérience d'Aspect, présumera-t-on que ces invisibles messagers rayonnent l'infinité de l'information individuelle et collective. Hors de toute temporalité et distance, tel un incommensurable réseau cosmique, les neutrinos — ou des particules apparentées — seraient en quelque sorte les vecteurs de la mémoire universelle.

Considérons maintenant l'être humain comme un organisme quantique, étant lui-même un prodigieux assemblage de particules subatomiques. Ainsi qu'on vient de l'indiquer, les composants élémentaires de l'univers ont interagi au moins une fois lors du big bang, y compris ceux qui nous constituent. De ce fait, la notion d'interdépendance, si chère au bouddhisme, trouve ici une véritable justification « matérielle ». Et cette interdépendance n'intéresserait pas seulement le genre humain et les êtres conscients, mais l'intégralité des particules issues de ce même big bang ; c'est-à-dire... TOUT ! Là encore, une perspective aussi vertigineuse est en accord avec les principes scientifiques régissant ces domaines.

À l'échelle de l'être humain l'hypothèse d'une conscience quantique pourrait se révéler fertile, puisque les particules subatomiques sont les composants ultimes de nos organes, et notre cerveau n'est pas le moindre. Gigantesque assemblage de particules en incessante réorganisation, il est directement impliqué dans l'expression de la conscience à laquelle les extraordinaires propriétés de ces objets quantiques pourraient s'appliquer. Extraordinaires propriétés, car à leur niveau, la non-séparabilité va de pair avec une notion de l'espace-temps où l'instantanéité est la règle, où la flèche du temps se rit de la logique humaine. Souvenez-vous de l'hypothétique tachyon. Voici une particule — à moins que ce ne soit une onde, les objets quantiques bénéficiant du double statut onde ou corpuscule — capable de remonter le temps aussi bien que de voyager dans le futur. Une conscience tachyonique, par exemple, connectée au domaine de la réalité superlumineuse, serait en mesure d'embrasser, dans une même représentation, le passé, le présent et l'avenir. De plus, dans cet « univers impossible », le principe de causalité serait évidemment caduc, l'effet pouvant y précéder la cause. C'est ainsi que des sujets ayant vécu une EMI nous décrivent certaines visions de leur propre futur. Ce qui laisse à penser que, lors d'états modifiés de conscience profonds, les composants quantiques de notre interface cérébrale seraient en mesure d'interagir avec ces mystérieux tachyons ou avec d'autres particules clairement identifiées, elles, comme les neutrinos.

On peut poursuivre, encore, en supputant que l'énergie qui permet l'expression de la conscience dérive des propriétés du vide quantique. Plus précisément, de cet « immense » espace qui sépare le noyau atomique des électrons qui tournoient, à des vitesses inouïes, « loin » autour de lui. Le noyau ne représente en effet que la cent millième partie de l'atome, le reste étant occupé par ce vide dans lequel vibre un brouillard d'électrons plus ou moins dense selon l'élément atomique en cause. La pulsion électromagnétique qui en résulte, au rythme vibratoire prodigieux, serait dans cette perspective un effet mesurable de l'Énergie fondamentale ; celle-là même qui insuffle vie et conscience dans la matière.

Conscience et matière, au final, pourraient être les deux facettes d'une même et unique réalité : onde et corpuscule dirait le physicien. La matière, cependant, et c'est ce qui nous trompe, est sans cesse remaniée, sculptée, sous l'influence de l'Énergie fondamentale, pour donner de nouveaux habits à la conscience et lui permettre de poursuivre son évolution.

J'admets volontiers que l'hypothèse d'une conscience quantique relève, pour le moment, du divertissement intellectuel. On ne peut toutefois s'empêcher de penser qu'une théorie de la conscience inspirée des données de la physique des particules éclairerait d'un jour nouveau la compréhension de la plupart des thèmes qui ont été abordés dans cet ouvrage. Et celui concernant la nature de l'au-delà n'est pas le moindre. Cette théorie reste à édifier.

Ce que tu as réussi à faire, c'est de sauter, d'une manière assez brusque j'en conviens, d'un niveau de connaissance à un autre. Tu as à présent le choix. Tu peux demeurer où tu te trouves et poursuivre ton étude à ce niveau qui — soit dit en passant — est considérablement au-dessus de celui que tu as quitté, ou bien tu peux revenir en arrière et continuer de travailler avec le clan.

Richard BACH[1]

Épilogue

Le vécu d'un état modifié de conscience se déroule au cœur de *l'autre réalité*, inaccessible à la conscience ordinaire, et n'est donc pas tributaire des outils sensoriels habituels. Pourtant, le souvenir des événements perçus lors d'un EMC n'en reste pas moins profondément gravé dans la mémoire du sujet. De leur côté, les expériences de mort imminente marquées par un EEG nul — les observations sont rares il est vrai — posent problème quant à identifier le support biologique qui en autorise tant l'expression que la mémorisation. Quoi qu'il en soit, le système d'adaptation à la réalité ordinaire est bel et bien annihilé, lors de ces EMI, par l'onde de choc issue du télescopage avec cette *méta-réalité* dont l'expérienceur conserve le souvenir.

1. *Jonathan Livingstone le goéland*, Librio, 1995, p. 88.

Faut-il accorder crédit à ce présumé domaine de *l'autre réalité* sur la foi des états modifiés de conscience examinés dans ce livre ? Ou bien relève-t-il de la pure illusion, sinon de l'hallucination ? Est-il justifié de soutenir l'hypothèse survivaliste ? Ou ne s'agit-il que de l'effet cyclique et « futile » de ce souffle d'espérance transmis de génération en génération depuis la nuit des temps ?

Au terme de cet essai, je pense sincèrement qu'il est permis de répondre en faveur de l'existence d'un autre type de réalité. De même, l'amoncellement des indices dont on a pris connaissance doit bénéficier à l'hypothèse survivaliste. Mais, objectera-t-on, la quantité n'est pas forcément gage de qualité. Et en dépit du nombre des témoignages cités, des arguments déployés et des études produites, le lecteur dubitatif reprochera peut-être à cet assemblage de reposer sur des pieds d'argile : voyance, rêve, expérience hors du corps, méditation, hypnose, hallucinogènes... Tous ces thèmes du New-Age, pensera-t-il, manquent cruellement de sérieux et se fondent, pour l'essentiel, sur le témoignage — dont on ne sait que trop la fragilité.

Aussi voudrais-je revenir sur une évidence : les différents états modifiés de conscience abordés au fil de l'ouvrage existent vraiment, nul ne le conteste. Le réalisme exprimé dans certains vécus, en particulier ceux qui s'inscrivent dans le domaine de la réalité transphénoménale, est également un fait acquis. Dès lors il est possible d'en produire une étude sérieuse. Ce à quoi je me suis appliqué, même si elle n'est pas sans défauts.

Mais, probablement, est-ce davantage le recours au postulat survivaliste, souvent associé au pire du New-Age, qui suscite la défiance. Je miserais de préférence sur ce mobile, qui ne manque d'ailleurs pas d'interroger. En effet, pour quelle raison devrais-je rejeter cette hypothèse de *l'autre réalité,* que les EMC mettent en exergue ? Par conformisme culturel ? Par mimétisme avec le système utilitariste de représentation du monde ? Par je ne sais quelle conception du respect de la chose jaugée par la science ?

Cette position de rejet est intenable dès que l'on a *réellement* contacté la *réalité* d'un autre type de *réalité*. Et l'on ne peut rester davantage arc-bouté sur des dogmes qui ont montré leurs limites, sur des croyances dont les fondements se délitent. Il devient indispensable de se positionner. Mon choix de l'option survivaliste répond clairement à cet impératif. Et encore s'agit-il d'une option faible, *a minima*. Car loin de mon propos, on me le concédera, les excès des maîtres ès certitudes, des bonimenteurs de la vie après la mort, qui réussissent le prodige de décrire par le menu les modalités de notre destinée *post mortem*. Mon camp, quoi qu'on en pense, demeure bel et bien celui du raisonnable.

En effet, devant un faisceau d'indices concordants aussi conséquent que celui exposé dans ce livre, n'est-il pas raisonnable de soutenir l'hypothèse d'une forme de survie de la conscience ? Une hypothèse réfléchie et argumentée. Une hypothèse qui s'insère dans un vide scientifique que rien ne parvient plus à dissimuler ; ni le rejet, ni le mépris, ni l'indifférence. Une hypothèse qui, certes, met à mal nos repères culturels, en particulier les nouveaux repères, qui œuvrent à nous ancrer dans la réalité de la matière. Une hypothèse qui égratigne parfois nos croyances, en suggérant qu'il existe un *au-delà* hors du Dieu de la religion. Une hypothèse, enfin, qui n'emprunte rien à la superstition, cette gangrène de notre libre arbitre.

Au bout du compte, un tel inventaire recèle des mises en cause aptes à se convertir en autant de griefs à l'égard de cette hypothèse-là. Car elles sous-entendent de faire le deuil de références fondamentales, qui pouvaient sembler jusqu'alors inamovibles. Pourtant, ce deuil devrait être assimilable, puisque des alternatives se sont fait jour... Souvenez-vous. Dans le cours du livre, les éléments favorables à cette hypothèse n'ont pas fait défaut. Combien d'*impossibles* vertus de la conscience y avons-nous relevé ? La voici qui réinvestit un organisme dont l'EEG nous certifiait la mort. Ailleurs, elle s'en extrait lors d'un rêve lucide, à l'occasion d'une décorporation spontanée, d'une expérience mystique, d'un rituel chamanique ou d'une transe hallucinogène. Puis on lui découvre la capacité de stimuler nos facultés d'autoguérison. Et, surtout, on constate qu'une fois éveillée, une fois mise au contact de l'autre versant de la réalité, cette conscience offre un sens nouveau à l'existence et à son terme.

C'est bien là, assurément, que réside l'obstacle le plus difficile à surmonter. Car l'orientation de vie que met en branle un tel éveil de la conscience se heurte au mur des certitudes de la réalité ordinaire, avec ses principes physiques, ses préceptes religieux, sa logique économique et ses innombrables *a priori*.

Il n'empêche. Parmi ceux qui ont vécu de profonds états modifiés de conscience, quelques-uns sont parvenus à franchir ce mur. De nouvelles règles se sont imposées à eux. Fondamentales, ces règles n'en découlent pas moins d'une loi unique, incontournable, à laquelle chacun sera confronté le moment venu : l'Amour. Pas le petit, avec un *a* minuscule, mais celui que l'on pressent et que l'on peine à évoquer tant il est inaccessible à la raison. Tant il est choquant dans son aspect inconditionnel lorsqu'il nous effleure de son souffle. Inconditionnel, cela signifie sans contrepartie, sans restriction, offert à tous, gratuit en somme. Gratuit mais pourtant hors de prix ! Souscrire à cet Amour-là, dans le brouhaha égotiste ambiant, n'est certes pas facile.

D'autres n'ont pas vécu de tels EMC mais doutent cependant du caractère exclusif de la réalité ordinaire. Animés d'une volonté sincère d'en franchir le mur, l'acceptation de l'interdépendance de tous les êtres conscients sera une première étape, un pas décisif vers la reconnaissance de la réalité qui se profile derrière le trompe-l'œil des apparences. Ils connaîtront peut-être à leur tour le prodige de la connexion des âmes, dans cette nouvelle perception de la réalité.

Ceux, enfin, dont le choix est de rester à l'ombre du mur de la réalité ordinaire, trouveront probablement que ces réflexions relèvent d'un romantisme spirituel inadapté aux dures lois de la société consumériste. Mais leur refus d'entériner le bien-fondé d'une démarche spirituelle ne s'enracine-t-il pas, tout simplement, dans une perception erronée du sens de l'existence ? Cette erreur d'appréciation découle d'un conditionnement qui décrète la matière hégémonique et le mercantilisme son prophète. Il suffit pourtant de peu pour terrasser les vieux démons et orienter sa vie vers des objectifs autrement plus enrichissants.

Mais ces précédentes recommandations n'auraient de sens et d'efficacité si un trait essentiel, fondamental même, venait à manquer : être spirituel c'est aussi, dans une autre acception du mot, savoir faire preuve d'humour, de beaucoup d'humour. L'humour et l'amour sont les maîtres mots de l'éveil.

La démarche spirituelle posée en filigrane de ce livre nous renvoie à la notion d'interdépendance. Ressentie comme une règle capitale lors de certains phénomènes transcendants, elle se révèle indissociable de la présence voilée de *l'autre réalité,* domaine potentiel d'une forme de survie de la conscience. Expérimenter par soi-même un tel phénomène, éprouver la nature indicible de la réalité transphénoménale, est la meilleure façon d'éprouver la perméabilité du mur de la réalité ordinaire. Nul plaidoyer ne démontrera mieux la pertinence de l'hypothèse survivaliste que ce vécu personnel, nulle argumentation ne nous persuadera davantage que notre propre réalité est également inscrite dans ***l'autre réalité***.

ANNEXE

Bradyons, luxons et tachyons

Une information proposée par le professeur Jacques Steyaert[1]

Les **bradyons** sont les particules de notre monde habituel qui voyagent toujours à une vitesse inférieure à celle de la lumière. Les électrons, les protons, les neutrons en sont des exemples… Ils sont caractérisés par une masse exprimée en électron-Volt, dans un système d'unité où la vitesse de la lumière c est prise pour unité : $c = 1$. Au repos, un bradyon possède une énergie de masse donnée par la fameuse équation d'Einstein $E = mc^2$, ici dans les unités choisies $E = m$. Lorsqu'un bradyon quitte sa situation de repos et augmente son énergie cinétique, comme une voiture passe de 0 km/heure à une vitesse $v = 120$ km/h, il acquiert une impulsion p donnée par le produit : $p = mv$. La mécanique relativiste nous donne une relation entre l'énergie, l'impulsion et la masse : $E^2 - p^2 = m^2$. On peut en déduire que l'énergie E est toujours plus grande que l'impulsion p et que la vitesse du bradyon est toujours inférieure à la vitesse de la lumière ($v = dE/dp$). En fait, il faudrait une énergie infinie pour que le bradyon atteigne la vitesse de la lumière.

1. Communication personnelle du professeur Jacques Steyaert de l'université de Louvain-la-Neuve.

Les **luxons** occupent aussi notre monde mais voyagent toujours à la vitesse de la lumière. Un exemple, ce sont les photons, les particules de lumière. D'après les théories qui ont cours les neutrinos seraient aussi des luxons, car de masse nulle comme le photon : $m = 0$ et donc $E = p$.

Les **tachyons**, plus hypothétiques, voyagent toujours à une vitesse supérieure à celle de lumière. Le tachyon n'est donc jamais au repos et ne possède pas de masse mais une pseudo-masse M reliée à son énergie E et son impulsion p par la relation $p^2 - E^2 = M^2$. On en déduit que pour une énergie nulle, le tachyon va à vitesse infinie et possède une impulsion bien précise $p = M$. Lorsque son énergie augmente, sa vitesse diminue et se rapproche de celle de la lumière, vitesse qui est atteinte lorsque le tachyon possède une énergie infinie. Pour franchir le « mur de la lumière », un bradyon à énergie infinie pourrait devenir un tachyon à énergie infinie, mais cela est impossible classiquement.

Pour conclure, nous terminerons par l'interaction entre bradyons et tachyons, ce que nous avons appelé l'effet tachyo-électrique : un électron au repos absorbe un tachyon ayant la bonne impulsion et la bonne énergie. Il s'en suit que l'électron recule avec une énergie cinétique T bien précise donnée par $T = M^2/2m_e$ où m_e est la masse de l'électron et M la pseudo-masse du tachyon. Au laboratoire, nous avons pu déterminer expérimentalement que $M = 418$ keV. Il n'est pas exclu que d'autres tachyons de M différent existent. Les neutrinos pourraient être des tachyons.

Bibliographie

AMMAR Didier, *Expériences de mort imminente, réalités cliniques et thérapeutiques*. Thèse de doctorat de médecine, Aix-Marseille II, 1993.

ARIÈS Philippe, *Essai sur l'histoire de la mort en Occident*, Éd. du Seuil, coll. « Points », 1975.

ATWATER P. H. M., *Retour de l'après-vie*, Éd. du Rocher, 1993.

AUDOUZE Jean, CASSE Michel, CARRIÈRE Jean-Claude, *Conversations sur l'invisible*, Belfond, coll. « Sciences », 1988.

AURIOL Bernard, *Introduction aux méthodes de relaxation*, Privat, 1976.

BACQUÉ Marie-Frédérique, *Le Deuil à vivre*, Odile Jacob, 1992.

BAUDELAIRE, Charles, *Du vin et du haschich*, Mille et Une Nuits, 1996.

BERGSON Henri, *L'Évolution créatrice*, PUF, coll. « Quadrige », 1991.

BERGSON Henri, *Matière et mémoire*, PUF, coll. « Quadrige », 1990.

BERGSON Henri, *L'Énergie spirituelle*, PUF, coll. « Quadrige », 1990.

BLOFELD John, *Le Bouddhisme tantrique au Tibet*, Éd. du Seuil, coll. « Points », 1976.

BOHM David, *La Plénitude de l'univers*, Éd. du Rocher, 1990.

BORREL M. et MARY R., *L'Âge d'être et ses techniques*, Presses Pocket, coll. « L'âge d'être », 1990.

BROCH Henri, *Le Paranormal*, Éd. du Seuil, coll. « Points », 1989.

CAPRA Frijtof, *La Sagesse des sages*, Belfond/L'Âge du Verseau, 1988.

CASGHA Jean-Yves, *Les Mystères de la vie et de la mort*, Philippe Lebaud, 1990.

CASTANEDA Carlos, *L'Herbe du diable et la Petite Fumée*, Christian Bourgois, 1968, rééd. 1984.

CASTANEDA Carlos, *Le Voyage à Ixtlan*, Gallimard, coll. « Folio/ Essais », 1974.

CASTANEDA Carlos, *Histoires de pouvoir*, Gallimard, coll. « Témoins », 1975, rééd. 1991.

CHARON Jean E., *L'Esprit, cet inconnu*, Albin Michel, 1977.

CHARON Jean E., *Mort, voici ta défaite*, Albin Michel, 1979.

CHARON Jean E., *J'ai vécu quinze milliards d'années*, Albin Michel, 1983.

CHARON Jean E., *Les Lumières de l'invisible*, Albin Michel, 1985.

CHARON Jean E., *Cent mille soleils par seconde*, Albin Michel, 1991.

CHERTOK Léon, *L'Hypnose*, Payot, 1965, rééd. 1989.

COSTA Jean-Patrick, *Indiens Jivaros, histoire d'une mort programmée,* Éd. du Rocher/Le Mail, 1997.

COSTA Jean-Patrick, *L'Homme-Nature,* Sang de la Terre, coll. « La pensée écologique », 2000.

COSTA Jean-Patrick, *Les Chamans, hier et aujourd'hui*, Flammarion, coll. « Dominos », 2001.

DALAÏ-LAMA, *Au loin la liberté*, Fayard, 1990.

DAVID-NEEL Alexandra, *Textes tibétains inédits*, Pygmalion, 1986.

DAVID-NEEL Alexandra, *Immortalité et réincarnation*, Éd. du Rocher, 1986.

DAVID-NEEL Alexandra, *Mystiques et magiciens du Tibet*, Plon/Presses Pocket, 1990.

DAVID-NEEL Alexandra, *Voyage d'une parisienne à Lhassa*, Plon/Presses Pocket, 1991.

DAYOT Pierre, *Expérience de l'imminence de la mort – Approche traditionnelle*, Thèse de doctorat de médecine, Grenoble, 1984.

DELACROIX Jean-Marie, *Ainsi parle l'esprit de la plante*, Jouvence, 2000.

DORTIER Jean-François, *Les Sciences humaines – Panorama des connaissances,* Éd. Sciences humaines, 1998.

DOSTOÏEVSKI Fedor, *Le Rêve d'un homme ridicule*, Actes Sud/Labor, L'Aire, 1993.

DUTHEIL Régis et Brigitte, *L'Homme superlumineux*, Sand, 1991.

DUTHEIL Régis et Brigitte, *La Médecine superlumineuse*, Sand, 1992.

ECCLES John C., *Évolution du cerveau et création de la conscience*, Fayard, 1992.

ELIADE Mircea, COULIANO Ioan P., *Dictionnaire des religions*, Plon, coll. « Pocket », 1994.
ELIADE Mircea, *Aspect du mythe*, Gallimard, coll. « Folio/Essais », 1998 (1963)
ELIADE Mircea, *Le Sacré et le Profane*, Gallimard, Folio/Essais, 1995 (1965).
ELKIN, A. P., *Les Chamans aborigènes*, Éd. du Rocher/Le Mail, 1998.
ERICKSON Milton H., *L'Hypnose thérapeutique – Quatre conférences*, ESF, 1986.
ESPAGNAT Bernard D', *À la recherche du réel*, Gauthier/Villars, 1981.
EVANS-WENTZ W. Y., *Le Bardo-Thödol – Le livre des morts tibétain*, Librairie d'Amérique et d'Orient, J. Maisonneuve, Paris, 1987.
EVANS-WENTZ W. Y., *Le Yoga tibétain et les Doctrines secrètes*, Librairie d'Amérique et d'Orient, J. Maisonneuve, Paris, 1980

FLUCHAIRE Pierre, *La Révolution du sommeil*, Robert Laffont, 1984.
FREUD Sigmund, *Œuvres complètes*, 21 volumes, PUF, 1988.

GARFIELD Patricia, *La Créativité onirique,* J'ai lu, 1997 (La Table Ronde, 1983).
GODIN Jean, *La Nouvelle Hypnose*, Albin Michel, coll. « Idées », 1992.
GRIM John, A., *Chamane, guérisseur de l'âme*, Presses Pocket, 1993.
GROF Stanislav, HALIFAX Joan, *La Rencontre de l'homme avec la mort*, Éd. du Rocher, 1982, rééd. 1990.
GROF Stanislav, *La Psychologie transpersonnelle*, Éd. du Rocher, 1988.
GROF Stanislav, *Les Nouvelles Dimensions de la conscience*, Éd. du Rocher, 1989.
GROF Stanislav, *Royaumes de l'inconscient humain*, Éd. du Rocher, 1992.
GUESNÉ Jeanne, *Le Grand Passage,* Courrier du Livre, 1978 ; Espace bleu, 1994.
GUESNÉ Jeanne, *La Conscience d'Être Ici et Maintenant*, Espace bleu, 1983, rééd. 1991.
GUESNÉ Jeanne, *Le 7e Sens ou le Corps spirituel*, Albin Michel, coll. « Espaces libres », 1991.
GUESNÉ Jeanne, *Le 3e Souffle*, Albin Michel, coll. « Espaces libres », 1995.

HAMBURGER Jean, Académie des sciences, *L'Avenir de la science*, Dunod, 1991.
HARDY Christine, *L'Après-Vie à l'épreuve de la science*, Éd. du Rocher, 1986.
HARDY Christine, *La Science et les États frontières*, Éd. du Rocher, 1988.
HARNER Michael J., *Les Jivaros*, Petite Bibliothèque Payot, 1995.
HARNER Michael J., *Hallucinogènes et chamanisme*, Georg Éditeur, coll. « Terra Magna », 1997.
HARNER Michael J., *La Voie spirituelle du chamane*, Albin Michel, coll. « Pocket », 1999.
HARPUR Tom, *Le Grand Voyage*, Le Jour, Québec, 1992.
HAWKING Stephen, *Une brève histoire du temps*, Flammarion, 1991.
HENNEZEL Marie DE, *La Mort intime*, Robert Laffont, 1995.
HUXLEY Aldous, *Moksha*, Éd. du Lézard, 1998.
HUXLEY Aldous, *Les Portes de la perception*, 10-18/Éd. du Rocher n° 1122, 1999.
HUXLEY Aldous, *Le Ciel et l'Enfer*, Le Rocher, 1999.
HUXLEY Aldous, *Le Meilleur des mondes*, Plon, coll. « Pocket », 2000.

IANDS, *Bulletins de l'association internationale pour l'étude des états proches de la mort* (04-1988 à 06-2001).

JANKOVITCH Stephan VON, *La Mort, ma plus belle expérience*, Éd. du Signal, Lausanne, 1988 (récit autobiographique).
JOUVET Michel, *Le Sommeil et le Rêve*, Odile Jacob, 1992.
JUNG Carl Gustav, *Ma vie, souvenirs, rêves et pensées...* Gallimard, 1989.
JUNG Carl Gustav, *Sur l'interprétation des rêves*, Albin Michel, 1998.

KARDEC Allan, *Le Livre des Esprits*, Vermet, rééd. 1996.
KASON Yvonne, *L'Autre Rive*, de Mortagne, Montréal, 1996.
KÜBLER-ROSS Élisabeth, *Vivre avec la mort et les mourants*, Éd. du Rocher/Éd. du Tricorne, 1990.
KÜBLER-ROSS Élisabeth, *La Mort, porte de la vie*, Éd. du Rocher, 1990.
KÜBLER-ROSS Élisabeth, *La mort est un nouveau soleil*, Presses Pocket, 1990.
KÜBLER-ROSS Élisabeth, *Les Derniers Instants de la vie*, Labor et Fides, Genève, 1991.

KÜBLER-ROSS Élisabeth, *La mort, dernière étape de la croissance*, Le Rocher, 1992.

KÜBLER-ROSS Elisabeth, *La Mort est une question vitale*, Albin Michel, 1996.

KÜBLER-ROSS Elisabeth, *Mémoires de vie, mémoires d'éternité*, Lattès, 1997.

LA BERGE Stephen, *Le Rêve lucide*, Oniros, 1992.

LABORDE-NOTTALE Élisabeth, *La Voyance et l'Inconscient*, Éd. du Seuil, 1990.

LABRO Philippe, *La Traversée*, Gallimard, 1996 (récit autobiographique).

LAPASSADE Georges, *Les États modifiés de conscience*, PUF, coll. « Nodules », 1987.

LAPASSADE Georges, *La Transe*, PUF, coll. « Que sais-je ? », 1990.

LAPLANCHE J. et PONTALIS J. B., *Le Vocabulaire de la psychanalyse*, PUF, 10e éd., 1990.

LEMUSET Michel, *Nouvel Horizon de la réalité*, édité par l'auteur sous le label « Lumière de la vie », ISBN 2-9511420-0-5, 1997.

LÉON Lyne, *Ma mort, et puis après*, Philippe Lebaud, 1990 (récit autobiographique).

LIEGIBEL Jean-Pierre, *Quelques pas dans l'au-delà*, Renaudot, 1990 (récit autobiographique).

LOCHAK G., DINER S., FARGUE D., *L'Objet quantique*, Flammarion, coll. « Champs », 1991.

LORIMER David, *La Mort, l'autre visage de la vie*, Éd. du Rocher/L'Âge du Verseau, 1995.

MAURER Daniel, *La Vie à corps perdu*, Les 3 Monts, 2001.

MERCIER Évelyne-Sarah, *La Mort transfigurée* (sous la direction de), Belfond/L'Âge du Verseau, 1992.

MERCIER Évelyne-Sarah, VIVIAN Muguette, *Le Voyage interdit*, Belfond, 1995.

MERCIER Evelyne-Sarah, SI AHMED Djohar, *Expériences autour d'un miroir,* JMG Éditions, 1997.

MONROE Robert, *Le Voyage hors du corps*, Éd. du Rocher, 1989.

MOODY Raymond, *La Vie après la vie*, Robert Laffont, 1977.

MOODY Raymond, *Lumières nouvelles sur la vie après la vie*, Robert Laffont, 1978.

MOODY Raymond, *La Lumière de l'au-delà*, Robert Laffont, 1988.

MOODY Raymond, *Voyages dans les vies antérieures*, Robert Laffont, 1990.

MOODY Raymond, *Rencontres*, Robert Laffont, 1994.

MORSE Melvin, *Des enfants dans la lumière de l'au-delà*, Robert Laffont, 1992.

MULDOON S. et CARRINGTON H., *La Projection du corps astral*, Éd. du Rocher, 1980.

NACHEZ Michel, *Les États non ordinaires de conscience*, Marabout, 1997.

NARBY Jeremy, *Le Serpent cosmique,* Georg Éditeur, coll. « Terra Magna », 1999.

NOTTALE Laurent, *La Relativité dans tous ses états*, Hachette Littérature, coll. « Pluriel », 1998.

ORTOLI S. et PHARABOD J. P., *Le Cantique des quantiques*, La Découverte, 1984.

OSIS Karlis et HARALDSSON Erlendur, *Ce qu'ils ont vu au seuil de la mort*, Éd. du Rocher, 1986.

PICAT Jean, *Le Rêve et ses fonctions*, Masson, 1984.

POLETTI Rosette et DOBBS Barbara, *Vivre son deuil et croître*, Jouvence, 1993.

POSTEL Jacques, *Dictionnaire de psychiatrie et de psychopathologie clinique*, Références Larousse, coll. « Sciences de l'homme », 1993.

RAWLINGS Maurice, *Au-delà des portes de la mort*, Pygmalion, 1979.

RENARD Hélène, *L'Après-Vie, croyances et recherches...*, Philippe Lebaud, 1987.

RENARD Hélène, *Des prodiges et des hommes*, Philippe Lebaud, 1990.

RENARD Hélène, *Les Rêves et l'Au-Delà*, Philippe Lebaud, 1991.

RING Kenneth, *Sur la frontière de la vie*, Robert Laffont, 1982.

RING Kenneth, *En route vers Oméga*, Robert Laffont, 1991.

RITCHIE George, *Retour de l'au-delà*, Robert Laffont, 1986.

RODIER Xavier, *L'Infirmier face aux récits d'expérience de mort imminente*, mémoire de fin d'études en soins infirmiers, Limeil Brévannes, 1997.

SABOM Michael, *Souvenirs de la mort*, Robert Laffont, 1983.
SCHNETZLER Élisabeth et SCHMITT Frédéric, *Expérience de l'imminence de la mort*, thèse de doctorat de médecine, Grenoble, 1983.
SCHULTES Richard Evans et HOFMANN Albert, *Les Plantes des dieux,* Éd. du Lézard, 2000.
SHELDRAKE Ruppert, *Une nouvelle science de la vie*, Éd. du Rocher, 1985.
SILLAMY Norbert, *Dictionnaire de la psychologie*, Larousse, 1991.
SIMONTON C. et S., CREIGHTON J., *Guérir envers et contre tout*, Épi, 1991.
SRI SWAMI SIVANANDA, *Yoga de la Kundalini*, Épi, 1983.

TEILHARD DE CHARDIN Pierre, *Le Phénomène humain*, Éd. du Seuil, coll. « Points », 1970.
THOMAS Louis-Vincent, *Anthropologie de la mort*, Payot, 1975.
THOUIN Lise, *De l'autre côté des choses – Le miracle de la Vie,* Presses de la Renaissance, 1996 (récit autobiographique).
TRINH XUAN THUAN, *La Mélodie secrète*, Gallimard, coll. « Folio », 1991.
TRINH XUAN THUAN, *Le Chaos et l'Harmonie*, Fayard, 1997.

VALLA Jean-Pierre, *L'Expérience hallucinogène*, Masson, coll. « Médecine et psychothérapie », 1983.
VAN EERSEL Patrice, *La Source noire*, Grasset, 1986.
VAN EERSEL Patrice, *Réapprivoiser la mort*, Albin Michel, 1997.

WATSON Lyall, *Histoire naturelle de la vie éternelle*, Albin Michel, 1976.
WATSON Lyall, *Supernature*, Albin Michel, coll. « J'ai lu », 1988.
WEIL Pierre, *L'Homme sans frontières*, Espace bleu, 1988.
WEINBERG Steven, *Les Trois Premières Minutes de l'univers*, Éd. du Seuil, coll. « Points », 1988.
WILSON Ian, *Expériences vécues de la survie après la mort*, L'Âge du Verseau, 1988.

ZUKAV Gary, *La Danse des éléments*, Robert Laffont, 1982.

Table des matières

CHAPITRE IV
L'expérience de mort imminente

CHAPITRE V
Voyances

CHAPITRE VI
L'expérience hors du corps

CHAPITRE VII

Le sommeil et le rêve

CHAPITRE VIII

La méditation

CHAPITRE IX

L'hypnose

CHAPITRE X

Les hallucinogènes

CHAPITRE XI

Des théories hors normes

Cet ouvrage a été imprimé par
l'imprimerie Darantiere à Quetigny
pour le compte des Éditions du Félin
Philippe Lebaud Éditeur
en septembre 2002

Imprimé en France
Dépôt légal : septembre 2002
N° d'impression : 22-0899